西方经济学说史简明教程

尹伯成 编著

科学出版社

北京

内 容 简 介

本书是一本西方经济学说史的简明教材,用七章篇幅扼要介绍了西方经济学从产生到古典经济学、新古典经济学、凯恩斯主义经济学、新自由主义经济学直到新古典传统的修正与最新发展的整个演变过程。全书以文字表述为主,力求通俗易懂,深入浅出。

本书适合做高等院校财经管理类专业的教材,也适合对经济学说史感兴趣的人士阅读。

图书在版编目(CIP)数据

西方经济学说史简明教程/尹伯成编著.—北京:科学出版社,2007

ISBN 978-7-03-019614-9

Ⅰ.西… Ⅱ.尹… Ⅲ.经济思想史-西方国家-教材 Ⅳ.F091

中国版本图书馆 CIP 数据核字(2007)第 124700 号

责任编辑:马 跃 刘俊来 / 责任校对:刘亚琦
责任印制:张克忠 / 封面设计:耕者设计工作室

科 学 出 版 社 出版

北京东黄城根北街16号
邮政编码:100717
http://www.sciencep.com

三河市书文印刷有限公司 印刷

科学出版社发行 各地新华书店经销

*

2007年 8 月 第 一 版 开本:720×1000 1/16
2017年8月第十四次印刷 印张:14 3/4
字数:277 000
定价:36.00元
(如有印装质量问题,我社负责调换)

前　言

目前，我国高校财经管理类各专业适应改革开放和发展社会主义市场经济的需要，不但普遍开设了西方微观和宏观经济学的课程，还陆续开设了经济学说史的课程，以了解西方经济理论的来龙去脉，加深对现代西方经济学的理解。根据教学需要，复旦大学出版社于 2005 年秋出版了由我主编的一本普通高等教育"十五"国家级规划教材《西方经济学说史》，承蒙得到许多学校和广大读者重视和欢迎。但也有许多读者反映，此书篇幅似乎过大了一些，要费许多时间才能读完。他们希望有一本更精练、篇幅小一些的阐述西方经济学产生、发展和演变历史的教材。为此，现在我应科学出版社要求，在 2005 年出版的《西方经济学说史》基础上，编写出版了这本《西方经济学说史简明教程》。

这本教程分为七章，将西方经济学说从经济学史前时期说起，扼要叙述了西方经济学从古典经济学、新古典经济学、凯恩斯主义经济学、新自由主义经济学直到新古典传统的修正与发展的整个演变过程，篇幅力求小些，文字力求浅些，理论阐述力求通俗易懂、深入浅出些。当然，"力求"是我主观愿望，实际上有没有做到这一步，我不敢妄说。由于力求精简，因此，许多经济学家的观点、主张和论述，我并未原文引用，而只是根据我的理解用简短的文字转述。

西方经济学发展史上的著名学者不计其数，他们的种种理论更是浩如烟海，要用不到 30 万字的篇幅正确如实地表达出来，是我的学识水平所力不能及的。我只是按主流经济学发展演变脉络作了简略概述，很可能是拣了芝麻而丢了西瓜。本书写法上存在的差错与缺陷，热忱欢迎同行专家和广大读者批评指正。

在本书编写校注中，得到了上海大学教师刘康兵同志大力帮助，在此顺致谢意。

尹伯成

2007 年 6 月于复旦园

目 录

第七章

经济波动、经济增长和经济发展的理论 ······················· 195

第一章

经济学的史前时期

作为对经济规律认识的经济学，是伴随着资本主义经济关系产生和发展起来的，至今也不过三百多年历史，但人类通过市场交易形式的经济活动，早在古代就有了。古代和中世纪一些思想家对经济现象以及支配这种现象的规律就开始有某些认识和论述。这些认识和论述在某种意义上构成现代经济学产生的最初出发点。封建制瓦解而资本主义产生时期的重商主义则是对资本主义经济的最初理论考察。

■ 第一节 古希腊经济思想

古希腊是西方奴隶制文明的发源地。奴隶制经济基本上是自然经济，但商品货币关系也有了一定发展。下面以色诺芬、柏拉图和亚里士多德为代表来说明古希腊经济思想。

一、色诺芬的经济思想

色诺芬（Xenophon，约公元前 430 年～约前 355 年），是古希腊著名哲学家苏格拉底的门徒。他政治上拥护斯巴达的贵族寡头政治，反对雅典民主政治，经济上拥护自然经济，反对雅典发展商业和货币的经济方针。他著述很多，经济著述有《经济论》和《雅典的收入》。《经济论》的希腊原文为 Οικουομικος，其意义是"家庭管理"。今天,英文 economy 一词就是从希腊文这个词演变而来的。古希腊奴隶制生产以家庭为单位,所谓"家庭管理"实质上就是奴隶主组织和管理奴隶制经济的各种问题。作为自然经济拥护者,色诺芬十分重视农业生产,认为"对于一个高尚的人来说,最好的职业和最好的学问就是人们从中取得生活必需品的农业"。"农业是其他技艺的母亲和保姆,因为农业繁荣时,其他一切技艺也都兴旺。"① 正由于他是自然经济的拥护者,因此,总是从物品使用价值角度来考察问题。例如,他认为一支笛子对于会吹它的人是财富,而对于不会吹它的人,则无异于毫无用的石头。② 他还从使用价值角度考察分工的利益,认为分工会使产品制造得更精美,质量更高。他还以敏锐的眼光观察到,分工发展的程度依赖于市场规模的大小。不仅如此,他还依据生活经验认识到了商品价格波动依存于供求关系变化以及价格波动对资源配置的影响,说铜器生产过多,黄铜价格就会下跌,工人就会因此而破产,农产品价格低廉时,农业就无利可图,许多农民就会放弃农业,而从事其他行业。③ 站在拥护自然经济立场上的色诺芬,尽管重视的是物品的用途(或者说使用价值),但他关于物品对人的效用会随他拥有物品的多寡而变化的论述却为现代主观价值提供了思想营养。他曾这样说:吃饭的人看到桌上摆放的盘子越多,他越容易产生吃饱的感觉。快乐的持续时间也是这样,面前有许多道菜的人不如中等生活的人情况好。④

二、柏拉图的经济思想

柏拉图(Plato,公元前 427 年~前 347 年)也是苏格拉底的门徒,是古希腊著名的唯心主义哲学家。他出生于雅典贵族家庭,是奴隶制度忠实维护者。他的著作很多,与经济学说有关的是其名著《理想国》和《法律论》。《理想国》一书从唯心主义理念出发,提出了要按与人类理性一致的正义原则来组织一个能消除贫富对立和社会矛盾的所谓理想共和国主张。在论述城市或国家起源时,他阐述了专业化和分工的重要思想,提出一个城市或一个国家是对人的需要的一种反应。每个人都有多方面的需要,但人们天生却只具有某种才能,故人人不能自我满足,而必须互助,相互交换劳务,于是大量的人便聚集在一起,结成团体,这些团体联合起来便成为国家。⑤ 他还提出,专业化分工之所以必要,是因为一个

---

① 色诺芬:《经济论,雅典的收入》,商务印书馆,1961 年版,第 20 页、第 18 页。

② 同上,第 3 页。

③ 同上,第 71 页。

④ 色诺芬:《神圣》,转引自〔美〕小罗伯特·B. 埃克伦德和罗伯特·F. 赫伯特著:《经济理论和方法史》,中国人民大学出版社,2001 年版,第 11 页。

⑤ 参阅柏拉图:《理想国》第 1 卷,商务印书馆,1957 年版,第 74~77 页。

人做很多事情，不如专心做一件事，如果一个人专门做一种和他性情相近的事，他所生产出来的必然较优和较多。他们进行贸易时，都会从中获利。在柏拉图的《理想国》中，存在着两个阶层：一是守护者（执政者）和辅佐者，他们是统治者；另一个阶层是农民、手工业者、商人等一切从事经济活动的自由民，他们是被统治者。奴隶则被看作是会讲话的工具，根本没有资格列入国家组成的阶层内。自由民阶层可拥有家庭和私有财产，而辅佐者（战士）和守护者（执政的哲学家）不应有家庭和私有财产，因为私有财产和家庭会养成人们的私心和贪欲，产生纷争，因此在国家上层分子中应实行国家供给制和共妻共子。他宣扬的这种所谓"共产主义"，只不过是一种试图消除奴隶主阶级内部矛盾和冲突的幻想。他还认为，农业应当成为理想国的经济基础，而商业和贸易又必然会存在。但他对商人持鄙视态度，主张对商人的利润加以限制。他特别反对高利贷，主张禁止放债取息。总之，他拥护自然经济，但对分工的利益，分工和交换的关系等问题的一些论述中，又包含了一些可为后人继承和发扬的有价值见解。

三、亚里士多德的经济思想

亚里士多德（Aristoteles，公元前384年～前322年）是古希腊最博学多才的思想家。他是柏拉图的学生，但远胜于老师。他一生著述更多，其经济思想主要体现在《政治论》和《伦理学》二书中。亚里士多德的经济思想中有两点特别引人注目，一点是关于"货殖"问题的分析，认为社会财富分为两种：一种是作为有用物总和的财富，另一种是作为货币积累的财富。为获取有用物即使用价值这种财富的经济活动属于"家庭管理"（即经济），这种经济活动是自然的。而无限制地追求货币财富的活动，称为"货殖"，是反自然。他还从分析商品用不同用途来证明"货殖"的反自然性质。按他的说法，我们所拥有的一切东西都具有两种用途，例如，一双鞋是用来穿的，同时也可用于交换。前一个用途是物品本身所固有的，后一个用途不是物品所固有的，因为物品不是为了交换才制造的。同样，如果人们只把货币当作交换的媒介，交换的目的是为了获取另一种自己消费的物品，这种交换行为是自然的，因而属于"家庭管理"（经济）范围。反之，以获取更多货币为目的的交易行为，即用货币当作增值的手段，这种交易行为就是反自然的，可称为"货殖"，大商人的行为就是"货殖"，他对此持否定态度。他尤其反对高利贷行为。总之，作交换媒介是货币本身的自然用途，而以货币生更多货币，就是反自然的"货殖"行为。① 实际上，亚里士多德在这里已经认识到作为交换媒介的货币与作为资本增值用的货币的区别。亚里士多德另一

---

① 参阅亚里士多德：《政治学》，商务印书馆，1965年版，第31～32页。

个重要的经济思想是，揭示了不同商品之所以能按一定比例相交换是由于各种商品之间存在着等一性或者说等同性，至于这种等同的东西是什么，亚里士多德只说到各种商品都可以还原为一定数量的货币，货币使各种商品成为相等并可互相交换。他不可能进一步认识到各种商品之所以能相互交换，是因为它们都是劳动的产品，商品中凝结的劳动，才是各种不同商品中包含的共同东西。对于生活在不平等的奴隶制时代的亚里士多德来说，人类平等的观念还没有建立起来。对古希腊思想家来说，能认识到只有各种产品相等才能互相交换，就已经是很了不起的先见了。

总之，古希腊思想家拥护自然经济，贬低商品经济，重视农业，轻视手工业，承认小商业的必要性，反对大商业和高利贷。在分析商品货币关系时，对分工、交换、财富等曾冒出一些有价值的思想火花。

第二节 中世纪西欧的经济思想

一、西欧中世纪社会思想的特征

西欧中世纪是一个漫长的封建时代。封建制度下的生产是在封建庄园中进行的，自然经济占统治地位。但公元 10～11 世纪后，随着生产力的发展，手工业和商业逐渐发展起来，并在手工业和商人聚居的地方开始形成城市。与封建统治相适应，宗教在社会生活中占有特殊地位，教会有极大势力。教会僧侣不仅是大封建主，也是思想文化教育领域的垄断者，宗教思想在人们精神生活中占绝对支配地位。那时的经济思想也是牧师头脑的产物，特别是由一些著名学者组成的团体即经院学派的产物。经院学派的方法是：先提出一个观点，然后是对这种观点作肯定或否定的评论说明，按所谓权威（例如亚里士多德）说法，给出一个最后的答案。经院学派的理论不是来自实际经验，而来自信仰和权威的影响。就是说，知识不是来自对现实生活经验的总结和抽象，而是来自《圣经》或教士的著作，僧侣的任务就是按教义去解释生活。西欧中世纪曾出现过许多位有影响的经院学派思想家，托马斯·阿奎那是其中最有影响的一位。

二、阿奎那的经济思想

托马斯·阿奎那（Thomas Aquinas，1225 年～1274 年）是中世纪经院哲学的典型代表，被教会捧为"神学泰斗"。他在论证自己学说时，除了援引宗教信条和教父说理，还广泛引用古代亚里士多德的学说。《神学大全》是其代表作，也是中世纪经院哲学的集大成著作。后来，他的神学成为天主教会的官方哲学，其中涉及经济思想方面的理论观点也有不少。下面我们列举他对财产所有权制度、价格、货币、商业和利息问题的看法和态度来加以说明。

关于财产所有权制度，他竭力主张私有制，反对公有制。认为私有财产之所以需要，是由于每个人对获取他自己独得的东西，要比获取许多人共有的东西更关心些。如果责成每个人去当心他自己特有的某些东西，人类事务将管理得更有秩序，并保证人们有一个更太平的国家。财产共有反而会引起不和与争执。因此私有制不仅符合自然法观念，而且也是人类生活不可缺少的基础。① 但是，他又提出，私有财产只在不许别人使用或用以伤害别人的时候才是不正当的。阿奎那为私有制辩护的种种理由为后来的思想家提供了重要参考，但不许别人使用的私有权就不正当的说法又是一种糊涂的观点，因为排他性正是财产私有制的基本特征之一。

关于价格问题，阿奎那提出了"公平价格"的重要思想。但在中世纪教会思想家中，亚尔贝兹·马格努（Albertus Magnus，约 1206 年～1280 年）早在阿奎那之前就曾研究过"公平价格"问题。作为马格努的学生，阿奎那也认为公平价格就是与劳动耗费量相符合的价格，因此，当房屋交换鞋时，应当为房屋多付出代价，因为造屋的人在劳动耗费和货币支出上都超过鞋匠。在这里，人们似乎有理由把阿奎那看作是劳动价值论的先驱。然而，他毕竟是封建特权理论的维护者，他又从封建等级观念出发，提出公平价格必须保证出卖者能有"相当于他的等级地位的生活条件"，因而不同等级的人出售同一种商品可以有不同的价格，这仍是"公平"的。这已是"公平价格"的第二种解释。还有第三种解释，那就是认为公平价格取决于物品所得到利益的大小，即物品的价格取决于它们对人的用处，即取决于物品的效用，而这种效用又决定于人们对它的评价，所以物品卖价比它的价值稍多一点或少一点，并不算破坏公平的要求。不仅如此，他还有第四种"公平价格"的解释，即认为公平价格可由供求关系决定。当一个卖主把小麦带到粮价较高的地方以后，发现还有很多人带来更多小麦，这时麦价会下降，而卖主得到的价格仍然是公平价格。在《神学大全》中对"公平价格"作出这么多不同的解释，反映出阿奎那对市场价格规定的种种不同思考，难以作出统一的科学理解。应当认为，除了特权等级论，其余几种说法都为后来的劳动价值论、效用论和供求论唱出了最早的序曲。

关于货币问题，阿奎那认为货币是人们在交换中为了双方共同利益而有意识发明和创造出来的，铸造货币和规定货币购买力，是统治者特权，但统治者造币

---

① 阿奎那：《神学大全》第二部分之二，第六十六题，第二条。转引自［英］埃德蒙·惠特克著：《经济思想流派》，上海人民出版社，1974 年版，第 21 页。

时应当使货币具有一定重量和稳定的内在价值，否则会损害商业活动。这些看法都在一定程度上反映了阿奎那对当时正在发展的商品货币关系所作的符合实际的观察和思考。

关于对商业的看法，阿奎那作为中世纪经院学派的代表，理所当然会对商品采取否定态度，认为从商业中赚取利润是可耻的，从本质上看，贸易总含有某种恶劣的性质，但同时他又认为，贸易也会转向某种诚实的或必要的目标。例如，当一个人使用他从贸易中求得的适度利润来维持他的家族或帮助穷人时，或者，当一个人为了公共福利而经营贸易，以生活必需品供给国家时，以及当他不是为了利润而是作为他的劳动报酬而赚取利润时，情况就是如此。这表明了中世纪思想家对商业的态度已随着商业发展的实际情况从否定而转向承认和容忍的转变过程。同样，对高利贷，阿奎那也开始采取妥协态度。一方面，他依据基督教义和亚里士多德著作，认为放债取息是一种不公正的罪恶行为；另一方面又认为在有些情况下，收取利息也是可以的。例如，如果出借货币蒙受损失，或冒着丧失本金的危险而出借货币，就可以收取利息以作为补偿，这就为放债取利开了方便之门。

第三节　重商主义

一、重商主义产生的历史条件

重商主义是西欧封建制度瓦解和资本主义经济制度准备时期反映商业资本利益的经济思想和政策体系。它是在一定历史条件下产生和发展起来的。

15世纪末，封建制晚期的西欧各国的商品货币关系迅速发展，商业资本势力开始强盛起来，城市数目与规模日益膨胀，国内与国际贸易逐步增多，尤其是新航路开辟和新大陆发现以及航海技术进步，很快扩大了贸易范围和总量。墨西哥银矿的开采，美洲金银的流入，又使物价快速上升，带来了盈利机会，也刺激了产业（手工业）发展。在此过程中，商人扮演了重要角色。他们十分需要有强大的国家政权作后盾：一方面对外夺取商业霸权，打击国际竞争者，争夺殖民地；另一方面对内打破封建割据对商品流通的束缚，促进国内统一市场建立，并且还想寻求政府的保护，依靠国王的权威来保护其经济利益，给他们特许权和专利权以谋取垄断利益。因此，它们积极支持建立一个强大统一的中央集权的政权。反过来，国王也十分希望得到商人的支持，不仅国内外战争大量消耗的经费需要靠商人支持，而且为了扩大势力范围，追求海外财富，也需要积极支持商业发展，尤其是掠夺性对外贸易的扩展。于是，国王和商人的联盟，商人与国王利益的一致与结合，就成为重商主义经济思想的一个特征。

此外，14～15世纪首先在意大利，接着在整个西欧掀起的文艺复兴运动，也给重商主义的产生和发展以积极推动。这场运动的矛头对准天主教会的神学观念，提倡人文主义。商业实践成为人们注意的中心，"世俗利益"取代了"圣经"规范，赚钱成了人们合理的要求，利息成为正当的收入。人们从神秘的中世纪跨入商业资本时代以后，金钱取代上帝的位置，成为他们心目中的偶像。

二、重商主义代表人物及其著作

重商主义在发展过程中大体经过了两个阶段：大约15世纪到16世纪中叶为早期，16世纪下半时到17世纪下半叶为晚期。早期重商主义代表在英国是约翰·海尔斯（John Hales，？年～1571年）和威廉·斯塔福德（1554年～1612年）。他们的代表作是1581年以W. S. Gentleman的笔名出版的《对我国同胞某些控诉的评述》。该书主张"多卖少买或不买"，反对铸造不足值货币，以防货币流出国，提倡关税保护等。

法国早期重商主义代表是安徒尼·德·孟克列钦（Antoine de Montchretien，1575年～1622年）。1615年他发表了《献给国王和王后的政治经济学》一书。这是经济学史上首次使用"政治经济学"一词。他用该词只是要表明，他研究的不是"家庭管理"的经济学，而是整个国家的经济问题，包括商业、工场手工业、航海业、国家政策等。

英国晚期重商主义的代表有托马斯·孟（Thomas Man，1571年～1641年）、约瑟夫·柴尔德（Josiah Child，1630年～1699年）等人。托马斯·孟所著《英国得自对外贸易的财富》（在他去世后的1664年发表）可以说是晚期重商主义的代表作。该书针对早期重商主义者对东印度公司在对外贸易中输出大量货币的责难，提出了贸易差额论原理。

法国晚期重商主义主要代表人物是让·巴蒂斯特·柯尔培尔（Jean Baptiste Colbert，1619年～1683年）。他是路易十四的财政大臣，是一个重商主义实践家，曾制定并推行一系列重商主义政策，尤其是大力发展工商业。积极鼓励与严格管理国内企业可以说是柯尔培尔主义（即法国晚期重商主义）的一个特点。重商主义在西班牙、奥地利等国也有一些重要代表。这里不一一细说了。

三、重商主义的基本观点

重商主义者分散在各国，相互并无交流，也没有提出一整套完整的理论体系。但我们可以从他们提出的一系列政策主张中提炼出如下一些基本观点。

第一，认为只有金银货币才是真正的财富，金银多寡才是一国是否富强的标准，一切经济活动和经济政策的实行，都是为了获得金银货币。

第二，认为顺差的对外贸易是财富的来源。发展顺差贸易，就要使出口大于进口。

第三，要发展顺差贸易，国家就应积极干预经济生活，利用立法和行政手段，奖励出口，限制进口。

早期和晚期重商主义都主张通过贸易来增加金银财富，但对如何通过贸易来增加金银财富，各有不同的侧重点。早期重商主义者主张尽量少进口，最好不进口。例如，用高额关税限制进口，以免金银流出。他们甚至主张用行政手段禁止货币输出。

晚期重商主义比早期重商主义高明多了。他们认为，应当允许货币输出，以扩大对外贸易，但对外贸易中应保持顺差，保证有更多货币流回本国。为保持贸易顺差，晚期重商主义者主张对输出原料课收高关税，而对输入原料减税或免税，以发展出口工业。为鼓励工业品出口，国家要采取退税甚至补贴办法，而对工业成品进口，则实行高关税。

四、重商主义评价及其影响

从今天的眼光看，重商主义一些观点和主张的错误是显而易见的。一是混淆了金银与货币。实际上，正如马克思所说，金银并不天然是货币，但货币天然是金银，金银所以能充当货币的材料，是贵金属自然特性决定的，金本位废除后，金银货币就退出了流通领域。二是混淆了货币与财富。尽管货币是社会财富的一般代表，但市场经济中真正的社会财富是千千万万的商品，货币也不过是一种特殊的商品。三是任何一个国家并非货币越多越好，需要多少货币，是由商品流通的需要决定的。货币数量过多，会引起物价上涨，不利于出口，而有利于进口。

尽管重商主义一些观点和主张不科学，但在当时出现，却是必然的。不仅如此，重商主义在历史上还起过进步作用。英法等国实行重商主义政策，大大促进了工商业发展，推动了商品货币关系发展。但随着社会发展，重商主义逐渐过时了，其经济思想后来为古典经济学所取代，其国家管制的经济政策主张也为自由主义的经济政策所取代。然而，重商主义并没有被历史遗忘，甚至没有被滚滚向前的时代所淘汰，下述四点足可显出重商主义时至今日还有重大影响。

一是关于贸易保护的观点和主张，一再成为贸易保护论者手中的武器。各国都力求把顺差的对外贸易当作提高本国的有效需求，解决生产过剩和就业不足的重要途径。

二是一些发展中国家在制定经济发展战略时，曾有过"进口替代"和"出口导向"的经济战略。这都是走重商主义老路。

三是关于国家干预经济的政策。在市场经济发展过程中，尽管政府不必要的干预在逐渐减少，人们的经济活动日益由"无形之手"来指挥，但国家政权对经济加以干预、管制和引导，却并未因为批评重商主义而抛弃。

四是关于特殊利益集团寻求政府保护问题。在重商主义时期，一些商人千方百计寻求政府保护，要求有贸易的特许权，要求有进出口许可证，把国家管制当作寻求国家保护免受同行竞争，使自己享受垄断利益的重要手段。今天，时代变了，但利益集团为了自己的利益，要求政府对经济加以这样那样的管制的事仍旧屡见不鲜，对政府有关部门进行的"寻租"活动不断。在这里，重商主义的阴魂确实未散。

复习思考题

1. 亚里士多德怎样说明"经济"和"货殖"的不同性质？
2. 托马斯·阿奎那对什么是"公平价格"有哪些不同的说法？
3. 略述重商主义的基本观点和主张及其影响。

参 考 文 献

阿奎那. 1963. 阿奎那政治著作选. 马清槐译. 北京：商务印书馆

埃德蒙·惠克特. 1974. 经济思想流派. 北京：上海人民出版社

柏拉图. 1957. 理想国. 吴献书译. 北京：商务印书馆

色诺芬. 1961. 经济论、雅典的收入. 张伯健，陆大年译. 北京：商务印书馆

托马斯·孟. 1978. 英国得自对外贸易的财富. 袁南宇译. 北京：商务印书馆

小罗伯特·B. 埃克伦德和罗伯特·F. 赫伯特. 2001. 经济理论和方法史. 杨玉生译. 北京：中国人民大学出版社

亚里士多德. 1965. 政治论. 北京：商务印书馆

第二章

古典经济学的形成、发展和挑战

第一节　古典经济学发轫

一、概述

重商主义的推行，大大促进了西欧商品经济的发展，资本主义的经营方式在农业、工业和商业各个领域迅速产生和发展。17 世纪、18 世纪发生在西欧的资产阶级革命更为资本主义经济发展扫清了道路。同时，意识形态也开始发生剧烈变化。在这种情况下，重商主义显然不再适应资本主义经济发展的需要，由亚当·斯密理论体系形成为标志的古典经济学取而代之，乃是必然的了。

对于什么是古典经济学，古典经济学的基本特征，古典经济学的划分时期，经济学家有种种不同看法。本书基本倾向于把从生产成本角度说明商品价值并基本上主张经济自由的经济学家都划入古典学派队伍。古典经济学在英国大致从亚当·斯密开始，到约·穆勒结束。但是，从 17 世纪末重商主义瓦解到 18 世纪 70 年代这一段历史时期，英国和法国都曾经历一个古典经济学的发轫阶段。在这一个阶段，虽然还没有出现像亚当·斯密、大卫·李嘉图、马尔萨斯、萨伊、约·穆勒这样对经济理论作全面系统论述的学者和著作，经济思想多半由商人、银行家、政治家或哲学家依据他们的经验、体会或兴趣加以论述，但这些论述再不像中世纪经院学派那样从教义规范或权威信仰出发，而是从现象和事实，感觉和经验出发，考虑问题的眼光从天国移到人间；这些论述也再不像重商主义者那样主张由国家来干预经济，给予某些利益集团以特权和特惠以支持他们发展，而是主张经济自由，让各行各业、各个经营者在市场上自由竞争。

古典经济学在英国发轫，通过一些思想家在不同时期分别发表各自见解的形式实现，而在法国，则表现为形成一个有组织、有领袖的重农学派。

二、古典经济学在英国的发轫

17 世纪中叶到 18 世纪中叶大约 100 多年中，英国出现了好多位有影响的思想家，他们对经济问题的种种论述，为英国古典经济学产生做了准备。这些思想家主要有：

威廉·配第（William Petty，1623 年～1687 年），主要经济著作有《赋税论》（1662 年）、《献给英明人士》（1664 年）、《政治算术》（1672 年）、《爱尔兰政治解剖》（1672 年）。

约翰·洛克（John Locke，1632 年～1704 年），主要经济著作有《论降低利息和提高货币价值的后果》（1692 年）、《再论提高货币价值》（1695 年）。

达德利·诺思（Dudley North，1641 年～1691 年），主要经济著作有《贸易论》（1961 年）。

大卫·休谟（David Hume，1711 年～1776 年），其经济学说主要见于《政治论丛》（1752 年）一书中的 7 篇经济论文。

尼古拉·巴尔本（Nicholas Barbon，1640 年～1698 年），主要经济著作有《贸易论》（1690 年）。

伯纳德·孟德维尔（Bernard Mandeville，1670 年～1733 年），主要经济著作有《蜜蜂的寓言：或私人罪恶与公共利益》。

理查德·康替龙（Richard Cantillon，1680 年～1734 年），主要经济著作有《论一般商业的性质》（于作者去世后的 1755 年出版）。

他们研究经济问题的方法、出发点以及主要的经济思想可归纳为以下几个方面。

一是关于方法论。这些思想家受到培根（Francis Bacon，1516 年～ 1262 年）、霍布斯（Thomas Hobbies，1588 年～1679 年）经验哲学的影响，认为感觉是认识的源泉，反对传统的空泛的思辨方法和说教，主张用经验中得到的证据及统计数据说明问题。配第称这种新方法为"政治算术"。他认识到自然规律不能按人的主观愿望加以改变，因而对它们的研究必须从经验事实出发。这种方法使这些思想家突破了重商主义的狭隘眼界，不仅观察流通领域中呈现出来的表面现象，而且能深入生产领域研究现象的本质，寻求经济活动的内在规律。

二是关于动机论。人们为什么从事经济活动，他们多半从追逐自己的利益，满足自己的欲望方面寻找人类经济行为的动机，把追求自己欲望的满足看作是人类劳动以及从事一切经济活动的动机和动力，而且还力图说明人们追求私利不仅不会有害于别人和社会，还有利于社会，有利于增进人类福利。

三是关于价值论。对于价值由什么决定的问题，古典经济学基本上从生产或供给角度加以认识，认为价值由生产成本决定。从成本消耗看，任何一件产品生产都要消耗劳动、资本和自然要素。在古典经济学形成时期，由于机器还未出现，因此，经济学只重视劳动和自然因素，正如配第所说，土地是财富之母，劳动是财富之父和能动的要素。[①] 由于当时土地比较丰裕，因此经济学家讨论价值决定时，基本上都从劳动耗费来认识价值决定。配第是这样，洛克也是这样。按配第的说法，商品价格有自然价格与政治价格之分，前者实指价值，后者实指价格。他认为，商品价值由生产它所费劳动决定，如果生产某商品的劳动生产率高，生产每单位产品所费时间少，该产品价值量就小。可以说，配第是经济学说史上劳动价值论的创始人。洛克也曾认为，商品价值决定于生产上所费劳动。更值得一提的是，他还认识到计算面包价值时，不但要计算进种小麦的人的劳动、烤面包的人的劳动，还要把训练耕牛、制造农具及炉的人的劳动都计算进去，就是说，不但要计入活劳动耗费，还要计入积累劳动的耗费。这表明洛克在劳动价值论的路上已走得相当远了。

在提出劳动价值论的同时，当时一些思想家还提出价值决定于市场上买卖双方的供求关系。但这里所说的价值，他们多半是指市场价格而已。但作为价值决定的另一种观点，即价值决定于效用，在当时也已开始出现。例如，巴尔本在《贸易论》中说，一切商品的价值起源于它们的效用，又说东西的价值决定于对它们的使用，如果那些商品过剩了，亦即多于它们能够加以使用的数量，就要变得一文不值。[②] 显然，这种观点似乎又有点后来边际效用价值论萌芽的味道。

四是关于价格论。当时的经济学家尽管把价值和价格二词经常混用，但实际上已经知道波动的市场价格和由生产成本决定的产品内在价值的区别，并且有时会给以不同称呼。例如，康替龙把产品价格区分为正常价格与市场价格，并把正常价格称为实质或内在价值，它由生产物品所需土地与劳动的品质与数量决定，而把市场价格说成由市场供求决定。在一般情况下，市场价格与内在价值差异不大，但许多情况下，商品并不按内在价值出售。然而，如给以足够的时间，供给

---

①　威廉·配第：《政治算术》，商务印书馆，1961年版，第8页。

②　巴尔本：《贸易论》，转引自［英］埃德蒙·惠特克：《经济思想流派》，上海人民出版社，1974年版，第86页。

与需求会得到调节，使价格趋于价值，并使社会资源的分配趋向合理。他举例说，如果农民多种了谷物而少养了羊，羊要涨价而谷要跌价，于是，人们穿羊毛衣就要爱惜些，穿时间长些，会达到生产和消费需要之间的正好的比例。[①] 这里他实际上已指明了几个道理：①供求会影响价格与价值的背离；②这种背离反过来影响需求与供给；③价格机制在指挥生产资源的配置。这些看法后来都为亚当·斯密所吸收。

五是关于工资论。17 世纪英国已出现许多资本主义雇用关系，工人工资如何决定已引起经济学家们注意，因为工资水平关系到企业的盈亏和生存发展。在这方面，配第提出，工资是维持工人生活所必需的生活资料的价值，如果工资是这一标准的两倍，那么，工人就实际上只做了能做的一半，这等于社会（实际就是企业）损失了一半；如果工资低于这一标准，工人就无法活下去，也无法延续后代。这是一种真知灼见。在市场经济中，包括资本主义经济中，企业使用工人，如果工人劳动创造了多少价值，就以工资形式取走多少价值，企业就没有利润，在竞争中不可能生存和发展。但如果工资养不活工人，企业就找不到工人做工。配第这一观点几乎为后来所有古典经济学家所接受，并被马克思改造成为工资是劳动力价值或价格的理论。

六是关于利息论。在古代和中世纪，放债取息被认为是不合理、不正当的。重商主义时代，放债应当取息已被人们认可了，但一种主张用国家法律限利息率的意见却相当流行。英国当时一位很有影响的商人和经济学家 J. 柴尔德（J. Child，1630 年～1699 年）就主张英国应当降低利率，降到荷兰的利率水平以下，认为低利率有利于工商业发展。古典学派的先驱人物，尤其是配第、洛克、诺思等人在利息问题上的理论和主张大多针对上述观点。一是从理论上说明利息的合理性，认为如果土地所有者出借土地收取租金是合理合法的，那么，货币所有者出借资金收取利息也是合理合法的；二是从理论上说明利率的标准，认为既然货币所有者可用货币购买土地收取地租，那么，在安全不成问题的情况下，利息至少要等于用借到的货币所能买到的土地所产生的地租，在安全不可靠的情况下，还应当加上一笔风险补偿金或者说保险费；[②] 三是极力要说明，利息是货币的租金和使用价格，因此，利益应当由市场上货币资金的供求情况决定。洛克认为，法律规定低利，只会阻碍贸易，因为在风险大、获利小的时候，人们宁可把钱窖藏起来，商人和工匠就借不到钱，制造业和贸易都要受阻碍。诺思比

---

① 康替龙：《论一般商业的性质》，转引自［英］埃德蒙·惠特克：《经济思想流派》，上海人民出版社，1974 年版，第 95 页。

② 威廉·配第：《赋税论，献给英名人士，货币略论》，转引自鲁有章、李宗正主编：《经济学说史》，上册，人民出版社，1986 年版，第 112 页。

洛克更明确指出，决定利息率高低的不是货币供求量，而是借贷资本供求量，不是低息促成贸易，而是贸易的发展，增进了国民所得，使利息率下降。[①] 反对国家用法律实行低利率，是向古典经济学过渡时期经济学家的经济自由思想的重要内容之一。

七是关于货币论。向古典经济学过渡的经济学家在货币理论上也明显表现出和重商主义的对立。首先，认为货币不等于财富，只是完成商品交易的工具，因此一个国家并不是货币越多越好。配第曾把货币比喻成人身体上的脂肪，脂肪过少过多都不好。休谟针对有的经济学家把货币比喻成商业轮轴，甚至说货币只是商业轮轴上的润滑油。其次，针对重商主义者主张用法律把对外贸易赚来的一切金银货币保持在国内的观点，提出既然货币不过是交易的手段，因此，只有把货币不断投入贸易，个人和国家才会富裕起来，把货币储藏起来，只会阻碍财富的增长。第三，为了反对重商主义，他们还分别不同程度地提出货币数量论。例如，洛克提出，一切商品的价值或价格就等于商品和货币之间的比例，增加或减少某一地方贸易中流通的货币数量，那么商品价值（即价格）的改变就是由于货币。休谟则说得更彻底。按他的说法，货币对劳动和商品的关系，不过是数字对数字的关系，货币数量的改变不过是数字体系的改变，正像阿拉伯数字改变成罗马数字一样。在他看来，商品价格是商品数量除流通中货币数量所得的商数。第四，反对复本位制，反对同时使用金和银作本位货币。对于后者，洛克指出，如果把白银和黄金以一种不变的比率都规定作为流通的合法货币，那么我们的经济就会受损。因为金银的价值是经常变动的，如果现在法定银和金比例是 15∶1，符合真实比例，但过一时期真实比价可能是 16∶1 或 14∶1，如果法定比价仍旧是 15∶1，我们就会受损失。当市场真实比价是 16∶1 时，外国就会用白银按法定比价 15∶1 来买我国的黄金，使我们受损 1/16；而当市场真实比价是 14∶1 时，外国就会用黄金来买我国的白银，使我们受损 1/15。显然，这些说法不过是 16 世纪中叶英国财政家格雷欣给英王伊莉莎白一世上书中出现的并被后人称之为"格雷欣法则"（劣币驱逐良币法则）的国际化而已。

八是关于贸易论。针对重商主义主张用贸易管制办法实现顺差贸易来增加货币财富的思想，诺思提出，一个国家的货币并不会缺乏，因为货币像其他商品一样，可以从有余的地方运来，同时，流通的货币量也不会超过商品交换的需要，超过时，只会当作金银条块对待，铸币就只会像金银器一样，按其成色出卖，因此，国内外贸易都应当自由地进行。休谟也竭力赞成自由贸易，并认为不应把所有贸易国家看作自己的对手，以为别国繁荣会使本国不利，实际上，情况正好相

---

① 洛克：《论降低利息和提高货币价值的后果》，转引自宋承先主编：《西方经济学名著提要》，江西人民出版社，1989 年版，第 55 页。

反，任何一国商业发展和财富增长，会从多方面有助于邻国的商业发展和财富的增长。为了说明自由贸易的必要性，他还依据货币数量论提出了一种国际黄金自动调整的机制。简单地说就是：若本国贸易顺差，金属货币流入增加，于是本国商品价格就会和货币数量作同比例上涨，从而出口就会下降，进口就会增加，贸易就会从顺差转变为逆差，货币就会流出，本国物价就会下跌，从而出口会增加，而进口会减少，逆差又会转化为顺差。因此，自由贸易会使货币按需要自动在各国均衡分布，用不着国家用政策作人为的干预。

所有这些经济思想的出现，都是沿着经济自由主义大方向为古典经济学诞生起催化作用。

三、法国重农主义

重农主义是法国 18 世纪中叶出现的一个经济学派。之所以被称为重农主义，是由于这个学派重视农业，而和重视商业的重商主义相对立。

重农主义是特定历史背景下出现的。17 世纪末 18 世纪初，法国通过实行柯尔培尔的重商主义政策，工商业获得了发展，但落后的封建农业仍居支配地位。农民受沉重剥削，处于异常贫困境地。政治上的封建专制，到路易十四时期达到了登峰造极的地步。柯尔培尔主义的推行，加剧了农业的衰落，也阻碍了工商业发展，整个国家极其困难，人民群众灾难深重。因此，早在重农学派出现以前，一些进步的政治家和思想家就已经站出来猛烈攻击柯尔培尔主义。包括有名的沃邦元帅（Seigneur Sebastien le Prestre de Vauban，1633 年～1607 年）和比埃尔·布阿吉尔贝尔（Pierre le Pesant Boisguillebert，1646 年～1714 年）等。后者虽然身为路易十四的法官，却勇敢地替被压迫阶级声辩，同情农民疾苦，是重农学派的重要先驱，也被马克思称为法国古典经济学创始人。

重农主义体系建立者是弗朗斯瓦·魁奈（Fancois Quesnay，1694 年～1774 年），他是一个宫廷御医，到 60 岁才开始研究经济问题。其经济著作不少，最重要的是《经济表》（1758 年）。重农学派的重要成员还有维多·米拉波（Victor Riguetti Marquis de Mirabeau，1715 年～1789 年）、麦尔西埃·德·拉·利维埃（Pierre Francois Mercier de la Riviere，1720 年～1793 年）、杜邦·德·奈木尔（Pierre Samuel du Pont de Nemours，1739 年～1817 年）等。重农主义还有一个重要代表是安·罗伯特·雅克·杜尔哥（Anne Robert Jacques Turgot，1727 年～1781 年），曾任路易王朝政府多个要职，积极推行重农主义纲领和政策。在他手中，重农主义体系发展到了顶峰。

重农主义的基本理念是所谓"自然秩序"。什么是"自然秩序"？其实质和精髓是什么？按魁奈的说法，社会秩序区分为自然秩序和人为秩序。自然秩序是一种"自然法",它是上帝为了人类和谐一致和普遍幸福所安排的秩序,是上帝意志的表现,因此,它是客观的、永恒的。而人为秩序则是一种"人定法",即人类社会实际存在的状态,具体表现为各种政府的制度、规章、法令。人为秩序必须符合自然秩序。如果人们认识到自然秩序并按它来安排人为秩序,社会就处于健康状态,人类就幸福,否则,社会就处于病态。要使人为秩序符合自然秩序,要靠有一个开明君主。当社会处于健康状态时,他可作为教育者把自然秩序理念灌输到人民意识中去,当社会陷于病态时,他可作为医生对社会进行治疗。

由于魁奈把人身自由和私有财产权看成是人的基本的自然权利,把追求和实现这种权利当作自然秩序的客观要求,还认为只有在自由制度下,个人的利益和社会的公共利益可达到一致。可见,这里的自然秩序,实际上就是资本主义经济运行的客观规律,而符合自然秩序的人为秩序,是指被理想化的资本主义制度。这种"自然的"、"不自然的"的理念,后来为亚当·斯密、大卫·李嘉图等人所接受,他们都把资本主义制度当作合乎人性的自然的、永恒的制度。

魁奈认为,在符合自然秩序要求的健康社会中,真正的财富并非如重商主义所言的货币,而是为人类所需要的农产品。在农业中,所生产的财富会大于所消费的财富,例如,一粒谷子种到地里会长出十粒谷子,物质财富增加了,但在制造业中,物质财富只会相加,而不会增加,例如把木料做成一张椅子,木料没有增加,只是改变了形态。在农业生产中,所增加的农产品就是纯产品,它表现为农业生产者在一定时期内所生产的全部农产品,扣除同期内消耗的生产资料和生活资料后的剩余。用货币计算,就是生产者出售农产品所得货币量扣除了各种费用(包括生产资料和工资)后的余额。由于农业中能生产纯产品,因此,农业劳动才是生产劳动,农业上生产者(包括农场主和农业工人)才是生产阶级,其余各行各业都是非生产劳动,工商业者及工商业企业中劳动者都是不生产阶级。农业上之所以能生产纯产品,是由于土地的自然力参加了生产,土地为土地占有者(地主)占有,故纯产品应以地租形式归地主阶级所有,也正因为如此,国家只应对地租征税,称为单一地租税。

魁奈还认为,只有用于农业的资本才是生产资本,其他各行各业中资本都是不生产的。他还根据生产资本在纯产品生产过程中循环和周转的不同方式,把生产资本区分为"原预付"和"年预付"。前者指购置农业设备的资金,包括在水利设施、大农具、牲畜和建筑物等方面的投资支出;后者指每年在劳力和耕作上的支出,如种子、肥料和工资等。"原预付"全部进入生产过程,但只是一部分一部分地消耗,如使用 10 年,则每年只消耗 1/10。"年预付"则全部进入生产过程并全部被消耗,需要在每年的农作物中得到补偿。

魁奈的精彩理论还表现在他关于全社会财富流通的分析上,这就是他的《经济表》。《经济表》的简单图式如图 2-1 所示。

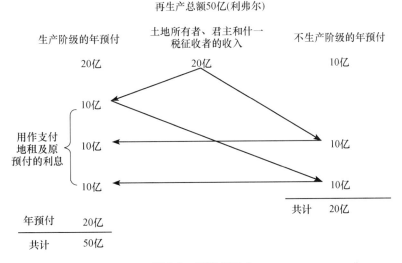

图 2-1　经济表图式

上面的图式把农业在一年中生产出来的总产品作为流通出发点。在流通前，生产阶级投下 100 亿利弗尔（当时法国的货币单位）的"原预付"，假定可用 10 年，每年损耗 10 亿，即折旧，魁奈称为原预付利息，同时，生产阶级投下 20 亿的"年预付"（比方说买原料、种子、付工资等）。用这些资本生产出 50 亿农产品，其中年预付 20 亿和原预付利息 10 亿共 30 亿，还有 20 亿纯产品；不生产阶级共有 20 亿工业品，是上度年生产的；土地所有者中有 20 亿利弗尔的货币，是上年度生产阶级以地租形式由生产阶级缴来的地租。上面图表中的流通行为包含以下五个方面：

（1）土地所有者以 20 亿利弗尔的一半即 10 亿货币向生产阶级买农产品供生活消费。

（2）土地所有者以 20 亿的另一半即 10 亿向不生产阶级购买工业品（例如衣服）供生活消费，于是土地所有者的另一半货币即 10 亿流向不生产阶级。

（3）不生产阶级用 10 亿利弗尔向生产阶级购买 10 亿农产品，比方说作原料，10 亿货币又流向生产阶级。

（4）生产阶级用土地所有者付来的 10 亿向不生产阶级购买工业品，例如农具，用以补偿原预付。

（5）不生产阶级以 10 亿利弗尔的货币向生产阶级购买粮食等农产品，供生活消费。

交换结束时，土地所有者以货币形式得到的地租收入，换成了生活需要的农产品（如粮食）和工业品（如衣服）；生产阶级向土地所有者出售了 10 亿农产品，向不生产阶级出售 20 亿农产品，共得 30 亿利弗尔，这 30 亿中又向不生产阶级购买 10 亿利弗尔工业品（如农具）补偿原预付，还留下 20 亿利弗尔货币作为来年地租交给土地所有者，生产阶级生产的 50 亿利弗尔的农产品中还有 20 亿未交换，留在自己手中作来年的预付（种子、生活资料等）；不生产阶级生产的 20 亿利弗尔工业品，有一半（10 亿）卖给了地主阶级，有一半（10 亿）卖给了生产阶级，获得的 20 亿货币中有一半（10 亿）向生产阶级购买了农产品（生活资料和原料，例如棉花），还有 10 亿货币留在手中，作为来年生产的预付额。

社会再生产就这样可以年年周而复始。马克思对《经济表》有很高评价，称之为政治经济学史上第一次对社会总资本的再生产和流通的综合分析的天才尝试。

今天看来，这张经济表并不科学，有很多漏洞，尤其是工商业当作不生产的部门，把财富的创造局限在农业部门，是绝对不正确的，但是，作为一种对整个社会经济运行的综合分析，作为一种对全社会投入—产出的平衡分析，魁奈的经济表能在 18 世纪就作出这种探索性分析研究，确是一种伟大的天才尝试。

重农主义者从自己的理论中提出了一系列经济政策主张：

（1）主张发展资本主义大农业，因为大农业与小农业相比，规模大，效率高，生产的纯产品多得多

（2）主张自由贸易，极力主张通过自由贸易，让法国农产品自由出口，使农产品价格上升，让工业品自由进口，使工业品价格下跌，这样生产阶级的实际收入就会增加，农业和整个经济就会振兴和发展。

（3）主张实行单一地租税。魁奈认为，"纯产品"是以地租形式为土地所有者获得的，因此，一切赋税也应当由土地所有者负担。只有地租收入都是用于个人消费的，与生产无关，因此，向地租征税不会影响生产和经济。

重农主义的经济政策主张清楚表明，这一学派的经济思想尽管披了封建主义外衣，但实质上全是为发展自由的资本主义经济服务的。

魁奈的经济学说，在杜尔阁手上得到了很大发展。

第一，在社会阶级结构理论方面，魁奈根据纯产品学说把社会划分为生产阶级，土地占有者阶级和不生产阶级，杜尔阁则进一步把生产阶级划分为农业资本家和农业工人，把不生产阶级划分为工业资本家和工业工人，并对资本家和雇佣工人的特征作了正确描述和规定。他说，企业家、制造业主，雇主阶层，都是大量资本的所有者，他们依靠资本，使别人劳动，通过垫支而赚取利润，而雇佣工人是只有双手和辛勤劳动的单纯工人，除了能够把他的劳动卖给别人以外，就一无所有。[1]

第二，在工资理论方面，魁奈由于未能区分雇佣工人和资本家，因此，把工

---

[1] 杜尔阁：《关于财富的形成和分配的考察》，商务印书馆，1961 年版，第 54 页、第 21 页。

资和利润混为一谈，杜尔阁则不仅作了工资和利润的区分，而且说明了在劳动市场上，总存在着可供资本自由选择的工人，于是，在竞争中工人不得不降低劳动价格，使工资只能维持最低限度的生活。

第三，对资本及其收益，魁奈几乎没有涉及。杜尔阁则按资本用途对资本在不同使用场合有不同收益作了理论的论证。他提出，资本可以买进一份田产而取得地租收入，这种方式取得的收入最少，因为以这种方式取得收入不需要大量的照料，也没有多大风险。资本也可以贷放出去收取利息，这样收入应当高些，因为债务人如果破产，债权人可能失去本金。就是说，风险也应有补偿性报酬。资本如果运用到农业、工业和商业，可取得农业利润、工业利润和商业利润，这些利润应当大于地租和利息，因为不但要冒风险，还要大量照料和劳动。他这里所说照料和劳动，实际就是指企业的经营管理。这些理论，对后来古典经济学的收入分配理论的产生，无疑很有影响。

第二节　亚当·斯密建立了古典经济学的理论体系

一、时代、生平和著作

斯密的经济学说是时代的产物。十八世纪中叶，英国已由农业国成为工业国。工场手工业成为工业生产的主要形式，并且有了一些早期的机器发明。农业和国内外贸易也迅速发展起来了。通过一系列对外战争，英国取得了海上霸权。国内外迅速膨胀起来的市场需求要求资本主义生产迅速发展。可是英国从十七世纪资产阶级革命以来，封建专制统治虽已结束，但地主阶级和金融贵族的代表在国会中仍占多数。许多有利于地主和金融贵族的制度和法令依然在起作用。因此，当时资产阶级的主要任务仍然是要扫除封建残余。这就要求有自己的思想家来从理论上论证资本主义制度为什么比封建制度优越，论证资本主义经济要顺利发展，必须有经济自由。亚当·斯密的经济学说就是适应这种需要产生的。这也就是斯密学说产生的社会根源。除了有源，还有流。斯密经济学说的庞大体系是在创造性地综合前人思想成果基础上发展起来的。前面说过，从配第到斯密的整整一个世纪中，英国经济思想已有了很大发展。有关财富、货币、利息、利润、地租以及对贸易的看法，越来越离开重商主义。这些前人的成果，无疑对斯密思想的形成，有很大影响。

既有时代需要，又有前人思想的积累，亚当·斯密（Adam Smith，1723年～1790年）这样的经济学家是一定要出现了。但这个经济学家是斯密而不是别人，这与他的经历、环境也是分不开的。

斯密是英国苏格兰人。在大学读书时，他受到哲学教授弗郎西斯·哈奇森（Francis Hutcheson，1694年～1746年）很大影响。哈奇森主张人人都有追求自身目的、运用自己能力的权利，都有为自己经济利益而自由活动的权利。这在年轻的斯密心中播下了经济自由思想的种子。后来，斯密曾经长期在格拉斯哥大学当教授。当时格拉斯哥既是英国制铁工业和纺织工业中心，又是东印度贸易中心。斯密目睹那里工商业自由发展的繁荣景象，深感经济自由的重要。在那里，他还结识了万能蒸汽机发明者瓦特，并与大卫·休谟结成至交。他在格拉斯哥大学先后讲授过文学、修辞、逻辑和道德哲学。他讲的道德哲学包括神学、伦理学、法学和政治学四部分。他的伦理学部分的讲义经过修订，于1759年以《道德情操论》为题出版。他的法学和政治学部分的讲义，后来根据他的一个学生的听课笔记，于他死后的1896年以《关于法律、警察、岁入及军备的讲演》为题出版。

1764年起，斯密以私人教师身份跟随贝克莱公爵赴欧洲大陆访问，结识了法国重农主义者魁奈和杜尔阁等人，受到他们思想的影响。在访问法国时，他就开始撰写那本早就想写的政治经济学著作。这就是后来的《国富论》。1766年从大陆回国，带回这部著作的一些草稿及资料。为写这部书，他辞去私人教师职务，回故乡全力写作。1776年这部著作问世，很快震动世界。他成为公认的经济学大权威。

《国富论》的全称是《国民财富的性质和原因的研究》。这部书名告诉我们，斯密研究的主题是国民财富，即国民财富是什么，财富如何增长。围绕这一主题，全书共分五篇：第一篇研究分工、货币、价值和收入分配；第二篇研究资本；第三篇叙述欧洲经济发展史；第四篇评论重商主义和重农主义的学说和政策；第五篇考察财政问题。

《国富论》全书贯穿的一个基本思想，那就是经济自由主义。斯密告诉我们，无论是加强劳动分工，还是增加资本数量，改善资本用途，都不用国家干预，而只要让每个人为追求自己的利益而自由地从事经济活动就行了。他的经济自由主义理论，完全是从所谓人类本性中推导出来的。他认为利己是人的本性。每一个人从事经济活动的时候，考虑的只是自己的利益。然而，每一个利己主义者又不能不要其他利己主义者的帮助。利己主义者之间的帮助，只能靠刺激别人的利己心，让别人知道，他给别人做事，不是为了别人，而是为了自己。这样就产生了交换。交换行为无非是：请给我以我所要的 东西吧，同时，你也可以获得你所要的东西。[①] 斯密从人的利己主义本性中引出分工、交换、货币、价值、工资、利润、地租、资本等一系列经济范畴，建立起一整套理论体系。

---

① 亚当·斯密：《国民财富的性质和原因的研究》上卷，商务印书馆，1972年版，第13～14页。

二、分工、交换和货币的理论

斯密的全部经济理论，是从分工开始讲起的。因为他认为财富的源泉是劳动，要增加财富，一要提高劳动生产力，二要靠增加劳动人数。在这两个因素中，第一个更重要。怎样提高劳动生产力呢？他说劳动生产力的最大增进是分工的结果。分工所以能提高劳动生产力，一是能提高劳动技巧；二是可以节省从一种工作转换到另一种工作所费的时间；三是便于改良工具和发明机器。斯密这样系统地阐明分工对提高劳动生产率的作用，是有意义的。分工是市场经济中最普遍的现象，也是最本质的特征。没有分工，何来交换？没有越来越细的分工，社会经济如何会不断发展。工场手工业时期劳动生产率提高要靠分工，今天劳动生产率提高同样是靠分工，机器的改进，科学技术成果一项一项获取，都是靠人们在越来越细的专业领域中不断深入研究才得到的。亚当·斯密作为市场经济理论体系的创建者，从一开始就抓住分工这一本质特征来解剖市场经济，表明他具有非凡的眼光和无比的智慧。

分工是怎样产生的？斯密认为，分工是由人类交换的倾向所引起的。人们在交换过程中发觉，与其什么事情都自己做，还不如专门做一种事情，生产一种东西，然后互相交换，这样可以给自己带来更多利益。因此，交换就引起了分工。这种观点无论从历史上看还是从理论上看可能都是有问题的。事实上，不是交换引起分工，而是分工引起交换。

斯密分析了分工和交换的相互关系以后，接着分析货币的起源和作用。他认为分工的局面一旦确定以后，一切人都要依赖交换来生活。起初是物物交换。但是这种交换很不方便，于是各个时代各个社会中每一个有头脑善于思考的人，在交换中除了自己的劳动产品以外，随时还会带一定数量的特殊物品在身边，这种物品是人人都愿意接受的。这种拿去和任何人的物品交换都不会被拒绝的特殊物品，就是货币。可见，斯密是把货币看作人们在克服交换困难过程中自发地产生的。他把货币只看作是商品交换的媒介，是流通手段，就和重商主义划清了界限。

三、价值理论

有了货币作交换的媒介后，商品交换的比率即交换价值又怎样决定呢？斯密在探讨商品交换价值时，首先区分了使用价值和交换价值。在历史上，古希腊思想家色诺芬和亚里士多德已经懂得了商品有使用和交换两种用途，但并没有明确提出使用价值和交换价值的概念。威廉·配第和重农学派则把使用价值和价值混为一谈。斯密在经济学说史上首次提出，价值一词有两个不同意义，有时指物品的效用，这就是使用价值；有时指物品购买另一物品的能力，这就是交换价值。这样就比配第和重农学派前进了一步。不仅如此，他还认为，交换价值不是由使用价值决定的，因为有些使用价值很大的东西，如空气、水等，却往往只有很小的交换价值，甚至没有交换价值。相反，有些交换价值很大的东西，如钻石却常常只有很小的使用价值，甚至没有使用价值。

商品交换价值不是效用决定的，是什么决定的呢？斯密说，自从分工确立以后，每个人所需要的物品只有一小部分是用自己的劳动生产出来的，大部分要靠别人的劳动生产出来。以自己生产的商品与别人生产的商品交换，实际上是劳动与劳动相交换。因此各种商品相交换的比例是由劳动决定的，劳动是衡量一切商品交换价值的真实尺度。我们已知道，劳动创造价值，是配第首先提出来的。但是，他认为只有生产金银货币的劳动才是创造价值的劳动，其他劳动只有在它生产的商品能够换到金银时才创造价值。在他以后，重农学派则认为，只有农业劳动才创造价值。现在斯密却宣告，任何劳动，不管它投在哪一个生产部门，只要能生产出社会所需要的产品，就创造价值。这不能不说是经济科学上的一大进步。

然而，他对决定商品价值的劳动的含义的理解却是矛盾的、混乱的。他先说，商品的价值是由这商品所能购买到的劳动决定的，接着又说商品的真实价格是由生产商品所耗费的劳动决定的。他这里所讲的真实价格，实际上也是指价值。这样，他便认为：决定商品价值的劳动，既是购得的劳动，又是耗费的劳动，并认为一件商品所购得的劳动是由生产这件商品所耗费的劳动量决定的。我们知道，商品在交换中所购得的劳动，是商品的交换价值，而商品的价值是由生产商品所耗费的劳动决定的。斯密显然是把价值和交换价值混淆了。

斯密还意识到，一种商品在交换中所购得的劳动量由生产这种商品所耗费的劳动量决定，这仅仅适用于资本主义社会以前的情况。那时候，全部生产物都归劳动者自己所有，每个人都用自己的劳动产品去交换别人的劳动产品，一种商品能购买到（交换到）多少别种商品，取决于他生产这种商品耗费了多少劳动。可是到资本积累和土地私有以后，劳动生产物不能全归劳动者，而要为地主、资本家共分了。于是生产中投入的或者说耗费的劳动就不能再单独决定商品的价值了。为什么呢？原来斯密在这里讲的投入的或者说耗费的劳动，不是指生产某商品时实际消耗的体力和脑力，而是指资本家从事这种商品生产时所支付给雇佣劳动者的工资，而商品所购买到的劳动量是指这种商品所卖得的价格。在资本主义社会里，商品出卖以后，不但要支付工资，还要支付利润和地租。于是斯密认为，商品价值就不仅由劳动（工资）决定，而由三种收入决定了。他还把这三种收入说成是生产商品所需要的费用。这样，他的价值理论就由劳动价值论转向了生产费用论。斯密之所以会有这一错误，主要是因为他没有能区分劳动和劳动力，认为资本家购买工人的是劳动，而不是劳动力；不懂得工人劳动创造的价值大于资本家支付给劳动者的工资（劳动力价值），即剩余价值，而剩余价乃是利润和地租的来源。如果购买的是劳动，工资就应当等于买到的劳动所创造的价值，这样，利润和地租就没有了。但资本家和地主不能没有利润和地租。斯密无法解释这个问题，只得断言：到资本主义社会，商品价值不再由劳动决定，而由三种收入决定了。

斯密又提出，价值由三种收入决定，而每一社会及附近地区，各种用途的工资、利润和地租都有一种普通率或平均率。这种普通率或者自然率可称作工资、利润以及地租的自然率。一种商品的价格，如果不多不少地等于生产、制造这商品乃至运送这商品到市场所使用的按自然率支付的地租、工资和利润，这种价格可称自然价格，而商品在市场上出卖的实际价格则是市场价格。当商品供不应求（这个"求"指有效需求）时，竞争会在购买者中发生，市场价格会或多或少升到自然价格以上。反之，供过于求时，竞争会在出售者中发生，市场价格便会跌到自然价格之下，如果供求平衡，市场价格便会和自然价格相同或大致相同。

为什么供求平衡时市场价格会等于自然价格？因为供过于求会使价格某些部分降到其自然率以下，如果下降的是地租，地主立即会撤回一部分土地，如果下降部分为劳动或资本，他们也会把劳动或资本由原用途撤回一部分。于是，商品供给量下降的变动不久就会恰好足够供应它的需求量，价格也会逐步上升至自然价格水平。相反，供不应求会使价格上升到自然价格以上，利害关系会促使土地，劳动和资本的所有者准备把更多的资源投入生产，供给增加会使价格下降到等于自然价格的水平。这样，一切商品市场价格的变动都会趋向于自然价格，自然价格成为市场价格变动的中心价格。

斯密的论述表明，价格和供求的变动都受经济行为人的个人利益驱使，换句话说，经济人追求自己利益的结果必然会使经济走向均衡，这再次证明自利能达到公益。

斯密的理论还表明，所有这一切事情都必须在充分自由竞争的舞台上发生。如果土地、劳动和资本的自由运用受到阻碍，供求就不能根据价格及时调整。

如果说商品自然价格由三种收入决定，那么三种收入本身又如何决定呢？

四、三个阶级和三种收入的理论

在讲收入分配问题时，斯密在政治经济学史上第一次正确地划分了资本主义社会的阶级。他提出，地主、工人和资本家是构成文明社会（资本主义社会）的三大阶级。地租、工资和利润分别是他们的收入。这是社会的基本收入，其他收入，例如利息、赋税等，都是从这三种收入中派生出来的。这个观点比重农学派进步了。因为重农学派是把是否生产"纯产品",也就是把农业和非农业当作划分阶级的标准,认为农业资本家和农业工人是生产阶级,工商业资本家和他们的雇工是不生产阶级,这就混淆了阶级阵线,而斯密已经根据人们对生产资料的占有状况,用取得收入的方式来划分阶级了。他认为从事劳动、以工资为生的人是工人阶级;手中积累了资本,以利润为收入的人是资产阶级;收取地租的土地占有者则是地主阶级。

在三种收入中,斯密首先分析了工资,认为只有工资才是劳动收入。但他不明白工资是资本主义的经济范畴,而认为资本主义以前就有了,那时的工资就是全部劳动生产物。在资本主义条件下,劳动生产物要在三个阶级中分配,工资只是劳动生产物的一部分,这一部分的大小怎样决定呢?他认为工人出卖的是劳动,工资就是劳动的价格,并说劳动和别的商品一样也有市场价格和自然价格。劳动的市场价格就是劳动供求双方即劳动者和资本家双方通过在劳动市场上的竞争所决定的价格。他说,在这种竞争中,工人总想多得,资本家总想少给。劳资双方各自联合起来和对方作斗争。在斗争中资本家因为种种原因总处于有利地位。但工资也不能无限制降下去,因为工人至少要能养活自己,还要养活家庭,以延续后代。为养活自己和家庭所必需的生活资料的价格,就是劳动的自然价格。劳动的市场价格是围绕自然价格上下波动的。这里,他所说的劳动的自然价格,其实就是马克思所说的劳动力价值或价格。

斯密认为,劳动价格变化,即工资上升或下降,取决于市场上对劳动的需求,而对劳动的需求又与国民财富增长相联系。国民财富不断增长的国家,工资不断提高。反之,工资就会降低。因此,劳动报酬及劳动者生活状况,是国民财富增进与否以及社会前进还是倒退的结果与征候。如果劳动供不应求,工资就增加,人口会增殖,如工资过分鼓励人口增殖,劳动者会过多,工资会下降到应有程度,因此,对人口需求也必然支配人口的生产。斯密在人口生产问题上有许多真知灼见。例如,他说,贫困的妇女往往多生,而上流社会女性的奢侈,常常会破坏生育能力,贫困不能阻止生育,但极不利于子女的抚养。还说:"在文明社会,只有在下等人中间,生活资料不够才能限制人类进一步繁殖。"[①] 这一看法比后来的马尔萨还要高明。

斯密分析工资以后接着分析利润。他已认识到:第一,利润是在资本主义生产中才出现的,劳动者丧失生产资料和生活资料而不得不接受雇佣,是利润产生的前提;第二,工人创造的价值分为归工人和归资本家两部分,也就是工人的劳动要分为必要劳动和剩余劳动两部分。利润是工人创造的价值在补偿了工资以后的余额,归资本家占有。这里,斯密实际上认识到了剩余价值的起源。斯密虽然

---

① 亚当·斯密:《国民财富的性质和原因的研究》上卷,商务印书馆,1972年版,第72~73页。

没有提出剩余价值这个名词，但他讲的利润和地租实际上就是剩余价值。配第和魁奈只是在地租形式上认识剩余价值，还缺乏利润这个概念，现在斯密把利润当作剩余价值的一种形式了。由于他把利润看作是剩余价值，因此，他批评那种把利润说成是资本家监督指挥这种劳动的工资的论调，认为利润与工资截然不同，它们受着两个完全不同的原则支配。利润大小不能同所谓监督指挥劳动的大小成比例，而是同资本大小成比例的。在一些大工厂，监督管理工作由重要职员担任，资本家几乎不参加任何劳动，同样要取得利润。斯密的这些观点是正确的。

　　但是，由于斯密的价值论是二重的，因此他的利润论也是二重的。一方面，他由劳动价值论认识到了剩余价值的起源，另一方面，他又从三种收入决定价值的理论出发，认为利润和工资一样是资本家生活资料的正当来源，是生产费用的构成部分，是资本的自然报酬。按照这种观点，利润就不再是剥削收入了。

　　斯密还把基于人的利己本性的自然秩序观念应用于考察工资与利润在各个产业部门如何不均的情况，创立了收入分配中的自然均等理论。他提出"不同的劳动和资本用途的利害，在同一地方，必然完全相等，或不断趋于相等"。这是因为"各人的利害关系必然会促使他寻求有利的用途，避开不利的用途"。① 但实际上，各地货币工资和利润都随劳动和资本用途的不同而大不相同。这种不相同，部分起因于各产业或各职业本身的一些情况，部分起因于人为的政策。拿工资来说，艰难的、肮脏的、低贱的工作，需要付出很高代价才能学会的工作，不安定的工作，责任重的工作，成功机会小的工作，工资应当高些；反之，工资应当低些。拿利润来说，其不相同是与业务快乐与否以及成功希望如何有关的。这种不相同，看似不均，其实是均的，是合理的、自然的。因为较高的货币工资与利润不过是对职业上、产业上所作出的较大努力、耗费与牺牲的一种补偿而已。相反，起因于人为政策与制度的收入不均等，则是不自然、不合理的。例如，当时英国行会学徒法与居住法等制度规定阻止了劳动与资本的自由流动，限制了某些行业发展。即使这些行业产品供不应求，产品价格和工资、利润都偏高，资本和劳动也无法流入这些产业。这样造成的收入不均等就是不自然和不合理的。要保存自然的、合理的均等，除掉人为的不合理、不自然的不均等，就应当允许资本和劳动自由流动。

　　讨论了工资和利润以后，斯密进而讨论地租。他说，地租是使用土地的代价，是租地人按照土地实际情况支付给地主的最高价格。农业资本家租种地主的土地时，地主总设法使租地人在生产物中只会得到应当补偿的农业资本（包括种子、农业工人工资、购买和喂养牲畜、农具的费用等）和资本在当时能获得的普通利润，其余要作为地租归地主所有。这样，就把地租说成是农产品价格中超过

---

① 亚当·斯密：《国民财富的性质和原因的研究》上卷，商务印书馆，1972 年版，第 91 页。

农业生产费用的平均利润的余额。这里，他似乎已看出地租是剩余价值中超过平均利润的部分。

地租怎样产生？斯密有种种不同的说法。有时候他把地租说成是农业工人剩余劳动的产物。认识到地租是农业劳动者创造的价值的一部分，是地主阶级的不劳而获，地租的产生与土地私有制是分不开的。但是，有时候他又把地租说成是流通中带来的，是由于农产品供不应求因而市场价格高于价值的结果。有时候他还把地租说成是自然力的产物，是大自然参与农业生产的结果。斯密在分配理论上的种种矛盾的观点，和他在价值论上的矛盾观点是有关系的。

五、资本和资本积累理论

当斯密把增加劳动人数看作是国民财富增长的第二个因素时，他又认为由于生产劳动者要靠资本家用资本来雇佣，劳动者使用的生产资料也要用资本来购买，因此，财富增长的第二个因素实际是资本。

什么是资本？斯密也有两种不同说法。一种说法是，资本是能给资本家带来利润的手段，是资本家为了取得利润而在劳动人民身上的投资。这种说法触及了资本的本质，无意中暴露了资本家对工人的剥削关系。另一种说法是，资本是人们为了继续生产而积累起来的储存品，也就是用于继续生产的生产资料。按照这种说法，小生产者的生产资料也似乎是资本了，这就掩盖了资本主义剥削关系。

但斯密认为资本的主要特点是能带来利润。他按照资本带来利润的不同方法，把资本划分为流动资本和固定资本。他认为，流动资本必须经过流通，更换主人，以一种形式用出去，以另一种形式收回来，才能带来利润。相反，像机器、厂房之类，是固定在资本家工厂里的，不要经过流通，不会改变主人，但也能给资本家带来利润，因此它们是固定资本。这种用流通不流通作为划分固定资本和流动资本的标准是不正确的。因为从价值形态上看，固定资本同样参加流通，只不过它的价值是在许多个生产周期里逐步转移到新产品中去的，而流动资本的价值则在一个生产周期中就全部转移到新产品中去。所以正确的区分固定资本和流动资本，只能根据价值转移的这种不同方式。但斯密第一次提出了流动资本和固定资本这两个范畴，并把它们普遍使用到一切产业部门，还是有意义的。

斯密还研究了资本积累的动因，认为资本增加的直接原因是节俭。他认为，人都有改良自身状况的愿望，要改良自身状况，就要增加财产，就要节俭。对个人利益的追求，自然会驱使人们不断积累资本。斯密用节俭解释资本积累和资本家起家，是错误的。但他在这里的本意是主张发展生产，反对浪费。

斯密认为，要把储蓄起来的一部分资财当作资本来获取利润，就必须把这些资财用来雇佣生产性劳动者，绝不能用来雇用非生产性劳动者。什么叫生产性劳动和非生产性劳动？他有相互交错的两种说法。一种说法是只有为资本家生产利润的劳动才是生产性劳动，其他一切劳动，即使是社会所需要的，也是非生产性的。例如，手工工场工人的劳动，就是生产性劳动，而家仆的劳动就是非生产性的。一个人雇用许多生产工人，会一天天富起来，雇用许多家仆，会一天天穷下去。在这里，斯密把生产劳动说成是资本家雇用的工人为资本家提供利润的劳动，是正确的。因为在资本主义制度下，确实只有提供剩余价值的劳动才是生产性的。斯密的另一种说法是：生产性劳动是能生产物质产品的劳动，或用他的话说是，不会随生随灭，而是可以固定并且实现在特殊商品或可卖商品上的劳动。这种观点掩盖了资本主义关系。但是，他根据生产劳动是生产物品的劳动这一观点，把国君、官吏、牧师、军队等都作为非生产劳动者，对他们的奢侈浪费提出了批评，据以反对当时封建势力和政府的过度支出，是可取的。

六、经济自由主义

经济自由是斯密整个学说的基本思想，这种思想贯穿于《国富论》全书。这里，我们再从斯密对欧洲经济发展史、经济学说史和国家财政思想的角度，看一看他如何阐述经济自由思想。

第一，反对封建制度，主张用自由竞争的资本主义制度取而代之。斯密认为，农业是生产生活必需品的，城市工业是生产供享受的舒适品、奢侈品的，由于必需品比舒适品、奢侈品重要，而且农业投资最安全，对外贸易最不安全，因此一个国家经济发展的自然顺序应该是先农业，其次工业，最后是对外贸易。可是欧洲各国实际情况恰恰相反，不是农、工、商，而是商、工、农。什么原因呢？他说这完全是封建统治造成的。在封建制度下，大地主们穷奢极侈，不想改良土地，只顾耗费排场。在他们支配下的农奴则没有能力也没有兴趣来改良土地。这就是中世纪欧洲农业长期落后的原因。相反，城市取得自由和独立比农村居民早得多。城市居民建立了市民团体或自治机构，有权选出市长和市议会，政府可以颁布法规。于是，秩序、好政府和个人的自由安全在各城市逐渐确立起来，城市工商业就慢慢地发展起来了。这说明，社会经济要发展，国民财富要增长，要靠有一个自由的制度、自由的秩序，以及一个保护这种自由的政府。就这样，斯密通过经济发展史来证明必须用自由竞争的资本主义制度代替阻碍生产力发展的封建制度。

第二，反对重商主义，主张自由贸易。斯密批判了重商主义主张国家干预经济的思想，提出让个人经济自由的政策是对国家最有利的政策。斯密认为，每个人为自己的利益着想，自然会把资本投到风险最小，获利最大的部门中去。虽然人们投资时盘算的是自己的个人利益而绝非社会公共利益，但他们这样做时却受了一只看不见的手的指导，去尽力达到一个并非他本意要达到的目的。追求个人利益的结果往往会有效的促进社会公共利益。至于投资哪种产业最有利，各人自己心中最清楚。因此，任何政治家企图指导私人企业活动，不仅是自寻烦恼，而且是最危险的。只许本国生产某种产品而不许它进口，就是这种危险的政策。这里，斯密淋漓尽致地表达了他的自利即公益的经济自由思想。

斯密严厉批判了重商主义的保护关税思想，论证必须实行自由贸易和国际分工。他提出，一种产品如果自己生产比从别人那里买来要昂贵，就不应当自己生产而应当去交换。正如裁缝不会自己去缝靴子，鞋匠不会自己去做衣服，因为他们用自己的产物和对方交换更为有利。同样，如果别国能以比我们本国自己制造还便宜的某种商品供应我国，则我国与其勉强生产这种商品，还不如把资本转用于本国擅长的产业，然后相互交换。保护关税，虽然可以发展某种产业，但整个国家的生产与收入绝不会因此增加。实行自由贸易不仅可以从外国购得比国内制造便宜得多的商品，还能把本国全部资本与劳动使用到最有利的用途上去，从而使国民财富能够最大速度增长。

斯密这种经济自由思想充分表达了当时英国资产阶级要求自由地发展资本主义经济的要求。他把自由经营和自由贸易说成能保证一切国家和一切阶级的利益。实际上资本主义自由只是资本家剥削工人的自由。他把自由贸易说成对各国有好处，实际上自由贸易不过反映了当时在世界市场上已遥遥领先的英国资产阶级企图使别国安心做它的原料供应地和商品销售市场的愿望而已。但也要看到，那时候的经济自由也反映了英国资产阶级反对封建残余的客观要求，在当时是有利于生产力发展的，因而具有进步意义。

第三，对政府职能的认识，是斯密经济自由主义思想又一重要表现。斯密主张经济自由，反对国家干预经济生活，并不局限于反对重商主义的贸易限制和管制。他认为，促进国民财富增长的因素，无论是分工的扩大，资本的积累，资本用途的改善，还是价格调节供求，工资和利润走向自然均等，都是在经济自由状态下通过各人追求个人利益自然而然地促成的，用不着政府干预。他说，如果政治家企图指导私人应如何运用他们的资本，那不仅是自寻烦恼地去注意最不需要注意的问题，而且几乎毫无例外地必定是无用的或有害的。[1] 在他看来，要增加一国财富，增进社会公共利益，最好的经济政策就是给私人的经济活动完全的自由。他呼吁，每一个人，在他不违反正义的法律时，都应听其完全自由，让他采用自己的方法，追求自己的利益，以其劳动及资本和任何其他人或其他阶级相

---

① 亚当·斯密：《国民财富的性质和原因的研究》上卷，商务印书馆，1972 年版，第 27～28 页。

竞争。①

　　当然，斯密主张经济自由，并不是主张无政府主义，他只是反对政府对经济活动作不必要干预。按他看法，在经济自由情况下，政府的职能只有三项：第一，保护社会，使不受其他独立社会的侵犯。第二，尽可能保护社会上和个人使不受社会上任何其他人的侵害或压迫，就是说，要设立严正的司法机关。第三，建设并维持某些公共事业及某些公共设施，这种事业与设施，由社会经营时，其利润常能补偿所费而有余，但若由个人或少数人经营，就绝不能补偿所费。② 这三项职能，简言之就是国防、司法与行政以及公共工程和公共事业建设与维持。这实质上就是要求国家只要能保证私人有一个和平、安全地开展自由竞争的经济活动环境，起一个"守夜人"作用就行了。本着这一原则，他还提出了一套与"小政府"相适应的财政支出与收入的财政理论与政策主张，为古典财政理论奠定了基础。

　　亚当·斯密的经济理论和政策主张，不仅对推动当时英国甚至整个欧洲经济的发展起了很大的积极作用，而且对后来经济思想的发展产生了莫大的影响，从而他的名字就成了人类经济学说史上一块很少有人能超过的巨大丰碑。

▇ 第三节　大卫·李嘉图

一、时代、生平、著作和方法

　　从斯密到大卫·李嘉图（David Ricardo，1772 年～1823 年），相距半个世纪不到，英国社会经济却发生了大变化。从 18 世纪 60 年代开始的产业革命，到 18 世纪末 19 世纪初已大规模展开，资本主义工场手工业迅速过渡到机器大生产，资本主义农场发展也极快。英国经济力量急速增长，工业品运销欧、亚、非各地。与此同时，个体农民和手工业者大批破产成为雇用工人，英国完全成了工人、资本家和地主阶级构成的社会，但社会主要矛盾仍是工业资产阶级与地主贵族之间经济利益的冲突。这种冲突在经济上主要围绕"谷物法"存废和货币改革两大焦点展开。

　　在谷物法方面，英国工业快速发展，城市人口迅速增加后，谷物供给日益紧张，谷价猛涨。地主阶级为维护自己利益，通过手中控制的议会，于 1818 年强行通过新"谷物法"，废除了谷物出口的一切限制，而对进口，则规定国内谷价低于每夸特 82 先令时禁止进口，人为维持国内高昂谷价，结果使地租大大增加，

---

　　① 亚当·斯密：《国民财富的性质和原因的研究》上卷，商务印书馆，1972 年版，第 252 页。
　　② 同上，第 252～253 页。

利润大大降低，工业资产阶级强烈要求废除这一谷物法。

在货币方面，英国长期和拿破仑的战争，造成国库空虚，政府为维持庞大军费开支，增发大量银行券，并造成兑现困难，1797年英格兰银行宣布停止兑现，使金价大涨，英镑汇价下跌，银行券贬值，物价极贵。这极不利于工商业发展。资产阶级极力要求改革货币使用制度，稳定通货。

在这些冲突中，李嘉图是站在工业资产阶级一边的坚强斗士。他出生于伦敦一个富有的犹太人家庭。少年时读书年份很短，14岁起就跟随父亲从事交易所活动，21岁起独立活动，凭借其投机天才很快成了百万富翁。然后致力于自然科学研究活动，一个偶然的机会读到《国富论》，对经济学有了兴趣。

他最先注意的是货币金融问题。1809年在"晨报"上发表了一篇文章《黄金价格》，后来又发表了这方面一些文章，1817年出版其代表作《政治经济学及赋税原理》。他不仅高举经济理论大旗，还在议会中积极辩论，影响实际政策制定。

李嘉图把自己所处的英国社会当作唯一合理的、永恒的和自然的社会形态。他把利己主义看作经济活动的唯一动力，认为每个人只要能自由追求个人利益，就能建立整个社会的普遍幸福。这种社会观除受斯密影响外，还刻上了边沁功利主义的烙印。耶利米·边沁（Jeremy Benthan，1748年～1832年）是英国著名的功利主义哲学家。这种功利主义认为，人人都追求个人利益，力求避免痛苦，寻求快乐，个人构成社会，个人利益总和等于社会利益，让每个人为自己利益自由选择和竞争，就可促进社会发展。李嘉图接受了这些观点，主张经济自由。

二、劳动价值论和收入分配论

有人认为，李嘉图关注的只是收入分配，实际上李嘉图真正关心的是英国工业的发展。工业发展的根本动力是利润，而当时英国工业的利润正受到被地租吞噬的严重威胁。为此，李嘉图必须研究工资、利润和地租这三者的关系。他的价值论和分配论正是这种研究的成果。

为了分析工资、利润和地租三者的关系，李嘉图建立了一套较为彻底的劳动论价值论。他认为，商品价值只能由生产商品所耗费的劳动决定，而不可能同时由这一商品所支配或购得的劳动决定，他也不同意斯密所说资本产生和土地私有以后，商品价值不再由劳动决定而由收入决定的说法。

他还认为，生产中耗费的劳动决定价值，这耗费的劳动不仅有直接耗费的劳动，还包含间接耗费的劳动，即生产所用生产资料也会把消耗的价值转移到生产品中去。

李嘉图劳动价值论中更有决定性意义的一个论点是，决定商品价值的劳动不是个别生产者在生产中实际耗费的劳动，而是必要劳动，但这一必要劳动是指最不利条件下生产每单位产品所耗费的劳动。

李嘉图运用这种价值理论来研究收入分配，研究三种收入的大小由什么因素决定以及这三种收入间数量关系如何。他首先研究的是工资，因为他认为工资的变动直接影响利润，而利润又与地租相对立，因此，工资的分析是关键。

李嘉图和斯密一样，认为工资是劳动的报酬和价格，劳动价格和其他商品价格一样也有自然价格和市场价格之分，劳动的自然价格是"让劳动者大体上能够生活下去并不增不减地延续其后裔所必需的价格"[①]。而劳动的市场价格是企业根据劳动市场供求情况实际支付给工人的货币工资。劳动供不应求时，市场价格会涨到自然价格以上，劳动者景况变好，于是会刺激人口增加，使劳动者人数增加，劳动工资就会跌落，如果跌落到自然价格以下，劳动者景况会恶化，劳动者人数会减少，工资又会上升。这样，货币工资涨落会调节劳动人口供给，使这种供给不断适应对劳动的需求，使市场价格不断趋于自然价格，使劳动者能活下去并不增不减地延续后裔。李嘉图这种观点实际上和马尔萨斯人口论唱同一调子，认为人口繁殖只受生活资料供给量限制。

关于利润，李嘉图把它说成是商品价值中扣除工资后被制造业主和农场主所占有的部分。因此，利润高低会与工资高低成反比。当劳动生产率提高时，维持工人生活所需消费品就会便宜，工资就会下降，利润就会增加；反之，劳动生产率下降时，生活资料便昂贵，工资就会上升，利润就会下降。例如，农业生产从优等地转向中等地再转向劣等地时，农业劳动生产率就不断下降，农产品价格就不断上涨，维持工人生活所需费用即工资就要上升，从而利润要下降，而这时候，地租就会不断上升，为什么呢？

李嘉图提出，地租是"为使用土地的原有和不可摧毁的生产力而付给地主的那一部分土地产品"[②]。地租产生的条件有二：一是土地有限，二是土地肥沃程度或位置有差别。随着社会经济尤其是工商业发展，城市人口增加，仅靠耕种优等和中等土地上生产的农产品（如谷物等）已不能满足需要，只得耕种次一等土地（假定为劣等地），而同量资本和劳动投在优等地上比投在中等地上以及投在中等地上比投在劣等地上，同样面积土地上生产的农产品要多得多，因此，单位农产品（例如每斤谷子）耗费的劳动（或者说成本），优等地上最少，中等地上次之，劣等地上最多，而农产品的价值是由最劣等的土地上耗费的劳动量（社会必要劳动）决定的，表现为优等地、中等地和劣等地上种出的每斤谷子在市场上都只能按同一价格出售。但是，劣等地上生产的农产品价值（即售后价格）扣除

---

① 大卫·李嘉图：《政治经济学及赋税原理》，商务印书馆，1976 年版，第 80 页。
② 同上，第 55 页。

掉消耗的生产资料和工资以后，也必须提供平均利润，否则，就不会有人愿意耕种劣等地，而不耕种劣等地的话，社会上农产品又不够满足需要。这样，和劣等地相比，优等地和中等地上的农产品按价值出售以后，就会得到一个超过平均利润的超额利润。由于大家争相耕种好地，这个超额利润就落入地主口袋，变成地租。例如，假定第一、二、三等地上投入等量资本与劳动，各生产谷物 100 夸特和 90 夸特及 80 夸特（当时英国衡量单位的名称），则第一、二等地上的地租分别为 20 及 10 夸特谷物。

当然，如果在耕种二等地前在一等地上追加一倍的资本与劳动，也能增收 100 夸特的话则就不必耕种二等地了，只要在一等地上重复投入追加的资本和劳动就行了。对此，李嘉图指出，在同一块地上重复投资，存在一种报酬递减的现象。例如，第一次投下一笔资本和劳动如能收获 100 夸特，第二笔同样大的资本和劳动量投于同一块地上，也许只收获 85 夸特，即两笔投资合起来只收获 185 夸特，这样，人们就会决定在第二笔投资前先耕种二等地。如社会上农产品需求继续增长，要求人们在究竟是耕种三等地还是作第二笔投资二者进行选择。因为种三等地只收获 80 夸特，而第二笔投资可收获 85 夸特，于是会选择第二笔投资，但一旦作了第二笔投资，则 85 夸特中的劳动耗费量就成为社会必要劳动量，由它决定产品价值，于是，第一笔投资中的 15 夸特谷物，就转化为地租。

在社会发展过程中，由于对农产品需求不断增加，不管是由于要不断耕种越来越次一等的土地，还是由于在同一土地上追加投资的收益（报酬）递减，单位农产品价值会不断增加（由最劣等生产条件决定的单位产品中劳动或成本的消耗决定农产品价值），也就是农产品价格会不断上涨。假定工人的实物工资（用货币买到的生活资料）不变，并且还假定工人的生活资料都是农产品（李嘉图说一半是工业品，一半中农产品，这里为方便起见，假定全是农产品），那么，农产品价格上升，货币工资也要随之上升。投资人（假定是农场主）卖了农产品以后，扣除了越来越高的货币工资，利润就势必越来越少。利润率的不断下降，使工商业失去了投资的动力，经济会趋于停滞。当然，如果在此过程中农业上有技术的进步，或者廉价农产品进口，就不必耕种越来越差的土地，或者不必在土地上作递减收益的追加投资，农业劳动生产率就不会降低，农产品价格上涨的势头会得到抑制。然而，英国的谷物法却阻碍了农产品进口，这大大有利于地主阶级而不利于工商业发展。为此，李嘉图坚决主张废除这种谷物法。

三、货币数量论和自由贸易论

在货币理论方面，李嘉图是古典学派中货币数量论著名代表人物之一。按理说作为劳动价值论者，他不应当是货币数量论者。他也确实从劳动价值论出发，曾认为货币和其他商品一样，其价值由生产金银所费劳动决定，商品价格只是用一定数量的具有同等价值的货币所表现的商品价值。如果不考虑供求变动因素，商品价格由商品价值和货币价值决定。在商品价值不变时，商品价格同货币价值成反比；在货币价值不变时，商品价格同商品价值成正比。

　　然而，当他看到当时严重的纸币贬值，物价上涨时，他又迷惑起来了。他误把纸币当作了金属货币，把纸币流通规律当作金属货币流通规律，得出了货币数量论的结论：商品价格与流通中货币数量成正比，货币价值与流通中货币数量成反比。这个结论对纸币来说确是如此，因为纸币本身没有价值，但对金属货币来说并非如此，因为金属货币本身有价值，如果流通中金属货币过多了，多余的部分会退出流通领域，成为储藏货币。

　　李嘉图的货币数量论从理论上说虽不正确，但却是为他的自由贸易和稳定通货的主张服务的。当时有人主张限制对外贸易，以防贸易逆差导致黄金外流。李嘉图则认为，自由贸易会自动调节各国流通中所需要的货币量。一国货币过多时，物价会涨，进口会增加，出口会减少，过多的货币会输送到国外；反之，货币过少时，货币自然会增加。这种看法和当年休谟理论如出一辙。

　　李嘉图还根据货币数量论，提出了有限制的发行纸币以稳定通货的方案，即主张用法律规定银行发行纸币的最高额，超过限额，则每发行一英镑纸币，就应有一镑金币的十足准备，并且纸币要能不受限制地随时要兑换金银币。这样就可使纸币像金属货币一样通过自由贸易得到调节。他把自由兑换当作稳定通货的必要条件是对的，但认为纸币发行超过限额就要有十足的金属货币准备，实际上就把纸币当作银行券了，而银行券（可兑现的纸币）是以汇票流通为基础的，而不是以货币流通为基础的。

　　在贸易理论方面，李嘉图竭力主张自由贸易，认为自由贸易情况下廉价谷物可以进口，工资就会下降，利润率可以提高，地租上涨可受到抑制，从而有利于资本积累和经济发展。

　　为了论证自由贸易优越性，李嘉图发展了斯密的国际分工学说。斯密主张各国专门从事生产具有绝对成本优势的产品，即这种商品所需要的成本绝对少于其他国家，然后相互交换，均可获得利益。但如果甲国在 X 和 Y 两种产品生产上，成本都低于乙国，两国可否分工和贸易，斯密回答不了的这一问题，由李嘉图作出了回答。他说，假如葡萄牙生产一定数量的酒只需要 80 个工人劳动一年，生产一定数量的毛呢只要 90 个工人劳动一年，而在英国生产同样数量的酒和呢，分别需要 120 个工人和 100 个工人劳动一年。葡萄牙在两种商品生产上都占有绝对优势，怎么办？他说葡萄牙应生产酒，英国应生产呢，然后相互交换？这是因为，在酒的生产上，葡萄牙一天劳动值英国的一天半，即 80：120＝1：1.5，而在呢的生产上，葡一天的劳动只值英国的 1.125 天，即 90：100＝1：1.125。就是说，在两种产品生产上，葡萄牙在酒上有更大优势，英国在呢上则有相对优势。李嘉图这种理论，称相对成本说，或者比较优势说，也称比较利益说。这种理论后来又为新古典经济学家赫克歇尔和俄林所补充和发展，一直是自由贸易理论的基石。

四、李嘉图学说的命运

李嘉图的经济学说，无论在他那个时代还是后来的年代，都产生了重大的影响，都有一大批追随者和批评者。

与李嘉图同时代的英国经济学家詹姆斯·穆勒（James Mill，1773年~1836年）和约翰·雷姆赛·麦克库洛赫（Maclullock John Ramsay，1789年~1864年）都是李嘉图的积极追随者，而马尔萨斯等人则是李嘉图理论的反对者。两派争论中一个焦点问题是对待劳动价值论问题。李嘉图从劳动时间决定价值量出发，建立其政治经济学理论体系。但他的劳动价值论中也存在一系列无法解决的矛盾。例如，如果价值由劳动创造，那么，来自劳动创造价值的利润，就只应当同耗费的劳动成比例，但事实是，利润只和垫支的资本量成比例，而不和投入的劳动成比例。李嘉图反对派抓住这个问题，运用生产陈葡萄酒和新葡萄酒所耗费的劳动时间是一样的，但陈酒比新酒贵得多的例子攻击李嘉图的劳动价值论。李嘉图追随者力图维护李嘉图理论。例如詹·穆勒提出，一切商品价值都由劳动创造，这种劳动不仅有用手直接去做的劳动，还有积累的劳动，资本就是积累的劳动。又如麦克库洛赫提出，不仅人会劳动，自然力也会劳动，也会创造价值。这些说法明显都违反了李嘉图劳动价值论的原意。

李嘉图学说的最大影响发生在马克思身上。后者把前者当作自己最直接的先驱，或者说，李嘉图的价值论和分配论是马克思的劳动价值论和剩余价值论的最新近的来源。尽管马克思认为，李嘉图理论中存在这样那样的缺点和不足，并对之加以革命性改造，但坚决认为，李嘉图理论是古典经济学中最有科学价值的宝库。

确实，李嘉图理论为马克思主义经济学产生提供了来源和依据。正因为如此，李嘉图学说遭到了许多资产阶级经济学家的非议和尖锐批评。例如，19世纪中叶美国经济学家亨利·查尔斯·凯里（Henry Charles Carey，1793年~1879年）就曾指责李嘉图的理论体系是一个制造纷争的理论。因为李嘉图的收入分配理论曾揭示工人、工商业家和地主三个阶级之间经济利益的对立，因此，曾被当时空想社会主义者用来反对资本主义制度。凯里说李嘉图的"著作是那些企图用平分土地、战争和掠夺手段来攫取政权的蛊惑者们的真正手册"[①]。他还

---

① 转引自马克思：《剩余价值论》、《马克思恩格斯全集》第26卷Ⅱ，人民出版社，1973年版，第183页。

给李嘉图加上了共产主义之父的罪名。实际上，这真是冤枉了李嘉图。后者根本没有想到自己的理论会给空想社会主义者和马克思所利用。

重视李嘉图理论的不仅有社会主义者，西方经济学阵营中也不乏其人。例如，20世纪中叶英国形成的新剑桥学派就认为，商品价值所具有的客观性和物质性，应当从李嘉图的劳动价值论传统中去寻找，并且收入分配论是价值论的引申，国民收入划分为工资和利润两大部分，利润率越低，工资总额在国民收入中比重就越大。这些观点的形成，都体现了李嘉图学说的影响。

应当认为，从对发展市场经济的角度看，李嘉图理论的贡献主要有：第一，确认利润是驱动经济进步的动力，任何对利润的伤害，都会构成对经济增长的威胁；第二，确认物价和币值与流通中货币数量有关，工商业顺利发展离不开一个通货稳定的经济环境；第三，确认比较利益的存在，是进行贸易的正当理由。

第四节　萨伊和马尔萨斯的经济学说

一、萨伊的经济学说

让·巴蒂斯特·萨伊（Jean-Baptiste Say，1767年～1832年）出身于一个商人家庭，受过完备的商业教育，参加过法国大革命，当过杂志总编，也在政府任职过，当过多年大学教授。他写过多部著作，其代表作是1803年出版的《政治经济学概论》。萨伊从来被马克思主义者当作法国庸俗资产阶级经济学的创始人，但是我们下面只是从市场经济视角评述他贡献给后人的几个重要观点。

萨伊在经济学说史上的贡献，首先表现于他提出了生产是创造效用的重要命题。他说，所谓生产，不是创造物质，而是创造效用。而物品满足需要的内在力量就叫做效用。创造具有任何效用的物品，就等于创造财富，因为物品的效用就是物品价值的基础。[①]

萨伊的论点，显然是针对重农主义的，因为重农主义认为，只有农业才是生产的，因为农业生产中物质在增加。这一论点也打破了斯密观点的局限性，因为斯密认为，生产性劳动必须要能提供一种把劳动凝固于上面的物质产品。现在萨伊说，生产不是创造物质，而是创造效用。生产数量不是产品的长短、大小或轻重估计，而是以产品所提供的效用估计。[②]

从萨伊论述中还可看到，他所讲的效用，并不是后来奥国学派所讲的那种主观效用，而是指物品的用途，是满足人类需要的内在力量，即客观效用，或客观

---

① 萨伊：《政治经济学概论》，商务印书馆，1982年版，第59页。
② 同上，第59页。

使用价值。

有效用的东西，不一定要局限于有形的物质产品。因此，萨伊提出，财富不一定是"有形物品"，也可以是"无形物品"。例如，医生为病人提供的诊断服务，艺术家的表演服务，公教人员、律师、法官提供的服务，店员提供的商品流通服务等等，都给人们提供了服务，具有效用，都有价值。这些服务都是无形产品的东西。这些产品的价值也会构成财富，也可以用来交换。它们和有形产品的区别仅在于这些产品的生产和消费往往是同时发生的，其价值一生产出来就消费掉了，不像物质产品那样可以储积起来，但这些无形产品并不因此就不是有价值的产品，无形产品也是人类劳动果实，也是有效用的东西。

应当说，这些观点是有价值的。现在，国民生产总值核算时，物质产品和劳务的市场价值都是统计在内的。只要这些产品和劳务能为消费者提供效用，满足市场需要，就都是有价值的财富。萨伊的生产观突破了自从斯密以来事实上一直存在的只有物质生产领域的劳动才是生产性劳动的传统观念。要求把生产劳动的范围扩大到服用务性行业。当代社会把产业划分为第一、第二、第三产业。前两个产业提供了"有形产品"，第三产业就是萨伊所说的提供"无形产品"的所有服务行业①。随着社会的发展，第三产业的作用和地位越来越重要，从而也显示出萨伊当年所作的"生产是创造效用"的命题以及"无形产品"概念的重大意义。

创造效用的生产必须借助于劳动、资本和自然力三者的协同作用才能进行，这就是生产的三要素。由于价值来自效用，创造效用就是创造价值。因此，萨伊认为，价值也由三要素创造。

马克思主义认为，财富或者说使用价值确实由劳动、资本和自然力（或土地）三要素共同作用才能生产出来，但作为价值，就只能是劳动创造，这种观点从作为揭露非劳动收入都是剥削收入而言无疑是正确的，然而，运用来分析市场经济却是没有人会采用的。从市场经济观点看，商品价值必须在价格上反映出来。任何一件产品要能生产出来并提供到市场上卖一定价钱，没有生产需要的三个要素是万万不行的。如果承认生产是创造效用，有效用才有价值，那么，就势必承认生产三要素共同创造了价值。不管理论上承认不承认三要素创造价值，市场总是承认三要素创造价值。

萨伊认为，既然财富和价值是生产三要素共同创造的，那么，收入就必须在三要素所有者之间共同分配。按萨伊的说法，劳动、资本和自然力三者是创造产品不可缺少的因素，但这三者不是必须属于同一个人所有。劳动者可把他的劳力借给另一个拥有资本和土地的人。资本所有者可把资本借给只拥有土地和劳动力

---

① 参考何正斌著：《经济学300年》上册，湖南科技出版社，2000年版，第128～130页。

的人，地主也可以把土地借给只拥资本和劳动力的人。"不论借出的是劳动力、资本或土地，由于它们协同创造价值，因此，它们的使用都要支付代价。""对借用劳动力所付的代价叫工资。""对借用资本所付的代价叫利息。""对借用土地所付的代价叫做地租。"①

这就是按要素分配收入。每种要素应得多少？萨伊提出，每种生产要素价值的大小与它们在生产事业中各自提供的合作的重要性成正比。但是，如何成正比例，他说，生产要素的市场价值和一切其他物品的市场价值一样，是由供给与需求状况来决定的。至于要素的供给由什么决定，需求又由什么决定，萨伊未有说明，这一问题后来是由约·贝·克拉克和阿·马歇尔来回答的。

马克思根据劳动价值论和剩余价值论对萨伊的收入分配论作了彻底的批判，认为工资、利息和地租本来都是工人劳动生产的，而萨伊却说有三个来源，工资来自劳动，利息来自资本，地租来自土地，似乎各阶级的收入都有自己独立的源泉，从而割裂了各阶级收入同工人劳动的联系，掩盖了利息（利润）和地租的真正来源。马克思还借用基督教义中把同一上帝区分为圣父、圣子、圣灵的做法一样，把萨伊这套理论即劳动-工资，资本-利息，土地-地租，讽刺为"三位一体公式"②。直到20世纪90年代以来，随着我国经济改革的深化，市场经济体制的确立，国民收入按要素分配才越来越正式地被公开承认。

萨伊的收入分配理论中也存在着不少混乱和矛盾的说法。例如，他一方面把利息称为借用资本所付的代价，把地租称为借用土地所付的代价，把工资称为借用劳动所付的代价；另一方面又说，分配给地主那部分价值叫做土地的利润，分配给资本的那部分，叫做资本的利润，分配给工人的部分，叫做劳动的利润。这些混乱与矛盾的观点，理所当然不久就被人们所抛弃了。

尽管如此，但他又事实上在经济学史上较早地区分了投资于企业的资本家和经营管理企业的企业家。他说，一个公司经理很少是完全从外人借款作为公司全部资本的。只要有一些工具是用他自己的资本购买的，只要有一些款项是用自己资金垫付的，那么，这个经理就有权以双重身份取得收入：以经理资格取得一部分收入，以资本家资格取得另一部分收入，还说以经理资格取得的利润，取决于他的管理能力（技巧、积极性、判断力），而以资本家资格取得的利润，取决于资本的多寡。就这样，他批评了斯密把这二者混为一谈的错误。在资本主义发展的早期阶段萨伊就能区分资本家和企业家实属不易。

但是，萨伊在经济学说史上最大的影响也许要数他的销售论。萨伊提出，生产者生产了一件产品，总希望立即把它卖掉，换成货币以后，他同样希望用这货

---

① 萨伊：《政治经济学概论》，商务印书馆，1982年版，第77页。
② 方崇桂、尹伯成主编：《经济学说史教程》，复旦大学出版社，1988年版，第158页。

币买进他需要的产品。因此，"在以产品换钱，钱换产品的两道交换过程中，货币只一瞬间起作用，当交易最后结束时，我们将发觉交易总是以一种货物交换另一种货物。"① 既然一种产品（货物）总是用另一种产品购买的，而作为购买手段的另一种产品又是在生产领域中产生的，因此，实际上是生产给产品创造了需求。或者说"单单一种产品的生产，就给其他产品开辟了销路"②。这就是说，卖主就是买主，供给本身就会创造需求，总供给和总需求是一致的，不可能产生产品过剩的危机。然而，市场上明明有些产品找不到销路，对此，他的解释是，"某一种货物所以过剩，或者是因为它的生产过多，或者是因为别的产品生产过少"，"正由于某些货物生产过多，别的货物才形成过剩"③。他还认为，只要让经济充分自由，即人们自由投资，价格自由涨落，那么，某种商品生产过多时，其价格必然下降而减少利润，生产者就会减少生产；相反，另一种商品生产过少时，其价格会上涨而利润增加，生产自然会增加。因此，自由竞争一定会使各种商品的供给和需求趋于平衡，消除产品过剩现象。他因此还反对国家干预经济，说"如果对生产不加干涉，一种生产很少会超过其他生产，一种产品也很少会便宜到与其他产品价格不相称的程度"④。

萨伊还依据上述理论得出四个结论：①"在一切社会，生产者越多，产品越多样化，产品便销得越快、越多、越广泛"；②"每一个人都和全体的共同繁荣有利害关系，一个企业办得越成功，就可以帮助别的企业也达到成功"⑤；③"购买和输入外国货物绝不至损害国内或本国产业和生产"⑥；④"仅仅鼓励消费并无益于商业，因为困难不在于刺激消费的欲望，而在于供给消费的手段，我们已看到，而只有生产能供给这些手段。所以，鼓励生产是贤明的政策，鼓励消费是拙劣的政策"。⑦

萨伊这些理论和结论，曾被一些主张经济自由的经济学家大力推崇，并称之为"萨伊法则"。应当说，他这些理论和结论在当时确实有一定积极意义。例如，他的第三个结论，目的是反对保护关税的政策，尤其是反对当时拿破仑的保护关税政策，他的第四个结论，是为了反对马尔萨斯等人为奢侈、为贵族阶级消费辩护，也反对国家过度开支，主张节约积累，发展生产，他的第一和第二个结论，说明各阶层之间，各地区之间有着共同的利益，经济繁荣对大家都有利。确实，

---

① 萨伊：《政治经济学概论》，商务印书馆，1982 年版，第 144 页。
② 同上，第 144 页。
③ 同上，第 145 页。
④ 同上，第 145 页。
⑤ 同上，第 147 页。
⑥ 同上，第 149 页。
⑦ 同上，第 149 页。

在萨伊眼里，新产业开发和旧产业的扩张，都会给所有产业带来繁荣；落后地区的进步，邻国的发展，也会给本国和外国的进步以推动，至于自由竞争会使供给和需求自然趋向平衡的说法，更是为了主张经济自由，因此，他的销售理论深得大卫·李嘉图的赏识和支持。

但是，萨伊这套理论是有错误的，最主要是把商品流通和物物交换混为一谈了。在物物交换中，确实买就是卖，卖就是买，产品用产品交换，但在商品流通中，买和卖分裂为两个阶段，出售了产品的人如果不立即买，就不会形成对另一种产品的需求。这种理论还有一个致命伤，那就是假定产品生产出来了一定能卖掉，并形成对另一些产品的需求。但是，困难正在于产品生产出来后无人购买，因为正如下面要讲到的西斯蒙第所说，产品并不是用产品购买的，而是用收入购买的，当人们缺乏足够的收入时，产品就会卖不掉。事实上，市场经济面临的最主要问题，恰恰就是购买商品的有效需求不足，使产品过剩不可避免。马尔萨斯讲了这一点，西斯蒙第也讲到这一点。

二、马尔萨斯的经济学说

托马斯·罗伯特·马尔萨斯（Tomas Robert Malthus，1776 年～1834 年）和萨伊一样，被马克思主义经济学家称作是庸俗经济学创始人，但是他在西方经济学发展史上却同样有较高的地位。这是为什么？可先从马尔萨斯的人口论说起。这不仅是因为他主要靠人口论出名，而且人口问题在经济学中也有举足轻重位置。社会经济方面福利问题、就业问题、经济增长问题等无不与人口问题有关。

马尔萨斯以前，不少学者对人口问题已发表过一些有价值见解，但第一个人口科学的理论体系是马尔萨斯在继承前人成就基础上建立起来的。他最早的人口论著作是 1798 年匿名发表的《试论人口原理——读葛德文、康多塞及其他作者的推理，论人口原理对社会未来进步之影响》（简称《人口原理》），以后修订再版达 6 次。葛德文（Godwin William，1756 年～1836 年）和康多塞（Marie Jean Antoine Nicolas de Caritat，Marquis de Condorcet，1743 年～1794 年）是当时英国和法国的主张社会改革的思想家，认为人类增加生活资料有无穷潜力，而性欲和繁殖会受到理性控制，因此，社会灾难和不幸不是来自人口过剩，而来自私有制。马尔萨斯为了反驳他们观点，提出了自己一套人口理论。这套理论可概括为两个公理、两个级数、两种抑制。

两个公理是："第一，食物是人类生存所必需；第二，两性间情欲是必然的，而且几乎会保持现状。"[1] 即中国古语中所云，食色性也。

---

[1] 马尔萨斯：《人口论》，商务印书馆，1959 年版，第 4 页。

两个级数是："人口，在无所妨碍时，以几何级数率增加。生活资料，只以算术级数增加。"[①] 人口以几何级数增加，马尔萨斯以北美殖民时期人口增加情况为例指出，人口如果不受什么阻碍，每25年就会增加一倍，至于生活资料增加，他只说是根据对土地性质拥有的一切知识作出的判断。

两个级数使人口增长和生活资料增长不平衡，而两个公理又必须使二者保持平衡。怎么达到平衡呢？马尔萨斯说，靠两个抑制：一是积极抑制，指"包括产生于罪恶或苦难的各色各样的原因，或多或少都会缩短人的寿命，如各种不卫生的职业，剧烈的劳动和严冬盛暑的煎迫，极度贫困，对儿童的恶劣保护，大城市的拥挤，各种各样的过度行为，连串整套的普通疾病和传染病，战争和饥荒"[②]。二是预防抑制，也称道德的抑制。即用不结婚、晚婚和严守性道德的办法来降低出生率。

马尔萨斯提出其人口理论的用意是明显的：第一，用以说明劳动者失业和贫困是"人口规律"决定的，而与私有的社会制度无关；第二，用以说明私有制度废除不得，因为私有制不但是克服人类好逸恶劳天性的唯一手段，而且是使人口和生活资料保持平衡的最有效制度，因为财产私有情况下，养育孩子是家庭私事，人们生育子女时会理性地考虑有没有能力以及有多少能力养育孩子，而如果实行共产主义，抚养孩子由社会负责的话，人类就会像有些动物一样毫无约束地迅速过度繁殖；第三，用来反对英国当时的济贫法，认为贫穷是生孩子太多造成的，对他们救济，会使他们看不到贫困真正的原因，继续多生孩子，刺激人口增长；第四，用来反对提高劳动者工资，认为工资水平决定于工人数量和生活资料对比，人口增长超过生活资料增长，工资必然下降，而提高工资只会刺激人口过快增长。

马尔萨斯人口理论后来被证明不符合历史事实，尤其是不符合经济发达国家历史事实。200多年来，发达国家经济增长了许多倍，而人口增长并不迅速，因而绝大多数劳动者生活水平大大提高了。为什么呢？第一，生活资料按算术级数增长的假定是建立在土地报酬递减律基础上的，而土地报酬递减要以技术不变为前提。可是200多年来，许多国家尤其是发达国家的技术进步是异常惊人的。今天，在美国，一个农业劳动者生产的农产品不是可养活几个人，而是几百个人。第二，人口繁殖以几何级数增加的假定也是把人和动物混为一谈了。人不像一般动物，是有理性的。事实上，不是生活资料限制人口增长，而是经济和文化越是发达地方，那里的人口增长越慢，因为那儿的人们越是要追求生活质量，追求物质和文化生活享受，就越不愿多生孩子，以免受累。

---

① 马尔萨斯：《人口论》，商务印书馆，1959年版，第8页。

② 马尔萨斯：《人口原理》，商务印书馆，1962年版，第11页。

　　马克思无情地批判了马尔萨斯，认为失业和贫困是资本主义制度的产物，过剩人口是资本主义产业后备军。当然，我们不能因此认为马尔萨斯人口理论在任何情况下都是不合理、不科学的。否则的话，包括我们中国在内的许多发展中国家为什么要提倡并采取必要措施来控制人口？应当公正地说，马尔萨斯的人口理论是比较符合经济不发达的国家和地区的实际情况的。

　　马尔萨斯在经济理论方面也有自己一套观点。在价值论上，亚当·斯密把决定商品价值的劳动，既说成是这一商品生产上消耗的劳动，又说成是这一商品在交换中所能支配的劳动。大卫·李嘉图抛弃了支配劳动说，坚持了耗费劳动说，而马尔萨斯则抛弃了耗费劳动说，坚持了支配劳动说，认为商品所能支配的劳动，等于生产该商品所耗费的劳动量加预付资本的利润，也就是商品的生产费用。在通常情况下，人们在生产中不仅使用劳动，还使用资本才能进行生产，使用资本就要求得到利润。如果一个商品的价值只等于生产中耗费的劳动量，就没有利润可言，生产就会停止。

　　那么，商品价值决定于支配劳动，这支配劳动大小又如何决定呢？马尔萨斯认为，决定于供求，即商品价值是由供给和需求的状况决定的。他把供给定义为"具有出售愿望的待售商品的数量"①，把需求定义为"人们对于该商品的具有一般购买能力的购买愿望"②。他还给有效需求下了一个定义："商品的有效需求就是一种能满足商品供给的自然和必要条件的需求。"③ 这些定义尽管用现代的观点看还不完善，但在他那个时代，能对这些概念的涵义作出这样的规定，表明他对市场供求关系已有相当深刻的观察和理解，尤其有效需求这个概念，他实际上已认识到，有效需求不是任何一种有支付能力的需求，而是支付商品生产所需要的工资、利润和地租，即能支付生产费用的需求。④

　　看来马尔萨斯从价值决定于支配劳动出发，从两方面发展了价值理论，一方面是生产费用论，另一方面是供求论。生产费用论要解决商品卖价应当包含哪些内容，供求论要解决商品卖价能够达到多少。不管那个方面，马尔萨斯从价值决定于支配劳动起，就背离了马克思的劳动价值论，背离了建立剩余价值理论的基础。因此，他就被称为英国庸俗经济学的创始人。在这里，庸俗还是科学，完全是用马克思的劳动价值论和剩余价值论作为衡量标准的。但从市场经济视角看，马尔萨斯的价值论并非毫无道理：商品按价值出售，必须要能补偿生产费用，起码的利润是商品能提供到市场上的必要条件，正因为如此，任何一本现代微观经

---

① 马尔萨斯：《政治经济学原理》，商务印书馆，1962 年版，第 56 页。
② 同上，第 56 页。
③ 同上，第 71 页。
④ 蒋自强、张旭昆著：《三次革命和三次综合》，上海人民出版社，1996 年版，第 178 页。

济学教材都会坚持包括正常利润在内的成本是决定产品价格的基础。

在收入分配理论方面马尔萨斯并无多大创造。为了给土地贵族利益辩护，他把地租说成是对地主的勇气和智慧的报酬，也是对其先辈力量和才能的报酬。他还认为地租高昂是一国财富增加的象征，因为正是财富增加了，农产品才会涨价，不但优等地和中等地上的地租（级差地租）会上升，而且最劣等土地上地租也会上升。他不赞成李嘉图关于劣等地上没有地租的说法，因为他认为地主不愿无报酬出租土地，这是他比李嘉图高明的地方。

在谷物法的争论中，马尔萨斯站在土地贵族立场上支持谷物法，拥护农业保护政策。他的主要论点之一是，外国谷物的自由进口会造成对外国粮食的依赖，而依赖外国是危险的，应从国家安全角度考虑粮食的自给。

马尔萨斯另一个值得注意的观点是关于生产过剩的理论。他针对萨伊和李嘉图那种不可能出现全面销售的困难的观点指出："只要农场主愿意消费工厂主所生产的奢侈品，工厂主也愿意消费农场主所生产的产品，一切就会进行得顺利。但是，如果其中一方面或两方面为了改善自己的生活状况和将来供养家庭的缘故而打算节约，情形就会不大相同。农场主会满足比较简单的衣着而不醉心于丝带、花边和天鹅绒，但是，这种节约，却使工厂主没有能力购买同量的农产品。"①

在此，马尔萨斯的观点很鲜明：要维持生产和就业，必须保持对产品足够的消费需求，否则，经济就会萧条，为消除消费不足，提高有效需求，应鼓励两种人消费。一是地主，因为地租是农产品价格超过生产成本的差额部分，用地租来增加支出，只会增加有效需求，不会影响成本，而利润和工资都只是生产成本的一部分。二是非生产阶级的消费，包括家仆、官吏、牧师、律师等，这些人的雇用不会增加物品的生产，其支出会增加对物品的有效需求。这种观点暴露了马尔萨斯为土地贵族和寄生性消费者利益辩护的面目，是和当时英国要求增加积累、发展生产力的社会进步车轮背道而驰的。然而，他关于为消除生产过剩危机必须保持足够的有效需求的观点，又有一定可取之处，因而，事隔一个多世纪后，马尔萨斯的这一观点又受到了凯恩斯的青睐。

■ 第五节 从西尼尔到约·斯·穆勒

一、西尼尔为资本辩护

纳骚·威廉·西尼尔（Nassau William Senior，1790 年～1864 年）是 19 世

---

① 蒋自强、张旭昆著：《三次革命和三次综合》，上海人民出版社，1996 年版，第 268 页。

纪中叶英国经济学家，曾任牛津大学教授，也积极参加政府各种委员会的活动。1836 年发表其代表作《政治经济学大纲》，1837 年发表了《关于工厂法对棉纺织业的影响的书信》，在这些论著作中先后提出为资本利益辩护的"节欲论"和"最后一小时论"。

什么是"节欲论"？西尼尔所说节欲或节制，其实就是资本。正如他自己所说，"我用节欲一词代替那种当作生产工具来看的资本一词。"[①] 为什么要用节欲一词代替资本一词呢？他的说法是，节欲所表示的是节制当前欲望，即人暂不把资本用于非生产性消费，因而是牺牲了当前个人的享受，和劳动者劳动是牺牲了安乐和休息一样，都是一种牺牲，都应得到报酬。工资是对劳动作出的"牺牲"的报酬，利润是对资本家节欲作出的"牺牲"的报酬。没有"节欲"，就没有资本，借助于资本，劳动的生产能力可无限增加。

把资本说成由"节欲"而来，是西尼尔一大创造。把利润看作是"节欲"的报酬，后来的经济学家都接受和继承这一说法，包括约·穆勒、阿·马歇尔等最有影响的经济学家都是"节欲论"的信奉者。但是，西尼尔的"节欲论"与事实不符，因为大富翁提供资本时并不需要节制自己的消费欲望，而穷人不管如何"节欲"，也省不出什么钱来提供资本。西尼尔提出"节欲论"的目的和意义完全在于说明资本有权利参与价值或者说收入的分配。因为有钱人实行了"节欲"才提供了资本，而资本又提高了生产力。从马克思主义观点看，这显然是为资本家剥削辩护的理论。但从市场经济角度看，参与经济活动的资本确实需要报酬作为激励，否则，资本就会闲置，社会生产就难以发展。利润是资本参与生产的动力，也是实现资本优化配置的调节器，资本流向利润高的地方去的过程，也是资本优化配置的过程。

再看"最后一小时论"。西尼尔在《论工厂法对棉纱制造业的影响的书信》一文中提出，工厂主的利润是 11 小时半劳动的最后一小时创造出来的。论证方法如下：工人每天劳动 11 小时半，全年劳动是 11 小时半乘以一年工作日数，假定每个劳动日生产的年产品价值为 115 000 英镑的棉纱，资本家为此需要花费的固定资本假定是 80 000 英镑，流动资本 20 000 英镑，总利润就是 15 000 英镑。这样，每半小时工人能生产出 5 000 英镑棉纱。于是，工人在 20 个半小时（即 10 小时）内生产 100 000 英镑价值，正好补偿了工厂主垫支的资本，工人在第 21 个半小时内生产 5 000 英镑的价值，补偿了厂房、机器的折旧，只有最后的 2 个半小时（最后一小时）内，工人才生产 10％的纯利润，即 $100\,000 \times 10\% = 10\,000$ 英镑。因此，全部纯利润是最后一小时生产出来的，如果工作日缩短一小时，纯利润消失，如工作日缩短了一个半小时，即实行 10 小时工作日，"总利

---

① 西尼尔：《政治经济学大纲》，商务印书馆，1977 年版，第 17 页。

润"（西尼尔把折旧计入总利润）也消失了，工厂要倒闭，工人要失业。

他的这个"理论"是为了反对当时正在兴起的工人阶级争取 10 小时工作日的斗争。这个理论不仅有最明显地为资本家利益辩护的性质，而且在理论上站不住脚：第一，115 000 镑不能全算作是工作一年劳动创造的价值，其中 10 万镑是垫支资本旧价值的转移，就是说，工人 11 小时半创造的新价值只是 15 000 镑；第二，他一方面假定 10 万镑预付总资本一年内全消耗掉，由劳动小时创造的价值来补偿，另一方面又说工人要在 10 小时后第一个半小时创造 5 000 镑价值补偿厂房机器投资损耗的"折旧"，这就重复计算了固定资本消耗。第三，"最后一小时论"与"节欲论"也有点矛盾：按"节欲论"，利润是对提供资本的报酬，与劳动无关，而按"最后一小时论"，利润又是劳动创造的，依存于劳动日长短。看来，西尼尔的本意可能是，"节欲论"要说明资本有没有权利或者说应该不应该获得利润，而"最后一小时论"要说明的是利润的真正来源，或者说能不能获得利润。

显然，"最后一小时论"完全说不通。但是从市场经济角度看，不能说毫无意义：工厂主生产上的固定资本是投资在厂房、设备上的花费，并不随产量而变化，相当于现代微观西方经济学中的固定成本（不变成本）部分。这部分成本分摊的产品量越大，则单位不变成本（即 AFC）就越小，从而在其它条件不变时，单位产品成本即平均成本（AC）就越小，这有利于提高企业在市场上的竞争力。平均不变成本随产量变化，也就是随工作日长短变化。在其它情况不变时，工作日越长，每天生产量就越大，则单位产品成本显然就会越低。在西尼尔那个时代，马克思经济学意义上的剩余价值的榨取，主要还是依赖工作日长短，而不是依靠由科技进步而来的相对剩余价值的变化。可见，西尼尔的理论和计算尽管都有错误，但"最后一小时论"还是讲出了一个道理：工作日长短会关系到利润率高低，关系到产品成本的高低，关系到企业在市场竞争中的生存和发展。

二、约·斯·穆勒的综合

约翰·斯图亚特·穆勒（John Stuart Mill，1806 年～1873 年）是 19 世纪英国最著名的经济学家，也是著名哲学家和社会活动家。他是著名经济学家詹姆斯·穆勒的儿子，故又称小穆勒。他从小受过严格教育，曾长期在东印度公司任职。他写过很多著作，经济学的代表作是 1848 年欧洲革命前夕出版的《政治经济学原理以及对社会哲学的某些应用》。这部著作在相当长时间内被奉为政治经济学理论的权威教材，直到 19 世纪 70 年代后才被边际效用学派取代。

约·穆勒的经济学有两大特点：一是综合，二是折衷。

综合指他的经济理论是斯密等人的劳动价值论、生产费用论、供求论，马尔萨斯的人口论，李嘉图的土地报酬递减律论和级差地租论，詹·穆勒的工资基金论，萨伊的销售论，西尼尔的"节欲论"等各种理论的大综合。他的每个基本观点，几乎都有前人的痕迹，没有理论创新的"生气"。

折衷是指他的思想和主张，力图使反映资本利益要求的政治经济学和当时已不容忽视的无产阶级要求来一个调和折衷。他一方面认为，资本主义私有财产制度不能颠覆，必须存在；另一方面他又受到工人运动和空想社会主义思潮的影响，对工人悲惨境况表示同情，因而主张对资本主义社会进行改良，尤其是产品分配办法要改进。西方经济学家中一些人在面对市场竞争必然造成的贫富严重悬殊和尖锐的阶级矛盾形势时常常会提出各种改良主义理论和主张，约·穆勒可说是最有名的开创者。马克思把他称作为"没有生气的折衷主义"的最著名代表①。他的折衷主义在理论上一个重要表现是他作出了生产规律和分配规律具有不同性质的判断。

约·穆勒认为，生产规律具有永久的自然规律的性质，因为"财富的生产法则和条件，具有自然真理的性质"②。

生产需要什么条件？穆勒认为，经济社会生产都必须有劳动、资本及自然所提供的材料或动力这三个要素。

穆勒依次研究了生产三要素增加的规律。他认为，生产增加第一依存于劳动，而劳动增加的规律就是马尔萨斯人口论中所说，在无限制时，人口按几何级数增加。在实际生活中，由于人口自然增加力无限制，因此劳动不会成为生产增加的主要障碍。

生产增加第二依存于资本，而增加资本的基本途径：一是要增加生产；二是要节欲，反对奢侈。

生产增加第三依存于土地，而土地生产的基本规律是土地报酬递减规律。

根据上述，穆勒得出结论：生产增加只受资本不足与土地不足的限制。他还提出，阻碍生产发展的，在亚洲主要是资本不足，在欧洲则是土地报酬递减。

显然，这些理论又不过是斯密、李嘉图、马尔萨斯和西尼尔理论的翻版。

约·穆勒认为，与生产规律不同，财富的分配纯然是人类制度问题。在财产私有制度下，生产物分配主要由竞争决定。在工资方面，"工资取决于劳动的需求与供给即取决于人口与资本"③。在此，人口，指被雇用者人数，即劳动供给，而资本，指直接用于购买劳动的那部分流动资本，也就是工资基金，代表对劳动的需求。工资水平就取决于这种基金及分享这种基金的人数的比例。这就是工资

---

① 马克思：《资本论》第 1 卷，人民出版社，1963 年版，第 XVII 页。

② 约·穆勒：《政治经济学原理》，商务印书馆，1991 年版中译本，上卷，第 226 页。

③ 同上，第 380 页。

基金的主要含义。

关于利润，他一方面接受李嘉图的观点，认为利润来自工人剩余劳动，另一方面又采纳西尼尔"节欲论"。把利润说成是忍欲的报酬。他提出，总利润要划分为三部分：一是利息，它是忍欲的报酬；二是保险费，这是冒风险的报酬；三是监督工资，它是企业家从事监督劳动的报酬。他还认为，由于竞争，不同行业中利润具有平均化的趋势。

关于地租，穆勒几乎完全接受了李嘉图的级差地租论，并未加上新见解，只是失去了李嘉图地租论的反土地贵族的锋芒，因为1846年英国已废除了"谷物法"。

穆勒认为，生产与价值无关，分配才与价值有关。因此，他把价值论放在生产与分配以后加以讨论。

在价值理论方面，约·穆勒提出，价值并非商品固有的实在的性质，不过是指交换价值。因此，价值总的说要由供求决定。但如何由供求决定，各类商品有不同的规律。他把商品分三类：一类是供给量不能任意增加的，如古董、稀有书籍、特殊葡萄酒等，其价值（实际上是价格）由有购买力的需求决定，而与成本无关；第二类是随劳动与支出的增加，其数量会同比例增加，且单位生产费用不变的商品，即成本不变行业产品，其价值取决于一般的即普通的单位生产成本；第三类是随劳动与支出的增加，其数量也会同比例增加，但单位产品成本在产量达到一定点后，会随产量增加而递减，如农产品，这种产品的价值取决于生产必要的供给量中单位成本最高的生产费用。显然，穆勒在此采用了李嘉图的一些观点，但又修正与补充了李嘉图观点。李嘉图认为，一切商品价值决定于最劣等生产条件下的劳动耗费，穆勒把它修改为工业品价值决定于平均生产费用，农产品价值才决定于必要供给量中单位成本最高的生产费用。

约·穆勒认为，在国际贸易中，由国界为标志的民族政治体设置的障碍，劳动与资本不能自由转移，很难形成一个统一的国际市场价值，因而生产费用决定价值的法则在此不适用。在国际贸易中，商品价值只能由供给与需求的法则决定，他把它称之为"国际需求方程式"。穆勒这样举例来说明。

假设英国用一定量劳动可生产10码毛呢或15码麻布，德国用同量劳动生产10码毛呢或20码麻布。在不通商时，在英国，毛呢与麻布的交换比例是10：15，在德国是10：20。一旦按自由贸易原则通商，英国将倾向用毛呢换德国麻布，德国倾向用麻布换英国毛呢，双方都可获利。这是李嘉图的比较利益理论告诉的道理。但是，两国货物的交易比率如何决定，李嘉图未予回答。穆勒则指出，英德两国商品需求会随价格的变化。在各种不同交换比率下（即各种价格下），两国对彼此输入的货物的需求量会有增减变化，其中必有一种交换比率足以使两国对于对方货物需要正好等于对方愿意提供的供给量。这一比率就是货物的国际价值，上述情况可用表2-1说明：

表 2-1　交换比率举例

交换比率	英国供求表		德国供求表	
毛呢换麻布	毛呢供给	麻布需求	麻布供给	毛呢需求
10：15	8 000	12 000	19 500	13 000
10：16	9 000	14 400	18 400	11 500
10：17	10 000	17 000	17 000	10 000
10：18	11 000	19 800	16 200	9 000
10：19	12 000	22 800	15 200	8 000
10：20	13 000	26 000	14 000	7 000

　　在上表中，第一列，自上而下，表示毛呢换麻布数量逐渐增多，即毛呢逐渐涨价，麻布逐渐跌价，因此，英国毛呢供给逐渐上升，对麻布的需求也逐渐上升，德国的麻布供给和对毛呢的需求的变动正好相反。当毛呢和麻布交换比率为10：15和10：16时，英国愿供给的毛呢小于德国需求的毛呢，而麻布的需求小于麻布的供给。这种情况就促使毛呢涨价，麻布跌价，即交易比率从10：16上升为10：17。如果这时毛呢和麻布的供求都正好相等，则此比率就是英德两国毛呢和麻布的成交价格。如果说毛呢价格继续上升，麻布继续跌价，则毛呢会供过于求，麻布会供不应求。于是价格仍会回到10：17的水平。穆勒就是用这样的"国际需求方程式"来说明商品的国际价值的。当然，上面的分析，并没有把运输费考虑进来。

　　根据上述，可以把"国际需求方程式"的内容概述为：在贸易自由并舍弃掉运输费的条件下，两种进出口商品的交换比例（即国际价值）不是取决于生产费用，而是取决于供求关系；而这两种商品在两个国家间的交换比例（本例是毛呢换麻布的比例是10：17即10码毛呢换17码麻布）将使两种商品的出口量正好等于对这两种商品的进口需求量。一般说来，这种交换比例不可能大于不存在国际贸易时的国内交换比例。这就是说，在国际贸易中，生产费用决定商品价值的法则已不适用了，即毛呢和麻布的交易比率既不是按英国生产费用决定的10：15，也不是按德国生产费用决定的10：20，而是由国际交换中的供求关系决定的10：17。然而，生产费用决定价值的法则仍制约着国际间交易比例的上下限。如果毛呢换麻布不到10：15而是例如10：14，或高于10：20，例如是10：21，则两国都宁可在国内交易，而不会有进出口交易。这说明，降低成本，提高劳动生产率，不仅对企业在国内市场上而且在国际市场上的竞争，都是生死存亡的大事。穆勒这一理论不仅在实践上意义很大，理论上意义也大，它是对李嘉图比较利益理论的重要补充。

　　关于约·穆勒的经济政策思想，有两点值得一提。

　　一是关于他的经济自由主义和政府作用的论述。约·斯·穆勒也是经济自由主义倡导者和拥有者。他说，"一般说来，生活中的事务最好是由那些具有直接利害关系的人自由去做，无论是法令，还是政府官员都不应对其加以控制和干预。"① 然而，穆勒也不赞成完全的自由放任，不赞成过分限制政府职能。他说，"必要的政府职能要比大多数人最初想象的多得多，不能像人们一般谈论这一问题那样，用很明确的分界限来划定其范围。"② 按他看法，除了自由放任学派严格圈定的保护人身安全及财产安全的政府职能之外，政府还有许多事情要做，例如，制造货币，制定度量衡，填铺街道，修建船港，建造灯塔，修筑防海潮和河流的堤岸等等，这些事即使是最反对国家干预的人，也认为应当由政府来做。还有，用赋税来实现收入再分配，也应当是政府的责任。总之，对公众极有关系的事项，应准许政府干涉。显然，穆勒既主张经济自由，也主张政府有限度干预经济生活。

二是他的改良主义思想。约·穆勒属于资产阶级经济学家行列，但又深受空想社会主义尤其是圣西门主义的思想影响。面对当时西欧社会尖锐的阶级矛盾，他十分同情劳工大众的困苦，不满意资本主义现实，但又不想从根本上否定和改变资本主义制度，因此，他提出了一套社会经济改良主张。

（1）改变工资制度，建立生产者协会。在协会中发展劳资合作，使工人也有一定股份，有充分发言权，与雇主共同管理企业，变阶级对立为利害一致的联合。

（2）通过土地税使地租社会化。地租不是地主劳动成果，应交还社会，可通过征收土地税办法实现。在全面改革前，可先实行扩大自耕农制度，用立法形式，让土地归农民所有。

（3）限制遗产继承权，减少财富分配不均。穆勒承认遗产继承权，但为了避免财富分配不公，促进财富分散化，他建议规定一个接受赠与或继承的最高标准，超过部分不得继承。

穆勒认为，通过这种变革，不用暴力和剥夺，也不用扰乱现存习惯和期待，就可使社会不再分为勤劳阶级和游堕阶级，使非努力而获利者皆归消灭。现存的资本积蓄，依一个自动过程变成参加生产事业者全体的共有财产。

穆勒的愿望可能是良好而真诚的，但这些主张都只是改良主义幻想。

第六节　对古典经济学的挑战

一、概述

古典经济学代表资本主义上升时期新兴资产阶级的利益，认为资本主义制度

---

① 约·穆勒：《政治经济学原理》，商务印书馆，1991 年版中译本，下卷，第 542 页。
② 同上，第 367 页。

是唯一符合人性的合理的永恒的社会经济制度，主张经济自由，即自由竞争和自由贸易。但是资本主义自由地迅速发展给不断破产的小生产者和雇佣工人带来了莫大灾难，也给后来要走资本主义道路的国家带来了竞争的威胁。正是在这些背景下，以斯密和李嘉图为代表的古典经济学受到了几方面的挑战：

一是空想社会主义者的挑战，认为资本主义是非理性的社会制度，自由竞争给人类带来的只是空前灾难，主张用社会主义取代资本主义。

二是以西斯蒙第等人为代表的经济浪漫主义者的挑战，认为古典经济学弄错了政治经济学的对象和方法，为生产而生产，造成许多人破产以及生产过剩，只有回到小生产的老路才有出路。

三是以李斯特为先驱的德国历史学派的挑战，认为政治经济学应当是国家经济学，经济学研究不应当用抽象方法，而应当用历史方法。

下面我们对第二种和第三种挑战简单加以评述。

二、西斯蒙第的经济浪漫主义学说

让·沙尔·列奥纳尔·西蒙·德·西斯蒙第（Jean-Chreles-Leonard Simond de Sismondi，1773 年～1842 年）生长在日内瓦—瑞士的法语居民区，深受法国文化影响。他生活在西欧开始建立机器大工业和法国资产阶级大革命的时代。瑞士经济发展与法国相似。那里资本主义经济在迅速发展起来，大量个体农民和个体手工业者面临破产和贫困的命运。西斯蒙第站在小生产者立场上，欣赏瑞士那种自然田园经济和手工业生产，批评资本主义大生产，幻想倒退到自然经济的状况。他的经济思想带有浪漫主义色彩。这样，包含在他的代表作《政治经济学新原理》（1819 年）一书中的经济理论就具有与英国古典经济学明显不同的特点。

第一，在经济学研究对象上，反对古典经济学把国民财富及其增长作为研究对象。西斯蒙第指责古典经济学把财富作为对象是为了物而忘记人，为了手段而牺牲目的。政治经济学应当是研究一个国家绝大多数人能够最大限度地享受该国政府所能提供的物质福利的方法的科学。就是说，政治经济学对象应该是人和人的福利，而不是财富本身，财富只是满足人的福利的手段。不能给人以享受或增加享受的东西，就没有价值，也就不是财富。

第二，在经济学研究方法上，西斯蒙第批评古典经济学家斯密和李嘉图只讲抽象和计算，而忽视感情和想象。他认为政治经济学应当是良心和道德的科学，要注意人们的感情、需要和热情。

第三，在经济理论方面，西斯蒙第提出，政治经济学既然应当是人和人的福利，那么，消费在经济活动中就应占首位。生产如果是为了消费，就不应该无限制发展。正常社会（实际指小生产社会——编者）中，没有无限的生产刺激，只有不正常社会（实际指资本主义社会——编者）才会有这种刺激。

西斯蒙第还按消费先于生产并应该决定生产的逻辑，提出需求先于供给并决定供给的论点，并且用以反对萨伊和李嘉图的供给会自行创造需求的观点。按他说法，不是供给自行创造需求，而是需求使供给成为可能。这也就为他提出消费不足的经济危机理论奠定了理论基础。

在西斯蒙第看来，在大生产社会中，消费决定于收入，产品不是用产品购买，而是用收入购买。那么，社会上收入状况又如何呢？在资本主义社会中，由于劳动条件和劳动分离了，工人得到的工资难以养家糊口，而小生产者的队伍又日益萎缩，收入不断下降。当然，富人的收入在增长，但他们收入增量中用于消费的增量在减少，并且富人消费的增加，远远要少于穷人消费的减少。除此之外，西斯蒙第还认为，产品用收入购买，但收入又是生产创造的，今年的收入由今年的生产决定，而购买的却是来年的产品，由于生产年年不断扩大，于是，当年产品总超过去年的收入。这样，产品积压，卖不出去，形成生产全面过剩的危机就不可避免了。他还指出，这个问题也不可能从扩大国外市场寻找到出路，因为国外市场也会迟早饱和。这就样，西斯蒙第从消费不足的角度揭示了资本主义经济危机的必然性。

第四，在政策思想方面，西斯蒙第把希望寄托在国家执政者身上，要求政府保护居民摆脱竞争的后果，呼吁国家调节经济生活，但反对消灭私有制，认为空想社会主义者以合作名义倡议建立一个新的社会制度，以集团利益代替个人利益，这是根本不可能实现的事。他不赞成立法者用平分财产的方法来使人获得幸福，因为这样可能破坏唯一能创造一切财产的劳动热情。那么，他的理想制度究竟是什么呢？

宗法式农业和行会式工业组织是西斯蒙第的理想，但他并不是想完全恢复到中世纪状态。他所要求的是经济发展应当采取宗法制和行会原则，用这种原则来要求资本主义社会。具体说是，把城市中企业和农村中农场分散成为数众多的作坊，把财产分给为数众多的中等阶层的人。用他的话是，应该使短工"回到私有者阶级那里去"①。

关于回到小生产道路上去的理想，长期以来一直被经济学家和其他一些思想家看作一种走回头路的浪漫主义，因为从小生产到资本主义大生产是历史的进步，而回到小私有制则是开历史倒车。

三、李斯特的保护关税理论

弗里德里希·李斯特（Friedrich List，1798年～1846年）是十九世纪上半

---

① 西斯蒙第：《这种经济学新原理》，商务印书馆，1964年版，第445～446页。

期德国工业资产阶级的思想家和社会活动家。他提出了如何发展德国工业的一整套主张，其中重要的一条是保护关税。他的保护关税理论完全适应了德国工业资产阶级的要求。在历史上，德国资本主义工业开始发展的时候，遇到了英国工业的强大竞争。如果不实行保护关税，让英法廉价的工业品自由输入，德国工业就发展不起来。可是直到 19 世纪 20 年代，德国还是一个落后的封建国家，国内小邦林立，各地有自己的关税堡垒，对外却没有统一的保护关税制度。李斯特代表新兴工业资产阶级的利益和要求，主张建立统一的国内市场，对外实行保护主义。1819 年他倡议成立了德国工商业协会，要求各邦联合成统一的关税同盟。1820 年，他被选为国民议会议员。后来，因受政府迫害，移居美国。他目睹美国通过保护关税而日益兴旺发达，进一步加深了他的保护主义信念。回国后，他积极主张发展资本主义工业。1841 年，出版了《政治经济学的国民体系》一书。他在这部代表作中，围绕保护关税，反对自由贸易，建立和发展德国工业这一基本思想，系统地阐述了他经济理论和政策主张。

第一，为了说明德国必须实行保护关税，他反对古典学派的政治经济学，而主张建立国家经济学。他把主张开展国际分工，实行自由贸易的经济理论称作世界主义政治经济学。他认为古典学派的自由贸易理论只有在世界各国是一个世界联盟并有持久和平的情况下才是正确的，但目前世界形势并非如此。如果实行自由贸易，落后国家就会屈服于经济上、军事上占优势的强国。因此，他认为，在目前世界形势下，落后国家需要的不是主张自由贸易的世界主义政治经济学，而需要国家经济学。所谓国家经济学，就是从各国当前利益和特有环境出发，研究怎样来维持并改进自己的经济状况，使本国工业发展到先进工业国的水平的经济学。李斯特这个观点，反映了德国工业资产阶级企图对抗英法资产阶级的强大竞争力量，对维护德国经济独立，推动德国工业发展是有意义的。然而，他为了说明政治经济学主要应当研究本国经济发展的特点和条件，而否定了各国资本主义经济发展的普遍规律性，反对普遍的理论概括，实际上就是取消了政治经济学。

第二，李斯特为了说明德国必须保护关税，提出了生产力理论，反对古典学派的价值理论。他把生产力称为财富的原因，把价值称为财富本身。他认为财富的原因比财富本身不知要重要多少倍。如果一个人拥有财富，但没有生产大于他所消费的价值的那份生产力，就会越过越穷；相反，就会逐步富起来。为了发展生产力，有时候财富本身要受到一些牺牲，但从长远看却是合算的。例如，假定有两个地主，每人每年可积蓄一笔钱。如果其中一个人把这笔钱储蓄起来生利息，另一个人则把这笔钱用来培养教育五个儿子成为有用之才，他们临终时，前一个人会比后一个人富裕得多。但是，后一个家族由于有了生产力会不断富起来，而前一个家族的财产给子孙们越分越小，必然不断穷下去。同样，实行自由贸易的话，向外国购买廉价商品，初看起来似乎比较合算，但这样做的结果，本国工业就发展不起来。相反，如果保护关税，开始时可能因产品成本高而产品价格高一些，似乎不如进口外国廉价商品合算，但通过保护关税使本国工业发展起来以后，成本和价格都自然会降下去，甚至会降到进口商品价格以下。因此，保护关税虽然会使价值有所牺牲，却会使生产力有所发展，得失相抵而有余。这个观点反映了德国资产阶级想通过保护关税使工业发展赶上和超过英法等先进国家的愿望，是有积极意义的。

第三，为了说明德国必须实行保护关税，李斯特又提出了生产力平衡或协调的理论。他认为，无论哪一种工业，都只有依靠了其他一切工业生产力的联合，才能获得发展。同样，一个国家中各个生产部门之间也要平衡或协调。一个国家的物质生产中最重要的是工业与农业之间的划分与协作。一个国家没有工业，只经营农业，就等于一个人在物质生产中少了一只膀子。如果一个国家只用农产品向国外交换工业品，就等于一个人只有一只膀子，还有一只膀子是借助于外人的。借助于外人的那只膀子也许很有用，但总不及自己有两只膀子的好，因为外人之心莫测。国家自己有了工业，食物和原料就可以尽量按照工业的需要来生产；如果依存于国外工业，那就要受到牵制。因此，要发展本国农业，就必须发展本国工业，而不能依赖对外贸易。

第四，李斯特为了说明德国必须保护关税，还提出了一套经济发展阶段的理论。他说，"从经济方面看来，国家都必须经过如下几个发展阶段：原始未开化时期，畜牧时期，农业时期，农工业时期，农工商业时期。"[①] 处于第五时期的先进国家可以实行自由贸易，因为它不害怕和别国竞争；而处于未开化时期、畜牧时期和农业时期的国家，也需要自由贸易，以便用自己剩余的农产品换取外国的工业品，促进本国经济繁荣，加速向高一发展阶段转化。只有处于农工时期的国家要保护关税，以避免先进工业国的竞争。德国和美国就是要保护关税的国家。李斯特的理论说穿了无非就是说，比德国落后的国家，应当和德国自由贸易，以便向德国输送农产品，而比德国先进的国家，德国则应当对它们保护关税。

李斯特从各个方面论述了德国实行保护主义的必要性以后，还具体阐述了德国实行关税保护的一些原则和措施。他提出，经济总的说要保护，但并不是所有产业都要保护。对农产品就不要限制输入，限制了就不能从外国取得廉价粮食和原料。对本国尚未高度发展起来的技术和机器也不要限制输入，否则会限制国内工业发展。对高贵奢侈品工业只需要最低限度的保护，只有对国家独立自主有头等重要意义的工业（如纺织工业）才需要保护。显然，这是因为德国工业化初期，纺织工业在国民经济中占有就举足轻重地位，而且又受到英法纺织业的激烈竞争。

---

① 李斯特：《政治经济学的国民体系》，商务印书馆，1961年版，第155页。

由于李斯特的理论和主张不受当权的地主阶级欢迎，加上他一再抨击地主贵族的专制统治，因此，他从美国回德国后，继续受到德国当局的迫害，终于在 1846 年 11 月 30 日自杀身亡。但是，他的理论和政策主张促进了德国资本主义工业发展，并对旧历史学派形成产生不少影响。

四、历史学派

历史学派是 19 世纪 40 年代起在德国产生的一个学派。大体说来，凡不承认社会经济生活中存在普遍经济规律，不赞成抽象法而主张用历史归纳法研究经济学，强调心理、道德和法律等因素在经济生活中作用与地位的那些经济学家，都可归入历史学派。这一学派起先主要对抗英国古典学派，后来主要和边际效用学派和新古典学派相对立，同时也先反对空想社会主义，继而反对马克思主义。

历史学派的演变经过两个阶段：19 世纪 40 年代到 60 年代为旧历史学派，创始人是威廉·罗雪尔（Wilhelm Georg Friedrich Roscher，1817 年～1894 年），19 世纪 70 年代以后直至 20 世纪初为新历史学派，创始人是古斯塔夫·施穆勒（Gustav von Schmoller，1838 年～1917 年）。

旧历史学派代表人物除了罗雪尔，还有布鲁诺·希尔德布兰德（Bruno Hildebrand，1812 年～1878 年）和卡尔·克尼斯（Karl Gustan Adolf Knies，1821 年～1898 年）。他们和罗雪尔一样，也都是大学里的教授。这些经济学家的著作看起来都是厚厚一本又一本，但多半是史料堆砌，没有什么理论上的创造。其主要观点和方法可归纳为三点：

一是否认社会经济发展中存在普遍的经济规律，因而反对在经济研究中使用抽象法，主张使用历史归纳法。罗雪尔认为，并不存在古典学派所讲的具有普遍适用性的经济规律，正如不存在一件适合一切人身材的上衣一样。希尔德布兰德也指责古典学派力图建立一种适合任何时间和地点的一般理论，忽视民族经济特点。克尼斯更认为，只有自然界存在规律，人类经济生活中只有类似，没有等同，没有什么一般的因果联系。既然经济生活中不存在规律，那么运用抽象法研究经济学肯定不行，只能用所谓历史归纳法，或如克尼斯所说，研究经济学的工具就是统计学和历史研究著作，只有历史的统计的归纳法才是唯一科学的方法。

二是从"生产三要素论"和交换方式出发，提出他们的"经济发展阶段论"。罗雪尔根据土地、劳动和资本在国民生活中的地位和作用，把社会历史划分为三个经济时期：第一个时期是自然或者说土地占绝对优势的要素时期，第二个时期是劳动这一要素日益重要的时期，第三个时期是资本作用最为重要的时期。希尔德布兰德则按交换方式不同将人类社会的经济发展划分为自然经济、货币经济和信用经济三阶段。

三是为私有制辩护，批评空想社会主义。罗雪尔认为，人人都有利己思想，如果财产公有了，每个人都想少劳动，多享受，对社会总节约效果的关心程度必然大大降低。他还说，从洛克的时候以来，大多数政治经济学者们认为，私有财产权的合理性，是根据每个工人可以把他的劳动果实或者消费掉或者储蓄起来这个天赋权利而发生的。希尔德布兰德也说，只有私有制是合乎传统的，没有了私有制，就失去了个性的多样发展，社会就毫无生气了，对私有制的侵犯，就是破坏历史规律。

19 世纪 60 年代起，德国开始了统一运动，普奥战争和普法战争中普鲁士的胜利，使德意志帝国终于形成，德国资本主义得到迅速发展，工业产量到 80 年代已跃升成世界第三位，但国内工人运动也开始蓬勃发展，俾斯麦政府在加强高压政策同时，采取了一系列缓和阶级矛盾的社会改革措施，包括推行一系列社会保障制度等。在这样背景中产生的新历史学派，一方面进一步发展旧历史学派的传统，另一方面又宣传一整套社会改良的经济政策主张。

在发展旧历史学派传统方面，新历史学派仍把旧历史学派的所谓“历史归纳法”作为经济研究的根本方法，但特别强调充分运用统计资料和当时已很发达的统计学方法，施穆勒称这种方法为“历史统计方法”，以区别于旧历史学派的所谓“历史的生理方法”。（旧历史学派代表罗雪尔把经济学说成是考察各种满足人的经济本性欲望的制度规律和性质以及这些制度成功程度的一门学科，于是经济学的方法就被他称为历史的生理方法，这种历史的生理方法是指，经济学对一个国家一个国家地解剖，论述每个国家从古至今的生理成长过程，从幼年到中年即兴旺时期又到衰老地叙述其经济发展过程）。施穆勒的“历史统计方法”则是对各个时代、各个国家或各个民族的经济发展的史实进行统计、考察，使之系统化，然后从中归纳出一些经验法则。

新历史学派采用这种历史统计方法，归纳出了哪些重要论点呢？

一是关于经济发展阶段论的观点。施穆勒把社会经济发展划分为五个阶段：家庭经济时期，都市经济时期，领地经济时期，国民经济时期和世界经济时期。显然，这种划分比罗雪尔和希尔德布兰德更无道理。社会进入都市经济时期已是商品货币关系相当发达的时期，而施穆勒说下一个时期再会是领地经济时期，封建领地经济是自给自足为主的，都市经济怎么倒退到自给自足的经济呢？

二是关于心理因素和伦理道德在社会经济中地位和作用的观点。施穆勒说，“我们称作‘经济’的，是指由于相联属的个人所构成的或大或小的集体，构成这种联属的因素是心理的、道德的或者说是法律的因素。”[①] 按他看法，生产、

[①] 施穆勒：《一般国民经济学大纲》，转引自季陶达编：《资产阶级庸俗经济学选辑》，商务印书馆，1961 年版，第 341 页。

分工、分配、交换等都既是技术范畴又是道德范畴。如劳动问题就是由劳资间伦理关系变化引起，工资水平决定于"习俗的稳定性"，再如价格，股票行市变化，乃至经济危机发生等，都属伦理和心理范畴。这种观点也难以成立。事实上，不是心理和伦理决定经济，而是经济关系决定心理和伦理的变化。

三是国家至上的观点。施穆勒说，"没有一个坚强组织的国家权力并具备充分的经济功用，没有一个国家经济构成其作一切经济的中心，那就是很难设想有一个高度发展的国家经济。"[①] 这种观点显然是李斯特观点的延续和发展。李斯特强调的是国家政权在实行贸易保护中的作用，施穆勒则把国家当作全社会经济的中心，突出了普鲁士政权在经济生活中的地位。这种观点和古典学派强调经济自由完全对立。

在社会改良的经济政策主张方面，新历史学派充分意识到，当时德意志帝国面临的一个严重社会问题是：劳资关系紧张，工人运动迭起。为了缓和阶级矛盾，稳定社会秩序，巩固资产阶级统治，新历史学派竭力从舆论上配合俾斯麦首相的软硬两手政策。施穆勒提出，劳资对立，并非经济利益对立，而是思想感情和教养上有差距。劳动者生活水平已有提高，接下来是应该提高道德修养。这样劳资矛盾就可以缓和。他也主张通过工会组织解决劳资争端，不赞成用阶级斗争办法。他还认为，一切阶级要服从国家利益，相信国家能通过各种立法和举办公营企业措施来实现一套改良的政策，包括工厂立法、劳动保险、工厂监督、孤寡救济、劳资纠纷仲裁等法令；实行河流、森林、矿产、铁路和银行等企业国有化；限制土地私有及改革财政制度等。由于新历史学派思想家经常用大学讲坛宣传改良主义政策主张，因此，曾被一位有名新闻记者讽刺其为"讲坛社会主义者"，而他们也乐意接受这一称号，于是他们那套改良主义主张就被称为"讲坛社会主义"。

复习思考题

1. 从 17 世纪到 18 世纪中叶英国经济思想有哪些方面的重大发展？出现了哪些著名经济思想家？举例说明他们的经济思想怎样逐步离开重商主义，为古典经济学产生开辟道路？

2. 略述魁奈的纯产品理论在重农学派的经济理论中的地位。

3. 略述亚当·斯密的分工理论在斯密理论中的地位和作用。

4. 为什么说经济自由是亚当·斯密的基本经济思想？

5. 略述大卫·李嘉图的价值论和地租论的关系。

6. 李嘉图怎样说明工资、利润和地租这三者在经济发展中的变动趋势？

---

① 施穆勒：《一般国民经济学大纲》，转引自季陶达编：《资产阶级庸俗经济学选辑》，商务印书馆，1961 年版，第 344 页。

7. 略述萨伊的生产论、生产三要素论和按要素分配论之间的关系。

8. 评述萨伊法则。

9. 略述马尔萨斯人口论的主要观点以及这些观点对经济理论的影响。

10. 评述西斯蒙第的经济浪漫主义经济思想。

11. 简述在生产过剩危机问题上，李嘉图、萨伊、马尔萨斯和西斯蒙第这四人观点的异同。

12. 评述西尼尔的节欲论和"最后一小时论"。

13. 约·穆勒的经济学说有什么特点？

14. 略述 F·李斯特的关税保护论。

15. 略述新旧历史学派特征、共同点和差异。

参 考 文 献

埃德蒙·惠克特. 1974. 经济思想流派. 徐宗士译. 上海：上海人民出版社

杜尔阁. 1978. 关于财富的形成和分配的考察. 南开大学经济系经济学说史教研组译. 北京：商务印书馆

季陶达. 1961. 资产阶级庸俗经济学选辑. 北京：商务印书馆

魁奈. 1979. 经济表. 北京：商务印书馆

李嘉图. 1976. 政治经济学及赋税原理. 周洁译. 北京：商务印书馆

李斯特. 1961. 政治经济学的国民体系. 陈万煦译. 北京：商务印书馆

洛克. 1962. 论降低利息和提高货币价值的后果. 徐式谷译. 北京：商务印书馆

马尔萨斯. 1962. 政治经济学原理. 北京：商务印书馆

马尔萨斯. 1972. 人口原理. 胡企林等译. 北京：商务印书馆

诺思. 1982. 贸易论. 北京：商务印书馆

萨伊. 1972. 政治经济学概论. 陈福生，陈振骅译. 北京：商务印书馆

威廉·配弟. 1961. 政治算术. 陈冬野译. 北京：商务印书馆

西尼尔. 1977. 政治经济学大纲. 蔡受百译. 北京：商务印书馆

西斯蒙第. 1964. 政治经济学新原理. 何钦译. 北京：商务印书馆

休谟. 1984. 休谟经济论文集. 陈玮译. 北京：商务印书馆

亚当·斯密. 1972. 国民财富的性质和原因的研究. 郭大力，王亚南译. 北京：商务印书馆

约·穆勒. 1991. 政治经济学原理. 赵荣潜，桑炳彦，朱泱，胡企林译. 北京：商务印书馆

约翰·雷：《亚当·斯密传》中译本，商务印书馆，1983 年版

第三章

新古典经济学的形成、发展和挑战

第一节 边际革命

一、概述

19 世纪 70 年代初，英国杰文斯、奥地利门格尔和法国的瓦尔拉斯相互独立地而又几乎同时发表了三部具有相同理论倾向的著作，即《政治经济学原理》、《国民经济学原理》和《纯粹政治经济学纲要》，标志着西方经济学演进中一个重要转折发生。这是从斯密到约·穆勒的古典时代结束而以边际主义兴起为特征的新古典时代的开始。

对于什么是新古典经济学，西方文献中似乎有狭义和广义之分。狭义的指以阿·马歇尔和庇古为代表的剑桥学派的经济学，而广义的则指从 19 世纪初到 20 世纪 30 年代以边际分析方法和原则为特征的各种经济学说，包括奥国学派、洛桑学派、杰文斯经济学、马歇尔经济学、早期瑞典学派以及美国的约·贝克拉克和费雪的经济学说等，一句话，新古典经济学涵盖了从古典经济学到凯恩斯经济学之间的西方主流经济学，这种主流经济学后来构成西方微观经济学的基础。

新古典经济学在形成、演变和发展过程中，也受到各种非主流经济学的挑战，包括美国制度学派以及新古典厂商理论受到的种种质疑和修正等。

二、边际主义兴起背景及其先驱

边际主义兴起的原因是什么？至今国内外学术界尚无定论。不管是什么原因，从19世纪70年代起，边际主义的兴起，确实引起了经济学范式的一次重要革命，经济学实现了古典范式到现代分析模式的转变，并且正是有了这种转变，经济学才正式开始成为一门在可供选择的不同用途之间分配有限资源以实现最佳目标的科学。边际学派都承认，一个人所拥的有限资源有多种用途时，一定会按使各种资源在使用中的边际效用相等的原则来配置资源，而资源在整个社会的优化配置，又只有通过自由竞争才能实现。于是古典学派的自由竞争思想又获得了新的理论支撑，古典经济学进入了新古典阶段。

边际主义兴起于19世纪70年代，但其起源至少可追溯到18世纪上半叶。我国对边际主义有专门研究的晏智杰教授把边际革命的先驱人物按时间先后列了如下一张表（表3-1）。

表 3-1　边际革命前史一览表

主要作者	有关主要著作	发表年代	研究领域
伯努里	《测定风险新理论之解说》	1738	风险估算
加利安尼	《货币论》	1750	价值，利息
安德森	《谷物法本质的研究》	1777	级差地租
威斯特	《论资本用于土地》等	1815	级差地租
马尔萨斯	《地租的性质及发展》	1815	级差地租
李嘉图	《政治经济学及赋税原理》	1817	地租，价值
杜能	《孤立国》	1826	分配
朗菲尔德	《政治经济学讲义》等	1833	价值，分配
劳埃德	《关于价值概念的讲义》	1833	价值
古尔诺	《财富理论数学原理研究》	1838	需求
杜皮特	《公共工程效用测量》等	1844	效用
拉德纳	《铁路经济学》	1850	效用
戈森	《人类交换法则及人类行为规范》	1854	价值等
詹宁斯	《政治经济学中的自然要素》等	1855	价值等

在这些人中，我们选德国经济学家享利希·戈森（Hermann Heinrich Gossen，1810年～1858年）这一边际效用论的直接先驱的某些理论加以说明。他在1854年发表的《人类交换法则及人类行为规范》一书中，建立了一个相当完整的主观主义经济理论体系，为后来以边际效用论为核心的边际主义经济学的产生奠定了理论基础。

戈森理论出发点是最大幸福原则。他认为，人们渴望从生活中得到享受，生活的目标是最大的满足，这种满足就是效用。效用大小可用物品给人们提供满足的大小来衡量。如果人们的行为遵循一定规律，就能取得最大享受。

戈森从人们消费行为中发现了两大规律：

第一，消费者在消费过程中，对同一物品的享受，随着需求的逐步满足，感觉的享乐程度会随着这种物品的增加而递减，直到出现感觉上的饱和状态。这就是边际效用递减原理。这一原理后来被称为戈森第一定律。

第二，如果消费者在一定时间内有多种可供消费的物品，他要取得最大享乐，就必须把这些物品一部分一部分加以享用，当消费行为结束时，应当使相同时间里取得的每一种物品的最后（或边际）单位的效用相等。这就是所谓边际效用均等原理。这一原理后来被称为戈森第二定律。

戈森还研究了一个人如何从劳动中获得最大享乐问题。他认为，人们从劳动中一方面可获得有用的产品，从而得到享受，但这种享受会随着劳动量从而产量增加而递减；另一方面劳动本身是一种痛苦，且这种痛苦会随劳动量增加而递增。劳动者要从劳动中得到最大享乐，应当在劳动产品的最后享乐等于劳动的最后痛苦时停止劳动。

戈森还认真分析了交换均衡的条件，认为人们相互交换多余产品时，各人得到的享乐量会增加，交换应当进行到使其中每一种物品的"最后一个原子"给每个人提供等量效用时，双方才会得到最大享乐量时为止。

戈森这些理论，不仅改变了经济学研究方向，由最大利润生产变为最大满足的追求，由如何创造更多资源变为如何将既定资源加以最佳配置以获取最大效用总量，这对70年代开始的边际革命确实产生了直接的影响。

三、奥国学派

边际主义从产生时起，似乎就有两种倾向：一些人强调以数学方法阐述经济理论，一些人强调主观心理感受在经济理论中作用。前者称为数理学派，后者可称心理学派。以门格尔为创始人的奥国学派属于后者，现在先予叙述。

卡尔·门格尔（Carl Menger，1840年~1921年）从多方面开创了奥国学派（又称奥地利学派）的边际效用理论。

第一，关于"经济财货"及其与所有权关系。门格尔认为，物品在一定条件下（人类对该物品有欲望，物品有满足欲望的性质，人们对这种性质有所认识，人们可支配此物）才成为财货。当财货需要量大于能支配的量时，这种财货就是"经济财货"。当某财货需要量大于支配量时，一部分社会成员的欲望就不能满足，人类利己心就会发生作用。各人就要排除他人来占有经济财货，不占有经济财货的人与占有经济财货的人就要发生利害冲突。占有者就感到有必要通过社会法制来对付他人可能发生的暴力行为，以保护自己所有的财货。这就是现代法律秩序尤其是财产私有制的经济起源。只有在非经济财货面前，人们才是共产主义者。随着社会发展，人类需要不断增加，许多非经济财货逐渐变成经济财货。这样，按门格尔看法，共产主义事实上不可能实现。显然，这是一种为私有制存在辩护的理论。

第二，关于价值的性质及尺度。他认为，财货价值依财货对人的福利的重要性而转移，价值不过是经济人对财货在维持其生命与福利的重要性上所下的一种判断。就是说，财货的本质是主观的，只有经济财货才有价值。价值的尺度也是主观的，财货的价值对于一个人来说，等于各种欲望满足中重要性最小的欲望满足对于这个人所具有的意义。例如，假定某一经济人要完全满足对某一财货的全部欲望（这种欲望按其重要程度分为从 10 到 1 共 10 个等级）需要 10 单位财货，但实际上他只有 7 单位，这时，他必须以这 7 单位财货用来满足其重要度从 10 到 4 的欲望，这时，每单位财货的价值就是 4，如果他只有 3 单位，每单位价值就是 8。

第三，关于价格形成的理论。他提出，无论是孤立交换，单方竞争交换，还是双方竞争交换，价格形成的下限由需求者规定（他们总倾向价格越低好），可称需求价格，而上限由供给者决定（他们总倾向价格越高越好），可称供给价格。这一理论后来被庞巴维克发展成为边际对偶论。

第四，关于生产财货的价值。他提出，高一级财货价值依存于它所生产的低一级财货的价值。能直接满足人们欲望的财货称第一级财货，如面包。而生产第一级财货所必须的东西，如面粉、盐、设备、工具和面包师劳动等，称第二级财货。为生产第二级财货所必须的东西，为第三级财货，依此类推有第四、第五级财货。前一级财货与后一级财货相比，前者是低一级财货，后者是高一级财货。对高一级财货的需求由人们对低一级财货的需求引起。问题是，低级财货价值是由几件高级财货合作生产出来的，如何计算这些高级财货它们各自的价值呢？他提出了一种所谓"缺少法"。例如，若三种高级财货合作生产的低级财货价值为 10。缺其中一件时所生产出来的低级财货价值若为 6，则些缺少的那件高级财货的价值就是 4。后来，这种理论为其后继者维塞尔发展成为"归属论"。

弗里德里希·冯·维塞尔（Friedrich von Wieser，1851 年～1926 年）继承并发展了门格尔的学说，其中最有名的是他提出了生产要素收益自然归属论。这种归属论，实质上就是他的收入分配理论。

维塞尔认定价值由边际效用决定，并且和门格尔一样认为生产财货的效用由它所生产的消费品效用决定。经济原则要求从既定生产财货中取得最大可能的收益，因此，最大可能收益的价值应成为对生产财物估价的基础。

任何一种产品都要由几种生产要素合力作用生产出来，各种生产要素应得多少呢？或者说各贡献多少，从而应得到多少收益呢？维塞尔采用解联立方程的方法确定生产收益价值的自然归属原则。举个例说，艺术家用铝制作艺术品，艺术品价值＝艺术家劳动的价值＋材料的价值。但这一公式还难以判定两种要素的价值分别是多少？这需要通过比较来解决问题。比方说，用铝制作日用脸盆时价值很少，而艺术家制作其他艺术品时价值很高，于是就可大体断定，铝制艺术品中归属铝的价值较少，而归艺术家劳动的价值较高。究竟各多少呢？可用解联立方程办法解决。例如，各种要素的未知数价值假定为 X、Y、Z，它们之间不同组合生产出不同价值产品：$X+Y=100$，$2X+3Z=290$，$4Y+5Z=590$。将这些方程联立，则方程组的解，即三种要素的价值分别为 $X=40$，$Y=60$，$Z=70$。维塞尔认为，如果把按这种方法计得的归于各个生产要素的收益称为"生产贡献"，那么，所有产生贡献之和恰好分尽总收益的价值。这种归属法或者说归算法是对门格尔的"缺少法"的补充和发展。按"缺少法"，归属于各要素的价值之和，有可能大于或小于这些要素合作生产的产品的价值，但按维塞尔的归属法，各要素得到的价值之和必定等于产品总收益的价值，因为归属于各要素的收益价值是通过解联立方程而来的。

欧根·冯·庞巴维克（Engen von Bohambawerk，1851 年～1914 年）是奥国学派理论的集大成者。他不仅清晰地阐述了边际效用学派的价值论，而且在此基础上提出了"边际对偶"价格论和"时差利息"论。

在阐述边际效用价值论时，他提出"效用"是价值的源泉，是形成商品价值的必要条件，但效用必须和物品"稀少性"结合，才会有价值，因为财货是否有价值，取决于人们对它的主观评价，价值只是表示物品对人的福利关系。例如，同样一杯水，对一个住在泉水边上的人，可有可无，无足轻重，但对于一个在沙漠中旅行的人来说，就成为他幸福不可或缺的条件，若丢了这杯水，要受极大痛苦。因此，同样一杯水，对前者只有效用，没有价值，而对后者，这杯水不但有用，而且有价值，因为它稀少。那么，价值量又如何决定呢？庞巴维克提出，价值不决定于物品的总效用，也不是物品的平均效用，而是它的最小效用，用维塞尔的称呼，就是边际效用。庞巴维克还举例说，一个原始森林中的农民，收获了五袋谷物。他用第一袋来维持生活，用第二袋来增加营养、健壮身体，第三袋来饲养家禽，第四袋来做酒，第五袋来养鸟供观赏。显然，这五种需要的重要性是依次递减的，也就是说五袋谷物的效用是依次递减的。这个农民对第一袋谷物效用的评价如果是 10，以下各袋效用评价也许分别是 8，6，4，1。这最后一袋谷物是用来满足他一切需要中最不迫切的需要的，即养鸟观赏的，因而效用最小，评价只有 1。这一袋谷物的效用就是最小效用，也就是边际效用。边际效用不仅决定最后一袋谷物的价值，而且决定所有五袋谷物的价值。这是因为每一袋谷物的品质和数量都是一样的，所以无论失去哪一袋，他都会舍弃最后一种需要，使前面四种需要得到满足。可见，要用来养鸟的那袋谷物的效用（即边际效用），决定五袋谷物中每一袋的价值。如果这个农民只有四袋谷物，那么第四袋谷物的效用就成了他拥有四袋谷物时的边际效用，决定所有四袋谷物中每一袋的价值。由此引伸出一个理论：如果对某一商品的需要不变，这一物品的数量越多，边际效用就越小，这一物品的价值就越小。如果某一物品数量多得使一切需要得到满足以后还有剩余，那么这一物品的边际效用就等于零，因而就没有价值。

庞巴维克在说明价格形成时，从一对孤立的买者和卖者说起，认为在此场合，价格将由买者对商品的主观评价为最高界限，以卖者的主观评价为最低界限，决定于二者之间某一点上。接着，他又分析许多买者单方面竞争或许多卖者单方面竞争的情况，最后扩展到有许多买者和卖者的双边竞争，形成"边际对偶"概念。下面举个例子说明。

在表 3-2 中，A_1 和 B_1 都是最有竞争力的买者和卖者，但由于有许多买者和卖者，A_2 和 B_2，A_3 和 B_3，A_4 和 B_4，A_5 和 B_5 都可能成交，但 A_6 和 B_6 就不可能成交。从表中数字可见，成交价不会高于 A_5（22 镑）或低于 B_5（20 镑），另一方面，也不会高于 B_6（21 镑 10 先令）或低于 A_6（21 镑）。这样，A_5 和 B_5 是达成交易的边际一对，A_6 和 B_6 是达不成交易的边际一对（"边际"是"最后"的意思）。这两对边际对偶的最高价和最低价界限各有其作用。成交价格决定于边际对偶的主观估价所设定的界限内。显然，这一理论还只是设定了一个供求双方的成交价上下限区间，究竟它在哪一点上，庞巴维克没有给出答案，要到后来由阿·马歇尔的均衡价格论予以解决。尽管如此，这种"边际对偶"论毕竟从主观价值论角度为供求均衡的价格论提供了一种边际效用论的解释。

表 3-2　边际对偶形成价格

买　主		卖　主	
A_1 对一匹马评价（而且愿意用低一些的价格买进）	30 镑	B_1 对一匹马的评价（而且愿意用高一些的价格卖出）	10 镑
A_2	28 镑	B_2	11 镑
A_3	26 镑	B_3	15 镑
A_4	24 镑	B_4	17 镑
A_5	22 镑	B_5	20 镑
A_6	21 镑	B_6	21 镑 10 先令
A_7	20 镑	B_7	25 镑
A_8	18 镑	B_8	26 镑
A_9	17 镑		
A_{10}	15 镑		

什么是"时差利息论"？庞巴维克提出，现在的物品通常比同一种类和同一数量的未来物品更有价值。所谓现在物品是指现在能直接满足消费需要的物品，

未来物品是指生产性物品和耐久性消费品，它与满足未来需要有关。为什么现在物品比同量未来物品更有价值？他说原因有以下三点。

第一，需要和供给的状况在现在和未来是有差别的。这种差别使那些现在需要没有得到很好满足而预期未来情况会好转的人，对现在物品的估价会高于未来物品。

第二，对现在和未来估价有差别。人们考虑未来需要时，可能是想象力差，对于未来考虑不完善，或者由于意志上缺陷，还可能害怕人生短促无常，因此习惯于低估未来需要及未来物品，更着重当前需要和现在物品。

第三，现在物品在技术上一般是能优先满足人类需要的手段，比未来物品有更高边际效用。假定一个渔夫，赤手空拳每天可捉三条鱼，都吃掉了。如果他能借到 90 条鱼，并约定一个月后归还 180 条。他用借来的鱼维持一个月生活，并在这期间造出一只船和一张网，于是下个月就可用船和网来捉鱼，每天不是 3 条，而是 30 条，一个月就可捉 900 条，还掉 180 条，还有很多剩余。这就是说，有了现在物品（消费品），就可以凭它生活，留出时间来制造生产工具，再用生产工具进行效率高很多的生产（如用船和网捕鱼）。这样一种运用自己所支配的生产要素（如劳动、资本、土地等），首先制造另一种财货即中间产品（例如这里的船和网），然后再依靠这种中间产品去生产所需要的财货（例如这里的鱼），这种生产方法可称迂迴的生产方法，也可称资本主义生产方法，但要作迂回生产，必须先有现在物品，例如生活资料，就可进行资本主义生产，制造更多产品。这就是现在物品技术上的优越性。

上述三个原因独立地或相互地起作用，就使现在物品比同种类、同数量的未来物品有较高的主观价值，利息就是对现在物品高于未来物品的评价所产生的价值上的差额，称为"时差利息"。

时差利息有多种形式：一是借贷利息，这是债务到期时债务人支付给债权人的时间贴水。二是企业利润，这是时差利息的基本形态。企业生产时购买的生产资料和劳动，物质上是现在物品，经济上是未来物品，因为它们不能直接用来满足当前消费需要，必须经过生产过程才能成熟为现在物品，从而价值随之增加，这增加的价值就是利润。三是耐久物品利息即租金（包括地租）。耐久物品包括工具、住宅、服装和土地等，它们的特点是在技术上能够提供多次连续的服务，耐久物品的价值就是一连串多次服务的各个价值所组成。根据现在物品在评价上要高于未来物品的原理，当前服务的价值总要大于将来提供服务的价值，这一差额就是所谓耐久物品的利息。

"时差利息论"从人们心理感觉加上时间因素说明利息产生原因，不但受到马克思主义的彻底批判，也受到当时其他边际主义学者的尖锐批评。话虽如此，自从庞巴维克提出"时差利息论"以来，认为财富尤其货币是具有时间价值的观点就不径而走，原因还是认为有了货币，就可进行运用资本的生产，而资本具有生产力，即迂迴生产比赤手空拳生产效率要高很多。

四、数理经济学派

虽说从杰文斯、瓦尔拉斯和帕累托起，数理经济学派算正式形成，但研究经济现象间的数量关系，却由来已久。例如古尔诺和屠能就是数理学派两位重要的先驱人物。

法国学者安乐尼·奥古斯丁·古尔诺（Antoine Augustin Cournot，1801年～1877年）可说数理经济学派的鼻祖。他在其重要著作《财富理论的数学原理研究》一书中，运用数学方法（主要是微分法）对商品价值量变动与供求量变化之间的相互依存关系作了开创性研究。特别是对"垄断"、"双头垄断"、"寡头垄断"以及"无限制竞争"（即以后所称"完全竞争"）等各种不同条件下的价格决定，都作了数学上的回答。

德国经济学家约翰·享利希·屠能（Johann Heinrich von Thünen，1783年～1850年）是边际生产力分配论的重要先驱，也是数理经济学的拓荒者之一。他在自己的代表作《孤立国》中，建立了一套被后来称之为区位理论。说他是数理学派的先驱是因为，他把各种经济变量之间的一般相互依存关系用一套方程式具体表现出来，力图通过运用微分方法找出经济变量之间的数量关系。

威廉·斯坦利·杰文斯（William Stanley Jevons，1835年～1882年）是用数理方法表述边际主义在英国的创始人，《政治经济学理论》（1871年）是其代表作。杰文斯认为，商品价值取决于效用，效用不是物品固有的属性，效用的产生与人的需要密切相关。效用会随商品数量增加而递减。一定量商品中最后一个增加量所提供的效用最小，这一效用量和这一商品增量的比率，杰文斯称之为"最后效用程度"。设 X 代表某人拥有的商品量，U 代表 X 所提供的效用，那么，U 会随 X 变化而变化。再假设 ΔX 代表 X 的一个增量，ΔU 代表这一增量所提供的效用，那么，$\Delta U/\Delta X$ 就是效用程度。如果 ΔX 变得无限小，即 $\Delta X \rightarrow 0$，则 $\Delta U/\Delta X$ 这个公式的极限可写成 dU/dX。杰文斯把现有商品量中那个无限小的最后增量的效用程度称为最后效用程度。他认为，当一种商品有多种用途时，要取得最大效用，就应当使分配在每一种用途上的商品量所得的最后效用程度相等，用公式表示是：$dU_1/dX_1 = dU_2/dX_2$。这里，X_1 和 X_2 就是商品 X 分配在两种用途上的数量。显然，这是戈森第二定律的翻版。

杰文斯用最后效用程度理论来说明商品交换比例。他认为，市场上交换者为了要通过交换取得利益，总是要比较相交换的两种商品的最后效用程度，以决定他愿意放弃多少自己的商品，换进多少对方的商品，以便从交换中获得最大效用量。他举例说，如果甲只有谷物，乙只有牛肉，甲以一部分谷物换一部分牛肉，甲乙双方通过交换后得到效用总和都会增加。假定通过交换后，甲乙两人各自拥有一定量谷物和牛肉中，10 磅谷物和 1 磅牛肉的边际效用对甲乙两人来说相等，那么，交换即将停止进行，二者交换比率便确定为 10 磅谷物换 1 磅牛肉。这是因为，随着交换的进行，甲拥有的谷物量逐渐减少，牛肉量逐渐增加，乙的情况则相反。只要甲觉得 10 磅谷物对他的边际效用还不及 1 磅牛肉的边际效用大，乙也觉得一磅牛肉的边际效用不如 10 磅谷物的边际效用大，甲乙双方都将从交换商品中得益，因而交换会继续进行下去；但随着甲身边谷物的减少，谷物的最后效用程度逐渐增加，而随着他身边牛肉的增加，牛肉对他的最后效用程度将逐渐减少，对乙来说，情况则相反。交换将进行到甲乙二人拥有这两种商品的效用对于甲乙双方都恰好相等为止。如果再交换下去，甲乙双方所得效用都要小于所失效用。

杰文斯还用数学公式表达这一理论。他令 $a=$ 甲原有谷物量，$b=$ 乙原有牛肉量。当 x 量谷物同 y 量牛肉相交换后，甲的谷物量 $=a-x$，牛肉量 $=y$；乙的谷物量 $=x$，牛肉量 $=b-y$。再令 $\Phi_1(a-x)$ 代表谷物对甲的最后效用程度，$\Phi_2 x$ 代表谷物对乙的最后效用程度，又令 $\Psi_1 y$ 代表牛肉对甲的最后效用程度，$\Psi_2(b-y)$ 代表牛肉对乙的最后效用程度。dx 和 dy 分别代表谷物和牛肉的最后的最小加量。要使交换达到均衡状态，即交换不再继续进行下去，谷物和牛肉的最后最小加量所提供的效用量必须相等，也就是必须：$\Phi_1(a-x) \times dx = \Psi_1 y \times dy$，亦即：$\Phi_1(a-x)/\Psi_1 y = dy/dx$。由于同一时间内同一市场上同一商品不能有两种不同的价格（杰文斯称之为"无差别法则"），因此，无限小量的交换比率与总量交换比率是相等的，也就是 $dy/dx = y/x$，于是 $\Phi_1(a-x)/\Psi_1 y = y/x$。同样，乙也只有在 $\Phi_2 x/\Psi_2(b-y) = y/x$ 时才会得到满足而停止交换。由此可见，两人交换商品时，两种商品交换的比例 y/x 将等于交换后各人手上所有的这两种商品数量的最后效用程度比率的倒数。杰文斯的交换论表明，在市场经济中，交换只有在能给双方带来更多效用（或者说福利）时才会发生。

杰文斯还用建立在最后效用程度理论基础上的交换论来说明，一个人应当劳动多少才能给自己带来最大的效用。他提出，劳动变化的法则是，劳动本身带来的痛苦会随劳动量增加而递增。人们在劳动中，先会经历一段不适应引起的痛苦，等越过不再痛苦的时刻，感到的就是快乐。随着劳动时间的延长，快乐逐渐下落，待越过不再快乐时刻之后，愉快转化为痛苦，而且继续劳动下去，痛苦按递增速度增加，另一方面，劳动又是一个获得报酬从而得到效用的过程。劳动产品能给劳动者带来效用。但效用变化服从于效用递减规律。当劳动者从产品中得到边际效用，等于劳动本身引起的边际痛苦（边际负效用）时，就会中止劳动。这时，他从劳动中得到的总和效用最大。可用图 3-1 表示。

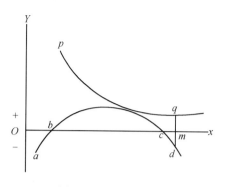

图 3-1　劳动时间决定

图 3-1 中横轴表示劳动时间，也是劳动产品量（因为时间长，产品也多）。纵轴的正区间表示快乐或效用，负区间表示痛苦或负效用，$abcd$ 曲线表示劳动本身的感受变化，pq 曲线表示劳动产品效用的变化。在 m 点上，$qm＝dm$，表示劳动带来的效用（实际是产品带来的效用）与负效用相抵消。增加劳动会使 $dm＞qm$，净增是痛苦，劳动者减少劳动有利；若减少劳动使 $dm＜qm$，净增是效用，继续增加劳动有利，只有在 m 点上，劳动量分配最为合理。他还用微积分符号表达上述原理：$dL/dt＝(dx/dt)\times(du/dx)$，或简写成为 $dL/dt＝du/dt$，即当最后痛苦程度 dL/dt 等于最后效用程度 du/dt 时，劳动者从一定的劳动（t 长度的劳动时间）中获得的效用最大。根据这一原理，他认为，劳动者增加还是减少劳动，取决于追加商品的效用与延长劳动时间带来的痛苦这两者间的权衡。但对于律师、医生尤其是科学家和艺术家等高级劳动来说，即使劳动取得成功，他们仍能够以新的努力和激情工作。杰文斯这些理论，有一些显然与事实不符。一是在资本主义制度下劳动者究竟劳动多少，并非取决于追加劳动所获得的商品的效用与延长劳动的痛苦这两者的权衡比较，而是取决于他们为取得基本生活必需品至少要劳动多少时间以及雇主的劳动纪律。雇主要你每天劳动 10 小时，你作为雇员，敢劳动 9 小时吗？除非你有能力不靠雇佣劳动而生活，你就必须劳动 10 小时；二是把普通劳动和富裕商人看作一样的人，也不合实际，富裕商人根本就不存在延长劳动时间有多大痛苦之事。但杰文斯上述理论中也含有一些有价值观点。他关于劳动量分配原则，即根据追加劳动带来的效用和负效用权衡比较的原则，实际上是为后来新古典经济学家关于劳动者如何根据工资率来安排劳动时间和闲暇的理论以及后弯劳动供给曲线的理论吹响了序曲。他关于科学家和艺术家的创造性思维的劳动不遵循劳动效用和负效用比较原则也是符合实际的。杰文斯对地租、工资、利润及资本三者问题，也都有自己的理论，而且对这些理论的分析也都采用数学分析的方法，足见他确是数理经济学的开拓者之一。

五、洛桑学派

马力·爱斯普利·莱昂·瓦尔拉斯（Marie-Esprit Leon Walras，1834 年～1910 年）是法国著名经济学家、洛桑学派创始人，曾长期在洛桑大学任教。其代表作是《纯粹政治经济学纲要》（1873 年写成，1874 年和 1877 年分二卷出版）。他在书中所建立的一般均衡理论在西方经济学说史上具有极重要的影响。他的一般均衡分析，用数学方法加以表述，从而也就与杰文斯一起成为数理学派的创始人。

瓦尔拉斯在他的纯理论经济学中，也把人类最大效用原则作为他们全部行为的准则，以经济人最终如何获得最大效用为经济学研究对象，把理论经济学研究范围限定在资源合理使用或最优配置领域内。他与杰文斯以及下面要讨论到的阿·马歇尔的区别在于，不是讨论局部均衡，而是试图揭示经济现象的普遍联系，即一般均衡，从而不能再局限于运用简单方程式，而需要用联立方程式的方法。

瓦尔拉斯和门格尔、杰文斯一样，也是从物品的边际效用说明价值的，但他的用词和门格尔、杰文斯有差别。边际效用是奥国学派的称呼，杰文斯的称呼是"最后效用程度"，瓦尔拉斯的称呼是"稀少性"。所谓"稀少性"，按瓦尔拉斯说法是人们消费一定商品时最后一单位欲望所感受的满足程度，也就是最后需要的强度。他根据边际效用论分析商品交换比例问题。和杰文斯一样，他认为不同商品所有者通过交换会使各自获得的效用增加，而在完全自由竞争市场上，交换双方要获得最大效用量（即最大限度满足）的条件是，经过交换，双方认为他们拥有的两种商品的"稀少性"的比例（即两种商品的最后需要强度的比率）恰好等于两种商品价格或交换价值的比例。显然，这个结论和杰文斯的结论是一样的。但是杰文斯主要说明的是两种商品之间的交换比率，而瓦尔拉斯则把边际效用分析从两种商品交换比率扩大到全部商品的范围，力图说明全部商品交换比率怎样决定，也就是说，他的分析不局限于两种商品交换如何达到均衡状态，而且分析市场上所有商品交换如何达到均衡状态。这种分析的理论就是一般均衡理论。

瓦尔拉斯的一般均衡理论通俗说来，就是认为市场上一切商品的价格都是相互联系、相互影响、相互制约的，就是说一种商品的供给和需求，不但随这种商品价格变动而变动，而且也随其他有关商品价格变动而变动。例如，猪肉供求变动，固然可能由猪肉价格变动引起，也可能由牛肉价格变动引起，因为猪肉和牛肉之间有一定替代关系。这说明，一种商品的价格不会孤立地只和这种商品价格相联系，还会和其他各种商品的价格和供求发生关系。因此任何一种商品的价格必须同时和其他各种商品的价格联合决定。当一切商品的价格恰好使得它们的供求相等时，竞争市场就达到均衡状态，这种均衡就叫做一般均衡，这时的价格就叫一般均衡价格。

产品均衡价格的形成不能仅局限于产品之间的关系，因为产品是由各种生产要素（土地、人力及资本财货）结合起来生产的，产品价格必然受到各种生产要素价格即地租、工资和利息的影响。因此，必须研究生产要素价格形成，并且与产品价格的形成结合在一起如何同时被决定。

在瓦尔拉斯体系中，有四个经济主体：土地所有者（地主）、人力所有者（工人）、资本所有者（资本家）和生产组织者（企业家）。他们在市场上相互联系。生产均衡有以下要求。

第一，生产性劳务市场供求一致，确立生产性劳务价格（工资、利息、地租、利润），它通过生产性劳动市场上生产性劳务所有者与企业家之间的竞争来完成；

第二，产品市场供求一致，确立产品价格，它通过产品购买者与售卖者之间的竞争达到；

第三，产品出售价格与生产该产品的生产劳务的成本相等，它通过企业家追求利润为目的的生产活动实现。

瓦尔拉斯接着建立一套方程体系来说明生产处于均衡时产品和生产性劳务的价格如何同时决定。同样，生产方程组在数学上的解，在现实经济生活中是通过市场上自由竞争得到的，但趋于生产均衡的摸索过程更为复杂，因为人们不但需要调整产品以及生产要素的价格，而且需要调整生产的产品数量及由此需要的生产性劳务的数量。瓦尔拉斯认为，地主、工人和资本家提供或保留所持有的生产性劳务，也要受最大欲望满足原则支配，即交换后，他们供给的生产性劳务的交换价值与保留直接消费的劳务的稀少性成比例。

瓦尔拉斯的一般均衡理论在经济学说史上有着重大而深远的影响。他提出的实现生产一般均衡的种种前提条件，包括完全竞争、信息充分等等，在现实生活中几乎不可能存在。然而，正如无摩擦的物体运动只有在真空中才有可能的事实，不等于有关无摩擦运动的力学定律没有意义一样，瓦尔拉斯的一般均衡理论揭示了经济生活中各种产品和要素之间存在着相互供求、相互影响的错纵复杂的关系，也揭示了通过竞争的价格机制对实现资源优化配置的重大意义。

由于瓦尔拉斯以边际效用论为基础展开一般均衡分析存在着不少局限，因此他的后继者帕累托对它加以改造，使这一理论进一步得到发展。

维尔费雷多·帕累托（Vilfredo Pareto，1848 年～1923 年）是瓦尔拉斯亲自物色到的接任自己在瑞士洛桑大学讲席的著名学者，是洛桑学派的另一位创建人。他致力于阐述瓦尔拉斯的一般均衡理论，并在多方面作出了重大发展，其主要学术贡献有：

第一，提出序数效用论和无差异曲线。帕累托同意前人提出的边际效用价值论的基本思想，并提出要用"满足欲望的能力"表示"效用"，用"基本满足欲望的能力"表示"边际效用"。但是，他认为效用是难以用具体的数字加以衡量的。而在他以前的一些边际主义者尤其是奥国学派总认为，效用可以假定用基数（1、2、3……）来计量，这可称为基数效用论。帕累托则认为，效用确实是消费者个人的偏好，但作为心理活动却无法用数字加以估量，然而可以对各种物品的效用的大小进行比较，就是说，人们的偏好虽无法计算，作加减计算，但可以根据偏好程度作序数（第一、第二、第三等等）排列。例如，若人们面前有 1 公斤酒加 1 公斤面包，或 1.2 公斤酒加 0.9 公斤面包，我们无法判断前一组合的效用究竟是比后一组合的效用是大多少或小多少，但在可以判断前者效用比后者大还是小，或是一样大小，即更偏好前者还是后者，或是偏好无异差。如果存在有这样两组无差异偏好的组合，就完全有可能存在更多无差异偏好的组合，假定这些组合是：

面包…………	1.6	1.4	1.2	1.0	0.8	0.6
酒　…………	0.7	0.8	0.9	1.0	1.4	1.8

帕累托把这种可以无限扩大的序列称为无差异序列，并把无差异序列的值标在坐标图上作出一条无差异曲线，如图 3-2 所示。

图 3-2 中 OA 表示面包量。OB 表示酒量，如果以 Oa 表示 1 公斤面包，Ob 表示 1 公斤酒，则 m 点上就表示这一组合，把同样偏好的不同组合点连接起来，就可以得到一条无差异曲线 nms。如果某消费者有更大值的无差异序列（例如 1.1 公斤面包和 1.1 公斤酒，1.4 公斤面包和 1 公斤酒等等），则可以作出另一条在 nms 曲线右上方的另一条无差异曲线 n'm's'。同样，也可以有表示更小值的无差异曲线在 nms 曲线左下方。总之，可以有表示各种不同

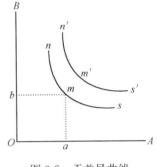

图 3-2　无差异曲线

值的无数条无差异曲线布满在 OBA 表示的这个坐标图平面上，形成一个无差异曲线群。

帕累托还根据形成无差异序列的各种商品之间相互关系的性质，提出无差异曲线有多种不同的形状。例如，形成无差异序列组合的 A 和 B 之间，是互补的，还是互相替代的，还是相互完全不能替代的。如果有替代关系，那么是部分可替代，还是完全可替代。根据这些不同的关系，可作出不同形状的无差异曲线。他还提出了不同形状的无差异曲线也有一些共同点，并曾说明他的无差异曲线是来自经济学家艾奇渥斯契约曲线的启发。

第二，提出"帕累托最适度"的社会经济福利的论题。这是一个关于集体的满足大于最大化的标准问题。这是现代新福利经济学中一个重要的论点。对这个论点，帕累托有过几次论述。一次论述的大意是，一个集体的各成员，如果处在这样一种条件下，便会享受最大限度欲望满足，这种条件是，不可能发现任何一种稍微离开这一状态就使他们所享受的满足增加或减少的方式。这就是说，任何偏离这一状态的微小变动，必然造成一些人乐于接受，而另一些人难以接受的后果。打个比方说，如果某种物品分配方式能够使集体内的各成员的得到的享受达

到最大，这种方式一定具有这样特点：稍微偏离一点这种方式，就会造成使他们获得的享受减少的后果。

帕累托在另一处又作出论述，其大意是，如果对一种状态或者说方法作了一点变动，集体中每个成员福利会增加，说明原来的状态不是最优的，没有达到最适度状态，而对它所作的变动，使大家福利增加，这种变动是一种改进，这被后人称为"帕累托改进"。如果对一种状态所作的变动，使大家获得的福利比没有变动时更小，这种新状态当然也不是最适度的。如果一种变动使一部分成员福利增加了，另一些成员福利减少了，则这种变动所造成的状态也不属于"最适度状态"。

后人把这种"最适度状态"称为"帕累托最适度状态"，或者说"帕累托最优状态"。概括地说，"帕累托最适度"是指集体或全社会范围内的一种均衡状态，在这种状态下，全体成员的欲望满足不能减少，也不能再有增加，也不存在一部分人增加而另一部分人的满足减少的情况。

怎样才能实现这种最适度状态？帕累托认为，在完全的自由竞争的条件下，这种最适度的均衡状态，无论在交换中还是在生产中都有可能达到。帕累托的均衡思想实际上包含一个理念：自由竞争将使人类获得最大限度的福利，任何一种强制，包括政府的强制，都有可能降低社会福利。

六、边际分析在经济学中的意义

透过奥国学派和数理经济学派中每一位学者所讲的边际概念，边际分析是指考察一变量的增量（如增加1单位消费的物品）对其他变量（如对效用）的影响的一种经济分析方法，其出发点是各经济主体（如消费者、生产者）对于各种经济变量的变动所作出的反应不决定于有关的经济变量的总量，而决定于这些经济变量的最后一单位增量，即边际量，从而各种经济均衡状态都是由各种边际经济量决定的。

为什么经济学需要边际分析。众所周知，经济学研究稀缺资源的优化配置，而经济学要能成为一门在可供选择的不同用途之间分配有限资源以实现最佳目标，就离不开使用边际分析方法。例如，消费者要用既定的货币收入选择各种消费品时，若要求得最大效用，必须使各种消费品的边际效用之比等于它们的价格之比，也就是使每1元钱购买到的边际效用相等。再说，厂商在有限的成本总量条件下生产某产品要使效益最好，就必须这样来使用各种生产要素：使各种要素的边际产量之比等于要素价格之比，也就是使每1元成本购买到的边际产量相等。

当然，厂商均衡理论中的边际成本等于边际收益只是一个原则，一个趋势，现实经济生活并不总会按这种原则来做，但作为资源优化配置的一个原则，并不会因为现实生活中的实际干扰而被否定。

第二节　微观经济理论体系的奠基者——马歇尔

一、时代、生平和著作

阿弗里德·马歇尔（Alfred Marshall，1842 年～1924 年）是 19 世纪末 20 世纪初的西方经济学家中最有影响的人物，是英国"剑桥学派"的创始人，是西方传统经济学的集大成者。他不仅对过去和当时各种经济学说兼收并蓄且综合调和，构建了一个微观经济学理论体系的基本框架，而且他本人在经济学的几个领域中提出了许多创造性见解，有力地推动了经济学的发展。

马歇尔出生在英格兰一个银行职员家庭，其父原打算把他培养成一名传教士，因为他幼年时代宗教信仰很强，上学后对自然科学尤其是数学有兴趣。1861 年进英国剑桥大学学习数学，1868 年到 1877 年在剑桥大学任数学讲师，后来他的兴趣逐渐转向经济学。1885 年被剑桥大学聘任为经济学教授，直到 1908 年退休，在此期间他还参与英国政府政策咨询活动，退休后仍从事研究和写作活动。

马歇尔所处的年代，可说是英国资本主义发展的黄金时期。资本主义经济的蓬勃发展，不但使资产阶级财富迅速增长，广大工人生活水平也有了不同程度提高。但是，穷苦的劳动者人数仍很多。从小就受宗教熏陶的马歇尔对劳苦大众很同情，并多次到穷苦人居住区域做过访问调查。他认为，经济学要研究是否必然有许多人生来就注定要做苦工，贫困是否必然的问题应给予经济学最大的关心。他把贫富差别扩大看作是自由放任资本主义产生的弊端之一。他主张对社会现状作改革。但是，他既不相信社会主义，认为集体主义会使经济停滞，甚至会破坏人生的私人家庭联系中最美好、快乐的东西；也不相信政府干预，认为政府官员对经济进步的贡献很小。他认为，依靠私人经营的资本主义制度才是以往经济发展的根本原因，因此，社会改良的领导权应由实业家来掌握。经济自由是马歇尔经济学的主基调。

马歇尔写过多部著作，《经济学原理》是其代表作。该书以均衡价格论为核心，内容包括消费、生产、交换和分配四大部分，和传统理论一样。该书在 1890 年出版后，曾被西方经济学界看成是划时代著作，认为这本书所阐述的经济学说，是马歇尔在继承英国古典经济学（从亚当·斯密、大卫·李嘉图以来一直到约·穆勒的传统经济学）传统基础上，根据时代发展起来的经济学中的新思想（尤其是边际效用理论）对古典经济学作出的创造性发展，因而马歇尔有时也被称为新古典学的创始人。直到 20 世纪 30 年代，他在这本著作中所阐述的经济理论一直在西方经济学中占据支配地位，并被他的后继者不断完善补充，形成为现代微观经济学的基础。30 年代后，马歇尔经济学这种支配地位虽让位于凯恩斯主义，但作为微观经济学的基础地位仍没有动摇。以萨缪尔逊为代表的新古典综合，其实不过是把凯恩斯经济学和马歇尔为代表的新古典经济学加以综合而已。

马歇尔经济学说之所以有这样的地位和影响，与其研究方法和特点分不开。

二、方法论特点

马歇尔经济学从方法论看有如下几个特点：

一是强调心理因素对经济生活的作用，提出政治经济学主要研究在人的日常生活事务方面最有力、最坚决地影响人类行为的那些动机。人的动机可以通过货币来间接衡量。例如，人们希望得到多大的满足，可通过愿支付的价格间接地测量出来。

二是运用进化论分析社会经济现象，强调"连续原理"在经济研究中的作用，认为社会和生物界一样，只有渐变，没有飞跃。因此，经济学中存在并适用一个"连续原理"，即各种经济现象和一些经济范畴，以及一些看似相互对立的经济学说之间，其实都是相互渗透、相互关联，它们的区别都只是相对的，具有一定连续性。正因为如此，马歇尔才能把历史上各种经济学说加以协调，汇合成为一个有机的理论体系。

三是重视数学分析，尤其是重视边际增量分析方法的应用。这也是"连续原理"的运用。

四是运用局部均衡分析方法，即假定各种条件（技术、资源、人口和其他商品价格等）不变情况下，孤立讨论某一市场中一种商品的价格怎样被它的供给和需求这两种相反力量的作用所达到的均衡。

三、需求理论

马歇尔以前的一些重要的政治经济学著作，包括萨伊、西尼尔以及约·穆勒等人的代表作，内容也包括生产、分配、交换和消费几大部分，但一般都先讨论生产，而马歇尔的《经济学原理》在阐述了经济学、对象和若干基本概念后，首先分析消费者的消费需求。这既是对古典传统理论体系的一种脱离，也是为此后西方微观经济学体例树了一个框架。从此以后，几乎所有西方微观经济学教科书，都从分析效用和需求开始。

马歇尔虽然也是边际效用论者，但他和杰文斯和奥国学派还是有区别。他不像其他边际主义者那样，直接认为价值由效用和稀少性决定，而认为效用直接决定的不是价值，而是需求或需求价格，需求要和供给相结合，才能决定均衡价格即价值。

马歇尔提出，效用是与欲望相关的名词，尽管欲望不能直接衡量，但可通过愿支付的价格来表现。当一个人要买进一件东西时，他刚被吸引购买的那一部分，可称边际购买量，边际购买量的效用就是这件东西对他的边际效用。物品的边际效用可以用货币衡量。一个人对任何 1 单位物品刚好愿付的价格称需求价格，而他对最后购买 1 单位物品愿付的价格就称为边际需求价格。边际效用递减规律可通过边际需求价格递减规律表现出来。

在马歇尔看来，要了解一个人对某物的需要，必须确定在每一个价格上他愿买多少。他举了消费者在不同的茶叶价格上愿意购买的不同茶叶数量说明，随着价格的下降，购买量会逐渐增加，购买价格和购买量之间这种关系用一一对应的数量表格显示出来，就是需求表，用几何图形表示，就是需求曲线。把一个市场上各个人的需求表加总，就能从单个人的需求作出一个市场的需求表和市场需求曲线，并由此得到一条普遍的需求规律：需求量随价格下降而增加，随价格上升而减少。

马歇尔还指出，需求量与需求是不同概念。需求量变化指价格下降或上升时购买量如何变化，需求变化指同一价格水平由于某些条件变化而使购买量发生变化，是需求曲线的移动。

价格变动时，需求量究竟以多大幅度向相反方向变动，要用需求弹性理论加以分析。需求弹性理论是马歇尔需求理论的重要一部分。尽管这些概念在他之前已有人说过，但从未有人像他那样作系统深入分析。他不但对需求价格弹性作了明确界定，还用代数公式及几何图形作了精密分析，他认真研究了影响弹性系数的诸因素。从此以后，弹性理论就成了西方微观经济学不可缺少的内容和分析工具。

消费者花费一定量收入或者一定量财富进行消费时，应选择怎样的方式才能取得最大效用呢？对此，戈森、门格尔、杰文斯、瓦尔拉斯等都有过清楚的论述。不管马歇尔是否运用了他们的理论，他自己则明确提出了与其他边际主义者同样的论点，即效用极大化的消费者选择要遵循如下几点原则。

（1）如果消费者手中某物品具有几种不同的用途（例如毛绒可以制袜子，也可制背心）时，他应当把其数量分配得使每个用途上的边际效用都相等，这就是我们熟知的边际效用均等原则。

（2）一定量货币用于购买几种消费品时，必须使买进的消费品的边际效用之比等于它们价格之比，即让每 1 单位货币购买到的边际效用相等。这就是我们今天熟知的消费者均衡的必要条件。

（3）同一物品在现在的需求与未来的需求之间的配置必须趋于获得同样的边际效用。由于物品的未来价值低于现时价值，因此，应采用"折扣"形式把未来价值转换成现时价值，使得它在现在用途与未来用途上的数量配置都能取得相同的边际效用。

这些都就是后来西方微观经济学中消费者选择的一些基本观点。

马歇尔在需求理论中，还提出了一个在福利经济学和国际贸易等理论中被广泛应用的消费者剩余的概念，认为消费者购买某物所得到的满足通常会超过他为此付出的代价所放弃的满足，从而在购买中得到了多余的满足。

四、供给理论

马歇尔的生产供给理论，继承并大大发展了传统理论。首先是传统的生产三要素说，马歇尔都接受，并对劳动与资本的含义作了一些新的解释。例如，关于劳动，他讨论了影响劳动数量的诸因素，更分析了影响劳动质量的诸因素，着重阐述了发展教育对于提高劳动者素质的重大作用。关于资本，他实质上也同意西尼尔的"节欲"论，认为利息是对"节欲"所作牺牲的报酬，然而，他认为"节欲"这个词易引起人们误解，因为财富的最大积累者是非常富有的人，他们用不着节俭意义上的"节欲"就能积累资本，因此，他提出，要用"等待"或"延缓"来代替"节欲"，利息是对等待或延缓的报酬。"节欲"与"等待"都是对当前享受的抑制，但前者重点着眼于目前的行为，后者重点着眼于期待未来有更大的满足。关于土地这一要素，马歇尔着重论述了土地报酬递减律在农业生产中意义和作用。

马歇尔在生产要素理论方面的创新，主要是在生产三要素之外，增加了一个"组织"（organization）的要素。但这"组织"究竟是指什么？他并未有明确说明。从内容看，他所谓组织就是指工业组织，而工业组织的内容相当丰富，包括分工、机器改良、有关产业的集中，大规模生产以及企业管理等。企业管理才能只是组织这一要素的内容之一。但是，马歇尔对企业家经营管理才能相当重视。他提出，作为生产组织的企业家，既必须具有他在自己行业中物的透彻的知识（包括能预测生产和消费变动的能力，知道哪里有供给新产品，改进旧产品机会的能力，大胆承担风险的能力，熟悉本行业所用原料和机械等），又必须是一个天生领导者，包括善于选择助手等。总之，既善于管物，又善于管人。经营管理才能是组织要素发挥作用的重要手段。工业组织为什么是一个生产要素？马歇尔认为，是由于工业组织的变化会影响产量，这种影响，可用"内部经济"和"外部经济"这两个概念来加以说明。

　　什么是内部经济和外部经济？马歇尔认为，内部经济指由于企业内部的各种因素（如劳动者工作热情、工作技能的提高，内部分工协作的完善，先进设备的采用，管理水平的提高及管理费用的减少等）所导致的生产费用的节省。所谓外部经济，指由于企业外部的各种因素（如企业离原料供应地和产品销售市场的远近，市场容量的大小，运输通信的便利程度，其他相关企业的发展水平等）所导致的生产费用的节省。马歇尔提出的这两个概念，为西方经济学家普遍接受，并成为产业经济学中重要分析工具。与内部经济和外部经济相联系，马歇尔还专门对大规模生产的利益作了分析，并提出大规模生产的主要利益有技术的经济、机械的经济和原料的经济。例如，大工厂可使用和改良专门的机械，组织大批量采购与销售，使用专门技术，管理职能也可细化等等。

　　报酬递增倾向与递减倾向的理论也是马歇尔供给理论的重要组成部分。这里的报酬是指生产要素使用量增加时，会带来产量变动的情况。自然与人类，在报酬变动中影响如何？马歇尔认为，总的说来，自然在生产上所起的作用表现出报酬递减的倾向，而人类所起的作用则表现出报酬递增的倾向。这是对古典经济学报酬理论的发展。众所周知，古典经济学通常承认土地报酬递减律，李嘉图级差地租论、马尔萨斯人口论、詹·穆勒的工资基金论都和这一报酬递减律理论联系在一起。马歇尔也继承了这一古典的报酬递减理论，并认为这是自然在生产上所起的作用所表现出来的倾向。因为自然资源（如土地）数量有限，若自然在生产过程中所提供的要素在数量上难以增加，或必须以日益昂贵的方式增加（例如，耕种劣等地时，必须以更多的劳动和其他资源的消耗才会生产出像耕种优等地或中等地一样多的产量），就会出现报酬递减倾向。但马歇尔没有到此止步。他在讨论了工业组织以后，尤其是内部经济与外部经济以后，又提出人类在生产上所起的作用会表现出报酬递增的倾向，这是因为，劳动和资本的增加，一般会引起工业组织的改进，形成内部经济和外部经济，提高劳动和资本的使用效率，从而导致报酬递增。

　　当报酬递减和报酬递增两种倾向相互抵消时，就有可能出现报酬不变的情况。这样，总共就会有报酬递减、递增和不变三种倾向。这一方面补充和发展了古典理论；另一方面，为以后的经济增长理论，例如新增长理论的出现，作了理论先导。

　　报酬递增、递减会在产品的费用上表现出来，报酬递增，就是产品的边际生产费用递减；报酬递减，就是产品的边际生产费用递增。但是，要分析生产一种商品与一定总产量有关的正常费用，就需要选择一个有代表性的企业的生产费用。这个企业产量增加时边际生产费用的变化情况，可代表整个行业的报酬是递增，递减还是不变。自从马歇尔提出"代表性企业"概念后，以后微观经济学中分析厂商均衡时，这厂商就是指代表性厂商（企业）。

五、均衡价格论

均衡价格论是马歇尔经济学说的核心，前面叙述的需求理论和供给理论，都是为分析均衡价格论作准备，而下述分配论，则是均衡价格论的延伸与运用。

均衡价格形成时，需求与供给各起何等作用，马歇尔认为，这犹如一把剪刀剪纸时难以判断哪一个刃起决定作用一样，但如果把均衡的时间考虑进来，那么可以说，考虑的时间越短，需求所起作用就越大，考虑时间越长，供给所起作用就越大。这样，他就把均衡价格分为三种情况：需求与供给的暂时均衡，正常需求与正常供给的短期均衡，正常需求与正常供给的长期均衡。他又提出，短期和长期之间并无截然分界线，所以，又可在上述三类之外，再加上长久的正常价格一类，作为第四类。

第一类是供求间的暂时均衡。这种情况发生在极短的时间里（如一天）。供给量是现有的存货，它们是生产者以前对商品未来价格的猜测而生产的。由于现有存货是个既定量，因而市场价格高低主要由商品的需求所决定。

其他几类均衡价格，都要由供求两方面决定。需求上面讨论了。因此马歇尔又讨论供给。他提出，供给是成本决定的。对于生产成本，马歇尔区分了两类成本：一是直接或间接用于生产商品的各种工人的劳作，和节欲或储蓄资本所需要的等待而作的"牺牲"加在一起，这是商品生产的实际成本；二是对这些劳作和牺牲所必须付出的货币额，是商品生产的货币成本，也称生产费用。生产费用就是商品的供给价格，它是生产者把一定量商品提供到市场上必须要得到的价格。生产者在一件物品的不同价格上所愿提供和出售的数量，称为供给表，供给表的几何图形表示就是供给曲线。在报酬递减、不变和递增的不同情况下，供给曲线呈向右上倾斜，水平方向和向右下倾斜的不同形状，但马歇尔编制供给曲线时，仅限于供给价格随供给量增加而逐渐上升情况，即供给曲线向右上倾斜的情况。

接着马歇尔讨论长期与短期的均衡价格。所谓短期，是指这样一段时间，现有厂房和设备来不及变动，但利用率可随需求而变化，特殊技能的供给以及合适的组织形式也来不及随需求而变化。在这样的短期中，需求增加会促使正常供给价格上升。为满足需求，生产者只有充分利用现有设备而无法增加新设备或改进技术和生产组织。当需求下降时，现有生产能力利用率会降低，供给会相应减少，但只要能补偿用于原料和工资等流动资本的费用（即现代微观经济学中所谓平均可变成本），生产者会继续生产。

短期均衡可用图 3-3 表示。在图中，DD' 是向右下倾斜的需求曲线。SS' 是供给曲线（因为在短期内增加生产必然引起边际生产费用上升，故供给曲线向右上倾斜）。当 Rd 的需求价格大于 Rs 的供给价格时，增加生产是有利的，供求变动到 H 时，$Rd=Rs$，均衡价格为 AH，均衡产量为 OH。这种均衡是稳定的，因为离开了均衡点，价格变动仍会趋向均衡价格。

在长期，一切经济力量（包括设备数量）都可随需求变动而调整。于是，全部生产成本就成为长期均衡价格的决定性因素。

被称为第四类价值理论的，实际是指正常价格的长期趋势，它由一代又一代的人口、知识和资本的逐渐增长以及供求变化而形成。

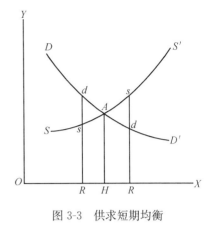

图 3-3　供求短期均衡

六、收入分配理论

马歇尔的收入分配的理论是均衡价格论的运用。他认为，收入分配实际上是生产要素的均衡价格如何决定的问题。

首先看工资。马歇尔用劳动的供求均衡来说明工资。这和边际生产力的分配论有区别。约·贝·克拉克用劳动的边际生产力决定工资，而马歇尔认为，工资要由劳动的需求价格和供给价格两方面的均衡来决定。劳动的需求价格是由劳动边际生产力决定，劳动的供给价格决定于培养、训练和保持有效率的劳动的精力所用的成本。尽管马歇尔把工资说是劳动的价值或价格，抹杀了包含于资本主义工资中对劳动的剥削关系，然而，他关于劳动需求与供给中五个特点的描述，却是深刻而真实地揭示了体力劳动者在工资问题上的不利地位，既表现出马歇尔对穷苦工人的同情，也为市场经济国家政府应当怎样关心弱势群体提供了有益的启示。这些特点是：①工人出卖的是劳动，而负担培养费的人（父母）很少能从子女劳动价格中得到收益，工人家庭也很少有能力培养子女，因此，工人很难获得发展机会，而且代代相传，一代不如一代；②工人必须到现场出卖劳动，这就阻碍了劳动供给随劳动需求转移，不愿离家也阻止他到新地方去寻求较高工资；③劳动力无法保存以根据需求进行调节，工人失业时损失的时间无法挽回；④工人一般都是穷人，手头没有积存，因此在和雇主讨价还价时总处于不利地位；⑤培训专业人才的周期很长，劳动市场经常变化，工人实在难以应付。这些特征的描述是马歇尔对他那个时代劳动市场真实关系的有价值的实证性分析。

马歇尔工资理论中另一有价值的观点是他的效率工资主张。他十分赞同美国经济学家沃克（Francis Amasa Walker，1840 年～1897 年）等人的看法，认为报酬优厚的劳动一般是有效率的劳动，因此，并不是昂贵的劳动。高工资不仅能提高工资领受者的效率，而且能提高他们子孙的效率。显然，马歇尔已清楚认识到，工资应当成为劳动激励的手段，劳动是否昂贵，要和效率比较，高效率的劳动，报酬优厚也不是昂贵，低效率的劳动，报酬低廉也是昂贵。这种观点，可说是今天西方效率工资理论的先声。

关于利息，马歇尔认为，利息是对提供资本者等待所作"牺牲"的报酬，对于支付利息的人来说，则是使用资本的代价。这是前人说过的东西，他比古典学派前进一步之处在于区分了毛利和纯利，认为只有纯利才是等待的报酬，才是真正的利息，而毛利中除纯利外，还包含有风险补偿、管理报酬等，而这些其实属利润范畴，并认为只有纯利润才有趋向一致的趋势，而毛利没有这种趋势。

关于利率决定，马歇尔认为取决于资本的供求均衡。资本的需求价格取决于资本的边际生产力，而供给价格取决于资本家对等待所期望的报酬。他一方面认为，利率取决于资本供求，另一方面又说，利率会调节这种供求，就是说，资本（资金）供不应求时，利率会上升，而利率的上升，又会刺激资本供给，抑制资本需求，使资本走向供求平衡，也就是使资本的需求量恰好等于资本的供给量。

马歇尔提出的这种利率的涨落会自动调节资本的供求，使投资（代表资本需求）和储蓄（代表资本供给）自动趋于均衡的理论，是新古典学派关于自由竞争的资本主义经济始终会自动实现充分就业均衡理论的重要支柱之一。这种理论后来为凯恩斯所否定。

马歇尔对"利润"用法尽管前后也不太一致，但他讲的利润，主要是指企业组织管理业务的报酬，即所谓管理上的总报酬，包括经营能力上的报酬。他之所以能把利润和利息作严格区分，是由于他那个时代，以股份公司形式组织的企业已越来越多，大量企业再不是由资本所有者自己管理，而是由企业的经理人员管理。因此，马歇尔就把作为资本所有权报酬的利息和作为资本经营权报酬的利润加以区分。

关于地租，马歇尔也是从供求均衡角度分析。但他认为，土地是自然界存在的，供给是固定的，不存在供给价格，因此，地租只受土地需求的影响，其大小只由土地的边际生产力决定。他依据土地报酬递减律，认为同一土地上连续追加资本和劳动，农产品量增加，但增加率递减，直到报酬（即农产品收益）仅仅够偿付耕种者开支和劳动时，就达到了所谓"耕种边际"。总产量超过这个边际耕种土地上投资的产量（即土地的边际产量）的余额，构成生产者剩余，也就是地租。可见，生产者剩余或地租，就是改良土地的总收入超过报酬他每年所投资的资本与劳动所需要的数额的余额。至于哪一级土地是边际土地，要取决于社会对土地产品的需求状况。可见，这种理论和李嘉图级差地租理论并无本质上差别。

马歇尔还提出一个所谓"准地租"概念。按他看法，尽管工资、利息和利润一般说来决定于需求和供给的均衡，但在某种条件下，又多少和地租一样，只受需求影响而与供给无关。例如，资金在生产投资中一经变为机器、厂房等物质形态后，其价格就是固定的了。从而投在固定资产上的资本收入就只受市场需求影响而与供给无关。这就类似乎地租，称为准地租。同样，一些有特殊才能的人取得的高工资收入，也完全取决于需求，而与培训费用无关，因而也是准地租。总之，只受需求影响而与供给无关的这类收入，由于类似地租，故称为准地租。

除了均衡价格论以外，马歇尔在其他一些领域也对经济学作出了贡献，如货币理论和国际贸易理论中一些分析和观点。

第三节　约·贝·克拉克和费雪的经济理论

一、约·贝·克拉克的经济理论

美国和德国一样，在历史上也是一个资本主义发展较晚的国家。但是19世纪以来，尤其南北战争以后，资本主义在美国获得了迅猛发展，社会矛盾很快尖锐起来，美国成为当时西方国家中劳工问题极为严重、贫富分化相当突出的国家。如何说明这种现象，解决这类矛盾，有人就以"批评"传统经济学和资本主义制度的面貌出现，主张研究社会改良的办法，这就是制度学派；有人则设法论证工资、利润、利息和地租等收入分配都受自然规律支配，是公平合理的，这就是约·贝·克拉克的经济理论。

约翰·贝茨·克拉克（John Bates Clark，1847年~1938年）是19世纪末20世纪初美国最著名的经济学家之一，曾长期在哥伦比亚大学当教授，也当过美国经济学会会长，是边际学派在美国最主要代表人物。他在自己的代表作《财富的分配》（1899年）中，把边际概念运用于收入分配领域，提出了一套以分配问题为核心的边际生产力论。

关于边际生产力分配论某些思想观点，早在19世纪上半叶已由德国经济学家屠能提出。但并未引起人们足够重视。70年代初边际革命以来，边际效用递减思想开始流行，克拉克在综合吸取前人思想成果基础上，提出了一套系统的边际生产力论的分配理论，分别说明工资和利息都由劳动和资本的边际生产力决定。

克拉克怎样说明工资由劳动的边际生产力决定？他提出，在资本数量不变的条件下，如果劳动（即指工人）一单位一单位地增加，每增加一单位工人，则每人分摊到的资本量就会减少，他们只好使用质量越来越低劣的设备，从而使得生产效率下降。于是，每增加一单位劳动所增加的产量和产值就要不断下降。举个例说，如果 1 亿元资本是固定的，雇用 1 000 个工人时每个工人分摊到 10 万元资本，也许可用相当优良的机器设备；增雇 1 000 个工人，即共雇 2 000 个工人时，每个工人分摊到 5 万元资本，只能使用差一点的机器设备了。如果继续增加下去，到第五批 1 000 人时，平均每人只能分到 2 万元资本，使用的机器设备的质量就更为低劣了。假定雇佣第五批 1 000 个工人后增加了 12 万元产值，而企业主付给 1 000 个工人的工资也就是 12 万元，那么，这第五批 1 000 个工人对企业主利益来说就是可有可无的，就是说，雇佣了这第五批工人以后，企业主的利益既没有增加也没有减少。克拉克把这批工人称为边际工人，认为边际工人创造的价值，不仅决定了他们自己的工资，同样也决定着全体工人的工资。这是因为这批边际工人的劳动生产能力其实和前面四批即 4 000 个工人是一样的。如果前面任何一批工人所要求的工资超过了边际工人的产量所决定的工资，那么雇主就可以把他们解雇，而用最后一批工人（即边际工人）来代替他们。这些情况克拉克是用图 3-4 来表示的。

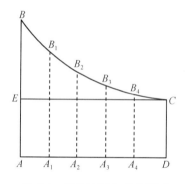

图 3-4　劳动边际生产的递减

在图中，AD 线代表投放的劳动单位量。假定资本量固定不变，劳动是一单位一单位增加时，AB 线表示第一单位的劳动借着所有资本的帮助而创造的产量，A_1B_1 线表示第二单位劳动对第一单位所增加的产量，A_2B_2 表示第三单位所增加的产量，以此类推，最后一单位劳动所增加的产量等于 DC。DC 代表边际生产力，它测量了（或者说可以衡量）这一系列单位中任何一单位劳动的实际生产力，并决定了工资标准。

或许有人会说，就算 BC 线确实表明劳动生产力递减吧，但除了最后一个单位劳动以外，其他单位劳动的产量都高于 DC，全部劳动的实际产量应该是 $ABCD$，可是全部工人所得工资仅仅是 $AECD$，这样 BCE 所代表的产品不是被资本家剥削去了吗？克拉克认为，剥削绝对不存在。理由是，第二单位劳动投放后，原来的工人把以前所用资本的一半让给第二批工人，使用生产设备比以前低劣了，从而使得他们的劳动生产力下降，也就是他们的劳动所生产的产量下降，这个减少的生产量等于前一批工人从手中让给新增一批工人的资本所生产的数量。A_1B_1 比 AB 减少的部分就是让出来的资本所生产的数量。因此，整个 BCE 代表是资本的生产力创造的产品，即利息，而 $AECD$ 则是劳动的全部产品，即工资。工人们的工资已包含了他们的全部劳动成果。克拉克认为，上述内容可以用下列图形给予更明确无误的表示。

克拉克又用同样的理论和方法论述了利息。他假定劳动量固定不变，资本量依次一单位一单位地增加，并且仍可以用图 3-5 来表示。这个图本来表示劳动边际生产力递减时工资和利息的决定，但现在是要表示资本边际生产力递减时利息和工资如何决定。现在，图 3-5 中，AD 用来表示投入的资本单位量。这样，AB 是第一单位资本的产量，A_1B_1 是第二单位资本所增加的产量，而 DC 是最后一个单位所增中的产量，代表着资本的边际生产力。因此 DC 的数量决定了利息的

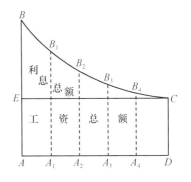

图 3-5　工资和利息的决定

标准，这里的 $AECD$ 就代表所有资本生产出来的利息，而 BCE 则是全体工人的工资。利息是资本自身的产物，是它的边际生产力决定的。

约·贝·克拉克这套理论，具有明显的为资本主义剥削辩护的性质，完全对抗马克思的劳动价值论和剩余价值论。但是，它在西方经济学发展史上却有着如下几方面的重大影响：第一，这一理论把土地报酬递减律理论扩大为包括劳动和资本在内的要素报酬递减律理论，而要素报酬递减确实是不可忽视的客观存在；第二，克拉克说明，边际生产力递减是所谓静态经济中起作用的规律，实际上是说，边际生产力递减以技术不变为前提条件，后来这也被广泛接受；第三，这一理论为分析各种要素在生产中各自作出多少贡献提供了一种解释，尤其为解释生产要素的需求价格提供了一种理论上的说明。尽管这种边际生产力论的分配论不仅受到马克思主义的彻底批判，也受到不少西方经济学家的质疑和批评，然而，它在现代西方经济学的多个领域（如收入分配论，经济增长理论等）仍被广泛使用着。

二、费雪的经济理论

欧文·费雪（Irving Fisher，1867 年～1947 年），是稍晚于约·贝·克拉克的美国著名经济学家，视野开阔，硕果累累。他毕生以数学与经济研究为主，并力求将抽象的经济理论应用于企业经营。他在数理经济学、价值和价格理论、资本理论、货币理论以及统计学诸方面都有重大贡献。

在资本理论方面，费雪关于当前资本的价值与资本预期未来收入的价值之间关系的理论，是他把经济学抽象理论和企业经营管理思想联系起来的一大创造。他的《资本与收入的性质》（1906 年）一书，包含了会计学的理论基础，也包含了保险精算学的理论基础。

以往的经济学家已提出，资本要产生收入。费雪提出，资本产生收入，只有

在实物意义上才是正确的。而价值意义上，则正好相反，是收入的价值决定了资本的价值，意思是说，资本的价值，乃是预期收入的贴现值。可见，从因果关系说，不是资本到收入，而是收入到资本，不是从现在到未来，而是从未来到现在，一句话，资本的价值决定于从该资本获得的未来收入的目前价值。他还明确指出，未来收入是流量，现今资本是存量。这些理论，为以后所有经济学家所采用，因为它清晰地阐明了资本和收入的性质及其相互关系。

在利息理论方面，费雪提出，利率是现在财货与将来财货交换时的一种贴水的百分率。若今年我借给你 1 000 美元现在财货，明年你还我 1 050 美元未来财货，50 美元就是贴水，5％就是利率（50/1 000）。费雪指出，利率作为现在财货与未来财货相交换的价格，由二大因素决定，一是时间偏好（time preference），二是投资机会（investment opportunity）。这二因素中，时间偏好更起作用。

费雪还分析了风险情况下的利率决定，认为古典经济学为了分析方便，常假设在确定情况下只有一个利率水平，而实际上未来是不确定的，因而利率不是单一的。金融市场上形成不同的利率，是由于各种金融资产承担的风险不同，人们现在的行为会受预期的影响。风险的存在倾向于提高不安全借款的利率，降低安全借款的利率，而贷款和债券的期限又是构成风险的重要因素，短期利率承担的风险较小，故利率水平往往较低。

在利息论方面，费雪的另一个贡献是区分了真实利率和名义利率。在物价上涨时，名义利率要按通涨利率加以调整，以使真实利率不变。为此，名义利率应这样调整：$i=r+p^e+rp^e$。这里 i 是名义利率，r 是真实利率，p^e 是预期通胀率。由于 rp^e 一般数值较小，因此，名义利率也可大致用实际利率加通胀率来表示。

费雪在经济学说史上的一大影响，通常认为是他的现金交易说的货币数量论。这一理论是 1911 年他在《货币的购买力》一书中提出的。由于他是用现金交易量来解释货币价值与商品价格的，因而这一理论被称为现金交易说的货币数量论。它既是对传统货币数量论的总结，又构成对以后货币数量论发展的一个新起点。

■第四节   马歇尔经济学说的发展与修正

马歇尔在《经济学原理》中曾说，经济学要解救贫困，增进福利。[①] 他的经济学说又贯穿了自由竞争能使社会经济自动得到调节而趋向均衡的基本思想。这些观点，后来为许多西方经济学家长期信奉，被称作"剑桥传统"。其中，一些

---

① 马歇尔：《经济学原理》上卷，商务印书馆，1964 年版，第 24～26 页。

追随者在此基础上发展起福利经济学和垄断竞争理论；另一些则力图弥补马歇尔价值论中的不足，运用新的分析工具来阐述主观价值理论；还有些人则是发展了马歇尔的货币理论。上述对"剑桥传统"所作的这些发展和修正，再加上约·贝·克拉克的分配论，构成了现代西方微观经济学的基本框架。

一、庇古的福利经济学

阿瑟·赛希尔·庇古（Arthur Cecil Pigou，1877 年～1959 年）是剑桥学派理论最正统的继承者和最权威的解释者，一生始终致力于维护和阐发"剑桥传统"。他的代表作《福利经济学》出版于 1920 年。这部著作充分发挥了马歇尔当年已经十分重视但还没有系统发挥的福利思想，正式创建了福利经济学。

福利经济学的产生与当时的历史条件密切相关。那时英国的资本主义经济已得到进一步发展，但国内阶级矛盾相当尖锐，罢工斗争不断，对资本主义社会秩序造成很大威胁。如何进一步用发展经济和改良收入分配办法来解决社会矛盾，成了人们十分关注的大问题。就是在这种背景下，庇古采纳了一位名叫霍布森（John Atkinson Hobson，1858 年～1940 年）的英国学者的意见，把社会福利当成经济学研究的中心，对马歇尔的福利思想加以全面发挥，主张经济科学应该把消灭贫困、追求众人福利作为宗旨。这样，庇古和约·贝·克拉克两人的学说，使得 20 世纪初叶西方经济学转向了强调对分配和福利的研究。

什么是福利经济学所讲的"福利"？庇古认为，凡是能给人们带来满足的一切东西都叫"福利"。但是，经济学关心的是"经济福利"，亦即与经济生活有关的，能用货币直接或间接地加以衡量的那部分福利。[①]

庇古认为，影响经济福利的主要因素可归纳为国民收入总量的大小和国民收入分配的状况这样两个方面。这是因为，经济福利离不开国民收入。国民收入与经济福利的关系是：在穷人收入不减少的前提下，如果国民收入越大，社会经济福利就越大；而在国民收入不减少的条件下，把它越是均等地分配给社会各成员，社会经济福利就越大。这样，国民收入额及其分配，就构成检验社会经济福利大小的两个标准。

庇古提出这两个检验标准，是以基数效用论和边际效用递减规律为基础的。基数效用论认为，物品的效用是可以用基数 1，2，3，4……等来具体衡量和彼此比较的。譬如可以假设一斤米的效用是 10，而一尺布的效用是 15，从而比较出一尺布的效用是一斤米的 1.5 倍。为什么要这种理论？因为西方经济学中讲的效用往往是指个人感觉的满足，而不同的人或同一个人在不同地方不同时候对同

---

① 庇古：《福利经济学》，英文本，伦敦，1932 年版，第 29 页。

一数量物品的心理满足是不一样的，因此是无从捉摸和具体计量的。通过基数效用论，就可以把个人的心理感觉转化成客观的可捉摸的东西了。马歇尔、庇古都是这种基数论者。他们认为，既然商品的效用可以具体计量，个人满足的总和即福利也应该能计量，所以个人经济福利的总和也就能计量。这样庇古就得出结论：在生产条件不变的情况下，社会生产的物品越多，即国民收入越多，社会福利也就增加得越多。

再从边际效用递减规律来看，一个人的货币收入越多，货币的边际效用就越小。因此，同一数量的货币给富翁与穷人带来的边际效用是不同的。如果把富人手中一部分钱财通过某些合法途径转移给穷人，这部分钱财的边际效用就会大大提高，可以使社会福利总量增加。庇古这一观点可说是对马歇尔思想的直接继承。

根据上述思想，庇古提出了收入均等化的政策主张，认为政府应该用一系列政策来缩小贫富差距。例如，可征收累进的个人所得税，实行高额遗产税等。通过诸如此类政策从富人手里拿来的收入，应该完全用来增进穷人的福利。这些收入可以作为公费医疗基金，可以增添各种社会福利设施（公园、剧场、幼儿园等），可以增加对教育的投资（如扩建学校、实行免费教育等），还可直接对穷人和失业者实行救济、补助或保险等，使国民收入的分配缩小差距，以实现社会福利极大化。

在论述穷人收入不变，增加国民收入可增加社会福利时，庇古把生产资源最适度的配置看成是增加社会福利的必要条件。庇古提出了"边际私人纯产品"和"边际社会纯产品"两个术语。前者是指增加一单位投资替私人增加的纯产品（这些纯产品的总价格叫"边际私人纯产值"），后者是指增加一单位投资给整个社会增加的纯产品（这些纯产品的总价格叫"边际社会纯产值"）。而边际私人纯产品与边际社会纯产品往往是不一致的。例如，化工厂要排出大量"三废"，造成严重的空气污染和水源污染，给其他人带来损失。这样就需要大量增加城镇的清洁费用，这些清洁费用实际上是生产这种化工产品时社会所支出的成本。在这种情况下，边际私人纯产值就超过边际社会纯产值。相反，某科学家的一项重大发明也许给他私人带来的收益并不很大，可是给社会带来了莫大利益，因而边际社会纯产值远远超过了边际私人纯产值。

边际私人纯产值和边际社会纯产值不相等时，庇古认为，应由国家进行干预，采取税收和补助金政策来解决，以实现生产资源的最佳配置。

庇古的福利经济学尽管还只是一套资产阶级改良主义思想体系，但是，从发展市场经济视角看，却有着很大的意义和影响。第一，它在西方经济学说史上最先系统地提出并论证了通过国民收入再分配来缓和社会矛盾，稳定社会经济秩序。这一套经济理论和政策思想，为政府用政策手段调控收入分配提供了依据；

第二，它在西方经济学说史上最早提出了正负外部性效应的思想以及用税收和补贴的国家政策来调节私人经济活动以最优化资源配置的主张，从此，"庇古税"就成为微观经济政策不可或缺的一部分。

然而，由于庇古福利经济学的理论基础是基数效用论，而物品的效用是无法相互比较和计量其大小的。于是到 20 世纪 30 年代，就出现了新福利经济学。庇古的理论从此则被称作旧福利经济学。新福利经济学和庇古理论的区别在于：理论上用序数效用论代替基数效用论，方法上用无差异曲线代替对边际效用的具体计量。新福利经济学有不少派别，还没有统一的理论体系，大致可分为两大派：一派叫"补偿原则论"派，另一派叫"社会福利函数论"派。

补偿原则论派以英国经济学家卡尔多（Nicholas Kaldor，1908 年～1986年）、希克斯（John Richard Hicks，1904 年～1989 年）等人为代表。他们反对庇古将收入均等化看作社会经济福利极大化的一个条件，而认为福利经济学应当研究的是经济效率而不是公平的收入分配问题。所谓经济效率是指经济资源的使用达到最有效率的状态，也就是帕累托最优状态。他们还提出，增加社会福利可能损害一些人的利益，但只要增加的福利在补偿损失者之后还有多余，社会就算增加了福利。英国经济学家卡尔多就持这种观点。有人甚至还讲这种"补偿"可以只是理论上的计算，并不需要真正付给损失者任何补偿。有人还认为，如果一项经济活动能提高社会的生产效率，就可以不对损失者实行补偿，因为损失者以后会从生产效率的提高中自然得到补偿。还有人主张，如果一项经济活动的受益者有办法让损失者接受这项活动，或者损失者无法阻止受益者去从事这项活动，那么这项经济活动就算增加了社会福利。这就是说，只要受益者是强者，损失者是弱者，那么强者的所作所为必然是为社会造福。"补偿原则论"派中不少人还反对把收入均等化作为福利极大化的必要条件，竭力主张福利经济学应该排除收入分配问题。可见，新福利经济学比起旧福利经济学来，其为富人利益辩护的性质更为明显。

新福利经济学的另一派别是以美国学者柏格森（Abram Bergson，1914 年～？年）为代表的社会福利函数论派。他们主要是运用社会福利函数来讨论福利问题。他们认为，帕累托的"最优状态"是有用的，但有关的几何图形表明，"最优状态"可以有许多个，即与每一个收入分配相对应，都有一个最优的资源配置或最大福利。他们的理论目标是求出其中唯一具有最大社会福利的最优状态。怎样求得呢？按他们的说法，可把凡是对社会各个成员的福利发生影响的一切因素，其中包括既定的国民收入在所有成员之间的分配情况，都作为决定社会福利的自变量，这样就可以建立起一个以社会福利作为因变量的函数式，称为社会福利函数。用公式表示就是 $W = F(Z_1，Z_2，Z_3，\cdots\cdots)$。式中 W 表示社会福利，F 表示函数，$Z_1，Z_2，Z_3，\cdots\cdots$ 等表示影响福利的各种因素。他们通常用多元函数来表示这种社会福利函数。这种社会福利函数论的特点是，运用繁琐的数学公式，再结合使用无差异曲线，以补充论证帕累托的"最优状态"，来引申发挥庇古关于收入分配问题的主张。其实，从现实生活中是不可能得到这种通过繁琐公式求出的社会福利函数的。他们宣传这套理论，无非是要用繁琐的函数公式来证明，通过资源的优化配置，可以寻找到一条获取最大社会福利之路。

二、垄断竞争理论

19 世纪 20 年代初，资本主义正在向垄断阶段过渡。处于这个转变时期的马歇尔，已经讨论了一些垄断理论问题，特别在他后期著作中，更把自由竞争和垄断分开来研究。但是，马歇尔仍然把垄断现象看作是社会经济生活中的少数特殊的现象，他的理论体系主要是对自由竞争条件下的经济现象进行分析。而且，马歇尔在《经济学原理》中所分析的垄断，是指完全垄断市场。但是，随着资本主义经济的发展，越来越多的西方经济学家感到，完全竞争和完全垄断的市场在现实生活中都只是特例，更一般的情况是垄断竞争或者说不完全竞争，即市场既不是完全垄断的，也不是完全竞争的，而是垄断和竞争兼而有之的情况。不少经济学家对这类市场中企业如何决定产量和价格都有所研究，其中，最有名的要数美国经济学家张伯伦和英国经济学家琼·罗宾逊。他们在 20 世纪 30 年代初分别提出了"垄断竞争理论"和"不完全竞争理论"。

爱德华·张伯伦（Edward Hastings Chamberlin，1899 年～1967 年）是著名的美国经济学家。1933 年他在《垄断竞争理论》一书中，吸收前人的各种观点，对垄断现象作了深入详尽的讨论，同时又综合竞争因素，力图建立一套把垄断与竞争结合起来的新理论。

张伯伦认为，完全垄断或完全竞争都是罕见的，现实生活中大量存在的是垄断和竞争的"混合"，即"垄断竞争"。这是因为现实生活中每一个生产者的产品，都既有一定的差别，又存在一定程度的替代性。能互相替代的一面必然产生竞争，而不能替代的一面即差别性一面则意味着垄断的存在。

垄断竞争理论是分析在垄断竞争的市场情况下，企业（即厂商）如何决定产品的产量、品种、价格等的理论。厂商如何决定产量、价格的理论在现代西方经济学中被称为"厂商理论"。在形成"厂商理论"的过程中，张伯伦等人提出了一套新的分析工具，使用了平均成本、边际成本、平均收益和边际收益等几个概念以及相应的几条曲线来进行分析。

张伯伦认为，一个厂商在决定产量（销售量）时，一方面要考虑增加产量会增加多少收益，即边际收益；另一方面要考虑增加产量会增加多少成本，即边际成本。只要边际收益大于边际成本，厂商就会增加产量，直到边际收益和边际成本相等为止，因为这时候，利润最大，或者亏损最小。于是，厂商不会再把产量扩大，也不会缩小，这种情况就称为"均衡"。如在图 3-6 中 AC、MC、AR、MR 分别为平均成本曲线、边际成本曲线、平均收益曲线和边际收益曲线。边际成本曲线和边际收益曲线相交于 E 点，相当于 E 点的产量为 OL，意思是产量为 OL 时，产品的边际收益和边际成本相等。当产量为 OL 时，平均收益（即单位产品的销售价格）为 FL，平均成本为 GL，平均收益超过平均成本的部分（即 FG）就是生产和销售单位商品所得到的超额利润或者说经济利润，生产和销售 OL 单位商品所得到的超额利润的总量就是 FG 和 OL 的乘积，即矩形 FGIH 的面积。这样，如果 OL 代表 8 单位商品，每单位商品取得的经济利润 FG 是 3 元，则总利润就是 3 元 × 8＝24 元。

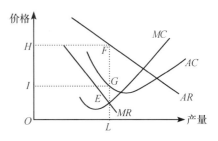

图 3-6　垄断竞争厂商短期均衡

如果平均收益（即单位商品的销售价格)全部低于平均成本，例如，每单位产品平均成本为 12 元，但产品售价只有 10 元，这种情况下厂商会不会继续生产和销售？张伯伦认为，在短期内，只要产品售价（例如 10 元）还能补偿原材料费用以及普通工人工资等所构成的可变成本（也称直接成本），厂商还会继续生产。因为购买机器、厂房的支出和高级职员的薪金等所构成的固定成本已开支了，如果不开工生产，这种固定成本一点都不能得到补偿，开工的话，总还可以补偿一点，因而可使亏损减少。因此，在这种情况下，厂商仍可以根据 MR 和 MC 的交点来找到最小亏损的价格和产量。

张伯伦认为，出现超额利润或亏损的情况都是短期现象，决不会长期存在。这是因为，从长期看，如果存在超额利润，其他厂商会把资本转移到这一行业中来，和该行业原来的厂商争夺市场。其结果是，产品供给会增加，价格就会下降，因而使平均收益曲线 AR 向左下移动。相反，如果存在亏损，该行业中原有厂商就会把资本撤出，这样产品供给会减少，价格会上升，因而使平均收益曲线 AR 向右上移动。可见，这两种情况都不会达到均衡状态。因此，在长期中仅仅使边际成本与边际收益相等，仍无法实现经济均衡。只有在不仅在边际收益等于边际成本，而且平均收益和平均成本也正好相等时，生产和销售才会达到长期均衡状态。

琼·罗宾逊（John Robinson，1903 年～1983 年）是英国著名经济学家，早年受马歇尔熏陶，也受庇古影响，是英国新剑桥学派的奠基人。她对马歇尔经济学的重要发展是提出"不完全竞争理论"。这一理论和张伯伦的"垄断竞争理论"大同小异，并且都是同时独立地提出的，然而，两人的理论也各有特点和重点。

如果说张伯伦的垄断竞争理论中的产品差别论和销售成本论是其特色的话，那么，琼·罗宾逊的理论中也有一些特色或者说"贡献"：第一，特别注重边际收益曲线及边际收益等于边际成本这一基本原理对分析各种市场结构中厂商均衡的重要性，说明为什么完全竞争时边际成本等于边际收益就是等于产品价格？而不完全竞争情况下，边际收益不等于产品价格；第二，在分析垄断时不仅注意"卖方垄断"，还创造了"买方垄断"的概念，强调了买方垄断在不完全竞争理论中的特殊作用，尤其是在劳动市场上买方垄断会造成对劳动的"剥削"；第三，对垄断厂商实行"价格歧视"的行为作了开创性研究，揭示了市场分割和产品在各个市场上的不同需求弹性对实行价格歧视的作用。

应当说，琼·罗宾逊的"不完全竞争理论"和张伯伦的"垄断竞争理论"一起确实对现代微观经济学尤其是厂商理论的确立和发展，起了极其重要的作用。这些理论比完全竞争和完全垄断理论更接近现代市场经济的实际，也为分析现代企业经济效益提供了有用的分析工具，为现代管理经济学的产生奠定了基础。

三、希克斯对马歇尔需求理论的修正和补充

约翰·理查德·希克斯（John Richard hicks，1904 年～1989 年）是当代著名的英国经济学家。他早年是伦敦经济学院的讲师，后来长期担任牛津大学教授，还当过英国皇家经济学会会长。1964 年被封为勋爵。希克斯的不少理论在经济学史上都占有一定地位。尤其是 1939 年出版的重要著作《价值与资本》中，他所建立起的主观价值理论，把马歇尔的有关理论和方法当作出发点，对剑桥学派的传统学说作了重大修正。

希克斯同马歇尔一样，也是先从论述消费者需求理论开始他的理论研究的，并且也是先求得个人均衡再引出市场均衡的，但希克斯的理论和方法与马歇尔又有很大不同。马歇尔的需求理论是以边际效用基数论作为基础的，使用的是局部均衡方法，而希克斯的理论承袭了瓦尔拉斯的一般均衡理论，又以序数效用论为基础，使用了一种所谓"无差异曲线"的分析工具。前面在介绍帕累托的经济理论时已说过，无差异曲线的几何分析法先已由他使用。实际上，比帕累托更早，英国学者埃奇沃思（Francis Ysidro Edgeworth，1845 年～1926 年）在 1881 年出版的《数学心理学》一书中就首先提出了无差异曲线。但都未引起人们注意，因此影响不大。直到 1934 年，希克斯和英国另一位经济学家艾伦（Roy G. D. Allen，1906 年～1983 年）合写了一篇《价值理论的重新考虑》才开始将这一方法应用于经济分析。1939 年希克斯名著《价值与资本》问世，序数效用论和无差异曲线方法才在西方经济学界产生巨大影响，成为西方微观经济学的需求理论中最重要分析工具。

按照希克斯的说法，有了无差异曲线之后，要比较各种商品的效用的大小，就可以按照消费者的"偏好尺度"来确定，从而可避免直接计量商品效用的错误做法。"偏好尺度"指的是当一个消费者对各种不同的商品组合进行选择时，他最"偏好"即最想要的一种组合，对他来说效用最大，顺着偏好的次序，他最后想要的一种组合表明效用最小。这样，通过消费者偏好次序的先后，就可以比较出各种组合的效用的大小了。同样地，由于"边际效用"是一个需要具体计量的东西，希克斯便用"边际替代率"取代了"边际效用"这个术语来进行理论分析。

在提出新的分析工具和新的术语后，希克斯详细讨论了消费者的需求规律。他不赞成马歇尔撇开收入因素只分析价格影响商品需求量的做法，认为要认识消费者行为的正确规律，应该研究消费者收入变化时需求怎样跟着变化的情况。

希克斯通过图形来分析消费者收入变化对需求的影响。图 3-7 中 ML 这条直线叫做"消费可能线"或"预算约束线"，意思是消费者要量入为出，预算支出或实际消费必须以收入为限度。ML 线表示的是，当消费者用全部收入购买 X 商品时，可得到 OL 数量；全部购买 Y 商品时，可得到 OM 数量，ML 线上其他各点代表用全部收入购买 X 和 Y 两种商品

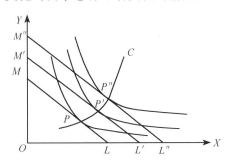

图 3-7　收入-消费曲线

时的各种组合。举个例说，假定某消费者每月用 120 元购买肉类以满足自己的营养需要，再假设猪肉 6 元 1 斤，牛肉 8 元 1 斤，则 120 元全部买猪肉可买 20 斤（OL）全部买牛肉可买 15 斤（OM），预算线上 P 点代表 120 元可买 12 斤猪肉和 6 斤牛肉。希克斯认为，ML 线总会与无数条无差异曲线中的一条在某一点相切（这里假定是 P 点），而这个切点所代表的商品组合必定会给消费者带来最大满足。这是因为，位置比这条曲线高的无差异曲线所代表的商品组合，消费者买不起，而位置比它低的无差异曲线所提供的商品效用显然没有它大。

希克斯进一步论述，现在假设消费者收入增加了，但 X 和 Y 两种商品的价格未变，于是可以购买更多数量的 X 和 Y 商品，消费可能线必然向右方上移，成为 L'M'线。又因为这里假定商品价格不变，所以 L'M'应该与 ML 平行。这时 L'M'又与另一条无差异曲线相切，产生了新的切点（比方说 P'），表示消费可能线为 L'M'时所得到的最大满足。如果收入再继续增加，L'M'会继续向右上方移动，形成新的消费可能线，产生新的均衡点。这样，可以把各种不同收入情况下产生的均衡点联结起来，形成一条曲线 l，这条曲线可以用来说明在商品价格不变时，消费者的收入变化是怎样影响他的消费的，因此希克斯称它为"收入-消

费曲线"。

希克斯也分析了商品价格变动对消费的影响，但比马歇尔进了一步。他在分析中假定消费者收入和 Y 商品的价格都固定不变，变动的只是 X 商品的价格，这样就出现了图 3-8 的情况。因为消费者收入和 Y 商品的价格不变，如果消费者全部收入只购买 Y 商品的话，其数量同以前一样，还是 OM。但是，由于 X 商品的价格下降，如果全部购买 X 商品的话，原先只能购买到 OL 的量，现在却可以增加到 OL' 的量。于是消费可能线就从 LM 变成 $L'M$。$L'M$ 与某一条无差异曲线又相切于 Q 点，形成新的均衡点。总之，X 商品的价格每变化一次，就形成一条新的消费可能线，它与某一条无差异曲线的相切之点就是新的均衡点，例如 LM 曲线上的 P 点、$L'M$ 曲线上的 Q 点等。把这些均衡点联结起来形成的一条曲线，即图中的 PQ，被希克斯称作"价格-消费曲线"，因为它表明了某种商品价格发生变动时消费跟着变动的状况。显然，这条价格-消费曲线，实际上就是马歇尔需求理论中的需求曲线。因为马歇尔的需求曲线，就是在假定消费者收入不变，其他商品价格不变的前提下，分析某种商品的需求量（消费量）如何随这种商品价格的变化而变化时描绘出来的。不同的只是希克斯运用了"无差异曲线"的分析工具，来证明马歇尔所概括的所谓需求规律。

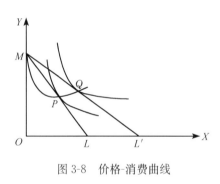

图 3-8　价格-消费曲线

在分别提出了"收入-消费曲线"和"价格-消费曲线"以后，希克斯进一步论述了商品价格下降对需求量的影响。他提出，某种商品的价格下降后，一方面消费者用同样的收入可以比以前买到更多的这种商品，就是说商品价格下降等于使消费者增加了实际收入，从而更多购买这种商品，所以这种影响叫"收入效应"；另一方面，商品价格下降又会诱使消费者更多买该种商品来替代其他一些商品，这种影响称为"替代效应"。通过上面的论述，希克斯声称马歇尔提出的需求规律是普遍适用的。他对两种效应的深入分析，发挥和补充了马歇尔的需求规律。

第五节　自由贸易理论的发展

一、H-O 模型

1933 年，瑞典经济学家俄林发表了《地区间贸易和国际贸易》一书，提出了一种国际贸易新理论，这就是资源禀赋说。由于这种理论的巨大贡献，俄林还和英国经济学家米德（James Edward Meade，1907年～1995年）一起荣获1977年度诺贝尔经济学奖。但俄林很坦率地说，他的这一理论是在他的老师赫克歇尔的启示下发展起来的，因此，这一理论被称为赫克歇尔-俄林模型（H-O模型）。这是对大卫·李嘉图的比较成本说和约·穆勒的"国际需求方程式"理论的一大发展。

1919年，瑞典经济学家赫克歇尔（Eli Filip Heckscher，1989年～1953年）发表了《对外贸易对收入分配的影响》一文，提出国与国发生贸易的必要条件，是贸易商品的成本（含运输）差异，而成本差异又取决于各国拥有的生产资源（要素禀赋）的相对丰饶程度。因此，贸易形式不取决于李嘉图所说比较成本，而是取决于资源禀赋差异。一国将输出相对廉价的商品，而进口相对昂贵的商品。若贸易国需求相同，贸易发生的唯一因素是成本差异，一国将输出需要使用大量其相对富有生产要素的产品，而进口要使用大量其相对稀少的要素的产品。

在上述论文启示下，1933年，瑞典经济学家俄林（Bertil Gotthard Ohlin，1899年～1979年）发表了《地区间贸易和国际贸易》一书，提出了一种国际贸易新理论，这就是资源禀赋说，即H-O模型。

俄林把生产要素禀赋观念嵌入由瓦尔拉斯首创、由卡赛尔加工发展的一般均衡价格体系中，建立了一个贸易形式和贸易条件的理论框架。俄林指出，贸易的首要条件是某些商品在某一地区生产要比在另一地区便宜。在每一个地区，出口品中包含着该地区比在其他地区拥有的较便宜的生产要素，而进口别的地区能较便宜地生产的商品。简而言之，进口那些含有较大比例生产要素昂贵的商品，而出口那些含有较大比例生产要素便宜的商品。可见，俄林的观点不同于李嘉图、约·穆勒甚至马歇尔，因为他们认为相互贸易的产品之所以在各国有不同成本和价格是由于劳动生产率差异，而俄林认为，即使生产力水平相等从而要素利用效率相同，也会产生供给价格的差异。这是因为，第一，各国要素禀赋不同，例如，一些发达国家资本多，而一些发展中国家劳力多，从而资本和劳动的价格在各国不一样；第二，各种产品生产上所需要的要素比例不同，有的产品是需要大量资本的资本密集型产品，而有的产品是需要大量劳动的劳动密集型产品。这样，有丰富资本的国家生产资本密集型产品，有丰富劳动的国家生产劳动密集型产品，价格都会比较便宜，然后相互交换，都会带来利益。这样，国际贸易就能使生产资源在世界范围内得到最优配置。尽管生产要素在各国间难以自由流动（尤其像土地、劳动力等）从而无法在世界范围内优化配置，但通过商品的国际流动，在一定程度上可弥补这一不足，使要素的利用比在闭关自守状态下得到更好利用，各国会得到更多产品，各国的要素价格也会因此提高。

二、国际贸易理论的新发展

H-O模型建立后，很快为西方经济学界接受，认为资本相对富裕的国家必然会出口资本密集型产品，进口劳动密集型产品，但美国经济学家里昂惕夫（Wassily W. Leontief，1906年~1999年）运用他的投入产出方法对俄林理论检验的结果却让人们大为吃惊。根据他的计算。作为资本丰富和劳动昂贵的美国，1947和1951这两年内出口的竟然是劳动密集型产品，而进口的却是资本密集型产品。资源禀赋理论和验证结果之间的矛盾被称为"里昂惕夫之谜"。围绕这个谜，经济学家们进行了许多研究，提出了不少新理论来补充俄林理论，并提出了一些俄林不能解释的国际贸易新理论。

一是人力资本理论。里昂惕夫自己认为，上述谜一样的现象可能是由于美国工人效率和技巧比其他国家要高几倍，因而会以劳动密集型产品交换其他国家的资本密集型产品，而美国劳动效率之所以高于其他国家是因为美国管理水平较高，工人所受教育和培训较好以及进取精神较强。与此观点近似的是人力资本和人力技能理论。英国经济学家基辛（Donald B. Kesing，1933年~　年）根据对人力结构的了解，利用美国1960年人口普查资料，对美国出口产品和进口产品所使用的熟练和非熟练劳动比例作分析，得出了美国出口产品所使用的主要是熟练劳动，而进口产品所使用的主要是非熟练劳动，还计算出资本密集型国家趋向于出口技能密集型产品，而比较贫穷的国家则出口非熟练劳动密集型产品。如果把人的技能看成是人力资本，并引进 H-O 模型，则人力资本技能理论可看作是俄林理论的进一步扩展，从而可解释里昂惕夫之谜，说明美国出口的不是劳动密集型产品，而是人力资本密集型产品。

二是规模经济理论。H-O 模型对分析不同国家不同行业之间商品贸易似乎很合理，例如土地和劳动力成本较低的国家在农产品生产上有优势，而那些资本丰裕的国家生产工业制成品具有优势。然而对于同一行业内部同类产品内的贸易又如何解释？对此，经济学家们又提出了一些新理论。规模经济理论是其中之一。

规模经济理论指在一些垄断竞争行业，规模经济限制了行业只能生产有限种类产品，而无法生产所有种类产品，因为要生产所有种类产品，每一种产品的生产就只能是小规模的，因而成本会比较高。为追求规模经济，各国都只能选择条件较好、相对说来有成本优势的有限种类产品生产并出口，而不生产的那些种类产品可依靠进口获得。澳大利亚经济学家肯普（M. C. Kemp 1926年~　年）就是这种理论的代表人物之一。

三是偏好相似理论。按 H-O 模型，生产要素禀赋差别越大，发生贸易的机会就越多，贸易量也应当越大。因此大量国际贸易应是工业发达、资本存量丰富的国家和土地或劳动资源丰富的非工业国家之间的以工业品交换初级产品的贸易，要素禀赋情况越相似的国家，相互之间的贸易量会越小。但统计数字显示，工业发达国家间贸易量远远超过工业发达国家和非工业国家之间的贸易量。如何认识这一现象，瑞典经济学家林德尔（Staffan Burenstam Linder，1931 年～2000 年）在他的《论贸易和转变》一书中提出了一种偏好相似理论来说明这一点。其基本论点是，产品出口的可能性决定于它的国内需求，一种工业品要成为潜在出口产品首先必须是一种在本国消费或投资生产的产品。这是因为，企业家对国外市场不可能像对国内市场那样熟悉。一种产品只有先有国内需求才会考虑出口，尤其对新产品来说，国内市场更是必需，因此，出口的工业品不论是消费品还是资本品都必须先有国内市场，才能取得相对优势。只有国内需要的产品才会是具有最大相对优势的产品。于是，两个国家的需求结构越相似，这两个国家之间的贸易量会越大，而影响一国需求结构的最主要因素是平均收入水平。按人口平均收入水平越接近，对消费品和投资品的需求就越类似。因此，人均收入水平相同的国家之间的贸易范围可能最大。这就可以说明为什么工业国家之间的贸易量会远超过工业国家和非工业国家之间的贸易量。

第六节　制度学派

一、凡勃伦的制度经济理论

边际革命以来，新古典经济学成为主流，但是同时也产生了一些非主流学派。美国制度学派就是其中之一。美国制度学派的创始人托尔斯坦·凡勃伦（Thorstien Bunde Veblen，1857 年～1929 年）曾在芝加哥大学、斯坦福大学和密苏里大学任教，主要著作有《有闲阶级论》（1899 年）、《企业论》（1940 年）、《科学在现代文明中的地位》（1919 年）、《工程师和价格制度》（1921 年）、《不在所有权与近代企业》（1923 年）等。他的教学生涯并不如意，但他始创的制度学派对资本主义和传统经济学所持有的批判态度，却在西方经济学界独树一帜，别开生面。

凡勃伦承袭了德国历史学派和英国历史主义者一些传统，以社会达尔文主义的进化论为武器，否定了古典学派关于资本主义经济制度是符合"自然秩序"的正常的、稳定的观点，认为社会经济发展和生物发展一样，也是一个历史发展过程，因而不应当把寻求不变的自然规律作为研究目的。他主张以"历史起源方法"来研究各种经济制度的产生、发展及其作用，说明这些制度的作用同相应的社会经济之间的关系，并用来考察当前社会经济及其发展趋势。这样，凡勃伦及其追随者取得了"制度学派"的称号。

凡勃伦坚决不同意传统的经济学以边沁的"苦乐主义"心理学为基础，把人看作是"快乐和痛苦的计算者"，认为人们的经济行为要受社会的、心理的多种因素的影响，不仅受到"趋利避害"原则支配。因此，传统经济学家把经济人总要极大地追求自己利益这一基本原则当作研究经济学的基本假定和方法是不正确的。他反对传统经济学家根据"抽象法"进行理论研究，而主张研究制度演进。按他的说法，制度是"广泛存在的社会习惯"，经济制度是人类利用天然环境以满足自己生存需要所形成的"社会习惯"，包括私有财产、价格、市场、货币、竞争、企业、政治机构、法律、谋利行为等，既有经济的、政治的和法律的因素，也有风俗习惯和思维方法等因素。

对于制度的起源和演变，凡勃伦用心理学和进化论加以分析，认为社会结构的发展变化，实际上是制度的一个自然淘汰过程。各种制度既然是广泛存在的社会习惯，而社会的思想和习惯又是受人的本能支配的，因而制度归根结底受本能支配。他提出，人类主要有两种本能：一是虚荣的本能，把增加和积累财富看作是为了显示自己的地位；一是作业本能，这是一种改进技艺的本能。与此相适应，人类社会经济生活中存在两种主要制度：一是生产技术制度，它以作业本能为基础；一是私有财产制度，它以虚荣本能为基础。在社会发展的不同阶段，这两种制度各有其具体表现形式。在现代社会中，生产技术制度表现为"机械操作"，即运用技术进行机器生产，私有财产制度表现为"企业经营"，即为获取利润的企业主制度。与此相适应，资本主义社会存在两个阶级，一个是由工程师、发明家、科学家等组成的技术管理人员阶级，另一个是由董事、经理和商业推销员等组成的企业家阶级。这两种人生活习惯和思想道德观念都不相同。技术管理人员受机器生产训练，有实事求是精神，要求变革现状，而企业家只知道赚钱，唯利是图，因循守旧，阻挠社会改革。这样就形成"机械操作"和"企业经营"之间的矛盾。

凡勃伦认为，"机械操作"和"企业经营"之间的日益尖锐的矛盾，是资本主义社会产生种种弊端的根本原因。产业革命以后，"机械操作"的地位在生产过程中越来越重要。社会生产力迅猛发展，"工程师"（即技术管理人员）成了社会经济生活的主宰，然而，财产所有权却属于企业家。"机械操作"的目的是无限制的商品生产，但企业经营目的不是商品的最大量生产，而是企业利润的最大限度的追求。在企业家那里，搞生产不是为了生产物质财富来满足社会需要，而是为了赚钱。赢利成了测量企业效率高低的惟一标准。在企业家领导下，"机械操作"过程不能有效进行生产，而必须服从企业主赚钱目的。因此，"机械操作"虽然操纵着人类福利，但"机械操作"过程本身又要受"企业经营"过程支配。

"机械操作"和"企业经营"之间的矛盾和对立给整个社会经济带来了严重后果。例如，企业主为了获取最大利润，普遍建立了垄断制度，操纵市场。企业之间的激烈竞争又使得资本主义经济陷入不稳定甚至萧条境地。企业主为了赚取利润，常常故意减少生产数量，维持较高价格，而把大量资本消耗在非生产性用途上，生产出来的产品也随意挥霍浪费。凡此种种都严重损害了广大消费者利益，导致社会不稳定。凡勃伦还专门抨击了企业主为推销产品而竞相发展广告业的做法，不仅耗费了巨额资财，还使广大消费者受骗上当，这是一种公害。

怎样解决这些矛盾和弊病？凡勃伦认为，"机械操作"和"企业经营"的矛盾是在进化过程中产生的，也会随社会的不断进化而得到解决。管理人员与企业主这两种人之间的激烈斗争，最后必然以技术管理人员一方获胜而告终，因为随着工业的发展，技术管理人员的地位和作用会大大提高，而企业主阶级的统治权则日益削弱直到被取消。这样，在工程师们的发难和领导下，进行社会变革，到一定时候，资本主义制度就可完善，现存种种弊端就能消灭。凡勃伦还提出了"改革"资本主义制度的具体方案，主张技术管理人员应组成"技术人员委员会"掌握经济的控制权，逐步取代"企业经营"进行统治。

凡勃伦关于"机械操作"和"企业经营"矛盾的分析，在一定程度上揭示了资本主义大生产和资本主义私有制之间的矛盾，并主张对这种不合理的社会制度结构进行改革，这显然有别于一味抹杀现有社会经济矛盾的传统的、流行的西方经济学，因而难以为占统治地位的主流经济学所认同，始终只能处于一种非主流的"异端"地位。但凡勃伦强调制度分析的传统以及主张对社会结构进行改革的主张，后来却不断有人响应，尤其在以加尔布雷斯为首的新制度学派那里得到发扬光大。

二、康蒙斯和密契尔

美国早期制度主义还有两个代表人物：康蒙斯和密契尔。康蒙斯（John Rogers Commons，1862 年～1945 年）生于俄亥俄州，早年曾在奥伯林学院学习经济学。毕业后先后在几个大学任教，还曾任美国国家经济研究局董事和美国经济学会会长。他偏重于研究法律在经济生活中作用，一生写下大量劳工问题和制度经济学的论著。主要有《美国工业社会的文献史》（1910 年）、《美国劳工史》（合著，1918 年）、《资本主义的法制基础》（1924 年）、《制度经济学》（1934 年）、《集体行动经济学》（遗著，1950 年）等。

康蒙斯虽然也是制度主义者（严格来说"制度经济学"一词首先由他提出），但与凡勃伦有所区别的是，他偏重于研究法律制度对经济生活的作用。凡勃伦把制度说成是"广泛存在的社会习惯"，而他把制度说成是控制个体行动的集体行动。集体行动的种类和范围，从无组织的风俗习惯到有组织的机构，如家庭、公司、行会、法院、工会、银行等都在其内，其中，特别重要的是垄断大公司、政党和工会，这些具有强大力量的利益集团控制了一切个人的活动，支配了整个社会生活。由于个体行动受到控制，个体行动就遵循一定规范，个体活动也免受强迫、威胁和歧视。20世纪已是集体行动时代，集体行动已成了社会生活的普遍现象，因此，制度经济学要以集体行动作为研究对象。

制度经济学以集体行动为研究对象之所以要特别注意法律制度的研究，康蒙斯的解释是，资本主义制度是一种交易的制度，这里的制度包括三类：一是买卖交易，这是在法制的平等者间，按交易双方意志而转移财富所有权，比方说我买了你的货物，这货物的所有权就归我了，而我你之间在法律上完全是平等的；二是管理交易，这是在法制优位者命令下创造财富的交易活动，例如工厂经理与员工的关系，警官与市民的关系等，都是上司与下属间的管理与被管理者的关系；三是配给交易，这是根据法律优位者的指令分配财富利益的交易活动，例如，公司分配股息，公会收集会费等。这些交易活动中都有法律问题，都是人与人的关系，而传统经济学只讨论买卖交易中的物品交换问题，实际上，经济学应当研究三种交易中的人与人的关系。在资本主义社会的交易关系中，人与人之间，尤其是众多的社会利益集团之间，广泛存在着利益冲突，而冲突各方又相互依存，这种相互冲突和相互依存的关系在交易过程中必须协调。这种协调主要通过经济的、法律和伦理的三种方式。其中法律的作用特别要强调，现代资本主义制度本质上是一种法律制度，法院在解决人与人之间利益冲突过程中是最有权威的机构。

康蒙斯还认为，现代资本主义社会已进入所谓新工业秩序（new industrial order）阶段，这个阶段可称为"银行家资本主义"。这个阶段一个重要特点就是在工业中，小规模竞争被大公司垄断所取代，形成许多利益集团，还带来了一系列经济问题，例如，大公司不以增进效率、扩大生产和就业来创造利润，而以减产和提高价格来提高利润，经济出现波动，社会不能维持充分就业等。这些问题仅靠市场机制难以解决，还要靠政府行政干预，靠立法和司法的作用。康蒙斯在有关劳工、公用事业及赋税等问题的研究中，一再强调集体行动在管制个人经济行为方面的重要性，认为要矫正私人企业制度的缺点，就需要集体行动，银行资本主义社会中许多问题只有在政府倡导下通过集体行动才会解决。显然，这些看法为国家干预主义开了头，并且由于他强调法制的作用，因此，也有人把凡勃伦称为制度主义中的心理学派，而把康蒙斯称为制度主义中的法律学派。

威斯利·密契尔（Wesley Clair Mitchell，1874年～1948年）是美国早期制度学派的又一代表人物，是凡勃伦的学生，曾在几个大学任教。他毕生致力于经济循环的理论及实证的研究，尤其重视环境变动对经济活动的影响。因此，他的制度经济学的特点是把制度研究与经济周期的分析结合一起，研究方法上的特点是注重系统地收集、分析经济统计资料以进行实证分析。他还在1920年创立了全国经济研究局，主持该局研究25年之久。他的著作也甚丰，大都围绕经济循环问题的研究。

按密契尔看法，传统的（正统的）经济学把经济均衡当作常态，而经济循环的每一个阶段都是常态的暂时脱离从而总会自动回归均衡的观点是不正确的，实际上，失衡才是常态，经济波动是正常现象，经济总是从一个循环阶段发展为另一个循环阶段，每个循环阶段都会经历复苏、繁荣、衰退与萧条这种有规律的过程。这种循环是货币经济社会特有现象。在货币经济中，大部分居民都靠赚取和花费货币收入来生活，于是就特别重视利润的变动。这种利润是一种预期利润。利润是价格和成本的差额，价格和成本都是在市场上发生的，因此预期利润会受各个时期市场心理变动的影响。正因为如此，经济循环就是一个萧条孕育着繁荣，繁荣孕育着萧条的累积过程。

为什么萧条孕育着繁荣？密契尔指出，萧条发展到某一阶段，厂商会发现成本已下降（因物价下落），商店存货已减少，诸多债务已清偿，利率已降低，银行超额准备金的积累使信用扩张有了条件，效率较低的厂商已被淘汰，新工艺可供采用，衰退时往后拖的消费需求和生产资料需求都已处于不能再拖延的地步，这样，厂商就会作出利润回升的判断，因而就会增加生产和投资，经济就自动复苏。这种复苏会累积而发展成繁荣。

随着繁荣的到来，低效率设备也开始利用，劳动生产率上升速度放慢，工资开始上升，原材料涨价比制成品涨价快，利率开始上升。这些都使成本提高，厂商开始产生利润下降的预期。这就孕育了危机。密契尔用实际统计资料支持这些理论。他对商业循环作了大量实证研究，搜索了许多经验材料，运用数理统计方法，建立模型，用来解释经济波动。他的经济周期理论，相当程度上反映了资本主义经济周期性波动的实际，因而在经济周期理论史上很有影响。

三、制度主义从早期到现代的过渡

代表美国制度主义从早期到现代过渡的是专门分析市场经济发展过程中制度变迁尤其是企业制度变迁的几部重要的有影响的著作。这些著作中的一些重要观点，至今仍有很大影响。

第一部是由贝利（Adolf Augustus Berle，1895年～1971年）与米恩斯（Gardiner Coit Means，1896年～1988年）所著《现代股份公司与私有财产》（1933年）。作者通过对200家巨型公司（金融机构不在内）实证研究，在这部著作中分三篇对股份公司的控制形式、治理结构和证券市场上财产状况加以分析研究，并得出几点结论：①大型股份公司的发展已使股票高度分散；②作为公司法律上的所有者的股东，大多数已失掉对公司的支配权；③几乎没有股份的管理者取得了公司的实际性控制权。总之，所有权和管理权已经分离。

第二部是由白恩汉（James Burnham，1905年～1987年）所著《经理革命》（1941年）。此书发展了贝利和米恩斯观点，提出了管理者是实际上的所有者的观点，因为所谓所有权最重要的是指有权接近生产手段并有权在分配产品时得到优先待遇，公司的管理者（即"经理阶级"）正是得到了这两种权力，而大多数股票持有人很少有接近生产手段的管理权，因此所有权有着非常次要的性质。这种权力转移的情况可称"经济革命"，通过这种变革，社会的统治阶级已由过去的资本家变成了现代的企业管理者。

第三部是艾尔斯（Clarence Edwin Ayres，1891年～1972年）所著《经济进步理论》（1944年）。此书提出了一套以凡勃伦制度经济理论为基础而又有所发展的"经济进步理论"，认为技术创新在资本主义的各种制度的建立方面起了决定性作用，工业革命为工业在现代生活中建立了至高无上的地位的同时，也使工业领袖们成为有权力的人。随着现代公司的兴起，技术的迅猛发展，"经理阶级"权力增大了，人的"价值"被忽视了。他认为，不能再把经济进步的目标限定为产量的增长，把经济学任务局限于研究技术进步所引起的资本和财富的增长。为了确定经济发展的正确方向，应当把平等与收入分配作为经济研究的重要课题。

上述这些制度经济学者，进一步发展了早期制度主义经济学。尽管在美国经济学界，制度主义始终未占主流地位，但影响一直存在。到20世纪60年代末，70年代初，随着美国经济"滞胀"等问题的严重，凯恩斯主义逐渐衰落，以美国经济学家加尔布雷斯（J.K.Calbraith 1908年～　年）为首的一些经济学家在凡勃伦传统基础上，又把制度经济学发展到了一个新阶段。

■ 第七节　新古典厂商理论的挑战与修正

一、最大化模型面临的挑战

新古典厂商理论中利润最大化模型的建立，需要一系列前提，而这些前提往往和现实世界的真实情况有较大差距。例如，利润最大化模型中，企业是所有者与经营者合二为一的业主型企业时，不存在经理（经营者）与股东（企业所有者）利益与行为目标不一致，这显然与现代企业制度的实际情况不符。再如，这一模型还要假定，经济生活中信息是完全的、对称的，企业对市场的需求情况是确知的，对成本情况（包括对所需生产要素的供求和价格变动情况）也是明白无误的，因而完全能随时做出自己产品的边际成本和边际收益的估计和计算。这显然又与瞬息万变的市场情况不可能及时确知的实际情况不符。实际上，经济生活充满不确定性，信息从来就不是完全的、对称的，从而使及时正确计算边际成本和边际收益成为一件十分困难的事。又如，最大化模型还假定，生产函数和成本函数概括了全部企业内容，企业内部的组织活动具有充分的效率，投入品的边际产品价值只是投入品数量的函数，投入产出间存在确定的单一关系。可是，实际情况并非如此，企业家和职工的才能和积极性对企业生产经营效率有很大影响，而这些在生产函数和成本函数中都难以包括进来。

正因为这样，新古典厂商理论问世后不久，就有不少经济学家，从理论和实践两个方面对最大化模型提出了质疑和挑战。

按边际成本等于边际收益原则获取最大利润以决定产量和价格的新古典厂商理论最先遇到的挑战来自实践方面。英国经济学家霍尔（Robert L. Hall）和希契（Charles J. Hitch，1910 年～1995 年）在 1939 年《牛津经济学文献》上发表了一个"牛津经济研究组"通过实地调查得到的报告，指出所调查的 38 家厂商中有 30 家的价格决定或多或少是根据"完全成本"（＝直接成本＋间接成本＋可容许的利润），而不是根据边际收益＝边际成本。他们还列举了厂商之所以要这样做的最主要的理由是厂商考虑的是长期利润而非眼前利润，另外从技术上看，厂商也不清楚消费者的偏好，无法了解消费者对他们产品的需求曲线，从而无从知道边际收益曲线，而且即使知道需求曲线和边际收益曲线，厂商也不宜按边际分析经常调整产品的价格。

另一次来自实践的挑战是美国莱斯特（Richard A. Lester，1908 年～1997 年）于 1946 年 3 月在《美国经济评论》上发表的《工资——就业问题上边际分析的缺点》一文，他公布了他于 1945 年 6 月对美国南部 58 家厂商调查的结果，结果显示，企业在决定就业量时，市场需求远比工资率来得重要，而对工资和工资变动并不敏感，这同新古典厂商理论认为就业量决定于工人边际生产力和工资率相等的看法也大相径庭。

厂商关于产量和定价决策的利润最大化原则在理论上也受到不断挑战。这主要沿着企业经营权与所有权相分离的现实与利润最大化原则之间的矛盾这一方向展开。根据现代企业中所有权与经营权分离已日益成为普遍的客观现实的情况，许多经济学家明确指出，新古典厂商理论关于利润最大化模型适用于所有权与经营权合二为一的业主型企业，不一定适用于现代股份制企业。针对现代企业制度的现实情况，他们提出了多种企业经营目标的理论，主要有：

（1）销售总收益最大化模型。美国经济学家威廉·鲍莫尔（William J. Baumol，1922 年～　年）在 1959 年发表的《商业行为、价值与增长》一书中提出，典型的寡头垄断厂商的目标，是在获取某一"最低"限度利润水平的约束下，实现销售量（总收益）最大化。这不仅由于销售量和经理的薪金有正相关关系，而且因为销售量下降，意味着丧失顾客，丧失在资本市场的融资能力，丧失分销商和更多繁复的行业关系。因此，当利润和销售量发生冲突时，企业家几乎总是优先考虑增加销售量。

（2）增长最大化模型。英国经济学家彭罗斯（Edith T. Penrose，1914 年～1996 年）于 1959 年在《企业增长理论》一文和马里斯（Robin L. Marris，1924 年～　年）于 1964 年在《经理型资本主义经济理论》一文中提出了差不多共同的理论，认为厂商经理们的目标可被假定为是追求"增长的最大化"。这种"增长的最大化"可满足他们追求权力和威望的要求，此外，较高的增长率与较高的薪金也是紧密相关的。

（3）效用最大化模型。这是威廉姆森（Oliver E. Williamson，1932 年～　年）于 1964 年在《自由支配行为经济学：厂商理论中的管理目标》中提出的一个非利润最大化模型。在这一模型中，经理们管理企业的目的是使他们自己的效用最大化，而经理们的效用又是"职工人数、报酬和可自由处置的利润"的函数。比如职工人数的增加实质上意味着经理权力的扩大，增加了经理对企业各种资源的控制权。另外，经理对办公费用，管理费用的支配也能体现其声望、地位。这些开支包括能报销的交际费用、办公室的装饰及专用轿车等。这些消费会增加经理阶层的效用，但无助于企业的经营效率和生产效率的提高。

上面所讲的鲍莫尔的销售量最大化模式、马里斯的增长最大化模式和威廉姆森的效用最大化模式，从管理者角度看都可以归入管理者企业论这一类模式。这类企业论以管理者权力至上为依据，认为现代化大企业中所有权与经营权分离意味着是管理者作决策，因而企业经营目标是使管理效益最大化，而不是股东利润最大化。

向传统厂商理论的利润最大化模式作批评和挑战的，除了上述管理者企业论，还有一类被称为行为派企业论。著名的行为派企业论有西蒙的满意化理论和塞尔特与马奇的企业联合体理论。

二、行为派企业论与非最大化理论

赫伯特·A. 西蒙（Herbert A. Simon，1916 年～2001 年）从怀疑个人理性这一角度对新古典的最大化厂商理论提出了质疑和否定。众所周知，新古典厂商模型假设决策者具有完全的理性和全部可供选择的机会，完备的知识，并且他们能完全预料到所作选择（决策）的结果。这套最大化理论看起来十分完美精巧，可惜它由于完全理性，因而这套理论同现实生活有血肉之躯的人的真实行为没有多大关系。

西蒙认为，具有血肉之躯的人的真实行为，不可能建立在完全理性基础上，而只能建立在"有限理性"基础上。有限理性论认为，人们在做决策时，并非事先收集掌握了全部所需要的信息和所有备选的方案，也并非知道所有方案的可能后果，从而按"效用函数"或"优先顺序"作选择。相反，决策人所知道的只是有限的信息，有限的选择方案和对不完全方案的可能后果的有限预测。在现实生活中，决策者由于受所处的环境的限制，不可能找到一切方案，也不可能比较一切方案，即事实上人们不具备求得"最优化"的条件和能力，只能尽力做出"令人满意"的决策，因此，新古典理论的最大化要求作为一种终极目标并不现实，只会给决策者加上沉重的负担，造成决策无法及时有效地做出。在现实经济活动中，我们只能把理性视作一种渐进的适应性，寻找令人满意的结果。对于厂商来说，判断满意程度的指标，包括市场占有率、适量利润和公平价格等等。只要在这些方面决策者的行为能取得令人满意的结果就是一种有限理性的行为。

在西蒙的有限理性论基础上，美国经济学家塞尔特（Richard M. Cyert，1921年～　年）和马奇（James G. March，1928年～　年）进一步深化和发展了西蒙的理论，形成了较完整的行为派企业论。按照这种理论，企业行为的次优化的产生，在于经济环境的不确定性以及企业中不同集团的目标冲突。这种理论认为，厂商实际上是不同群体通过各种组织形式结合而成的联合体，其中，股东、经理和员工是最重要的三个主体，这三者的关系直接影响着企业的兴衰。在这里，厂商既是个体成员的结合，又是各种部门组织的结合，这样厂商的一个成员或群体的目标与厂商整体目标就有可能发生冲突。由于利己心的存在，在产生利益冲突的情况下，大家都会认为自己的目标最紧要也最合理，因此只有通过各群体之间的博弈和协调来解决这些问题。在这样情况下，管理层只能确定一个合理的厂商目标，并尽可能使之与各群体目标的冲突最小化。

该理论中的厂商目标只以满意为准绳，不遵循最大化假设，从而超越了新古典经济学范式。有限理性和令人满意的两大原则决定了厂商根据确定的目标努力实现一种适度、合理、长远的利润。显然，这样的理论更加贴近实际。马奇认为传统的新古典厂商理论关于企业家对信息的搜寻和处理成本极低并在此基础上可以有充分的机会比较鉴别所有可能的行动达到利润最大化的假定并不现实，实际上现代企业的最高管理层缺乏有效准确的信息来源，也不具备足够强大的计算能力。因此他们只是在一部分方案中进行筛选，找出其中最好的一个，这正是西蒙有限理性学说的应用。厂商的整体目标与各种利益群体目标相矛盾时，冲突就极有可能爆发。但实际情况说明大多数企业一般而言还是有较好的稳定性的，因为各群体与厂商事先签署的合同或契约限制了各方自由行动的可选择性，而且厂商通过一套规范的管理组织制度在各群体之间可以做出明确的安排，另外，不论是厂商还是各个群体，都可以预期到发生冲突所产生的巨大代价，因此整个组织的在一定时期的相对稳定性还是可以保持的。

塞尔特和马奇的厂商理论还特别注意到现代企业中最高管理层的一些卓越的管理技术，即通过货币支出、附属支出、酬劳支出、顺序考虑需求和分散决策等手段来消除化解冲突。在这里，他们的理论中一个突出思想是，没有也不可能把股东利润最大化作为企业经营管理的核心宗旨，这就表现出与传统的利润最大化模式的背离。

三、X 效率理论

X 效率通常也称 X（低）效率。X（低）效率效率是和市场配置（低）效率相对应的一个概念，而市场配置效率是指市场配置资源的效率，即社会经济资源经过市场价格机制配置到各个经济部门的效率。

众所周知，新古典理论实际上是假定企业内部总是有效率的，排除了企业内部出现低效率的可能性，从而经济学只要关注稀缺资源在各种竞争性用途之间的配置问题。于是，经济学变成了一门专门研究配置效率（allocation efficiency）的科学。然而，20 世纪 30 年代以来越来越多的资料表明，企业并不总是内部有效率的，非配置效率不仅存在，非常重要，而且重要性还远远超过了配置效率。传统新古典经济理论与实际存在的非配置低效率或者说企业内部低效率现象间的不一致，标志着传统新古典理论陷入了危机。为此，而以莱本斯坦（Harvey Leibenstein，1922 年～1994 年）为代表的一部分经济学家构造了一种以 X（低）效率概念为核心的新理论来解释非配置低效率现象，这就是作为新古典理论对立物出现的 X 效率理论。

非配置（低）效率之所以称 X（低）效率？是因为在 X（低）效率一词中，X 代表来源不明的非配置（低）效率。莱本斯坦有一系列论文和著作阐述 X 效率理论。这种理论中所讲的效率，不是帕累托最优意义上的效率（这种意义上的效率是市场配置资源的效率），而是指由于企业内部成员的动机和行为带来的"组织效率"。莱本斯坦认为，传统经济学把家庭和企业当作基本决策实体或行为人，是追求目标函数最大化的理性经济人，而实际上基本决策实体和行为人是构成家庭和企业的个人。但传统微观经济学把针对个人行为的假设简单套用于家庭和企业，这是不对的。X 效率理论的任务，是通过对作为基本决策单位的个人的行为考察，来分析和研究由个人组成的家庭、企业乃至整个国民经济的活动。X 效率理论把作为基本决策单位的个人行为作为研究对象，提出了一整套理论。

第一，由于经济活动的基本决策者并不是企业而是个人，是企业家个人和每个雇员，他们才有心理活动、思想感情、行为目标、经济利益以及行为和决策的能力，而劳动合同又总是不完全的，在委托人和代理人（股东和经理，企业主和员工间的关系都是委托人和代理人关系）目标和利益不一致的情况下，代理人的努力水平有可能背离委托人的行为目标，他们肯作多大努力，具有相当自由的决定权，这意味着决定生产率的所有因素并不都由企业控制，而是一部分由企业控制，另一部分由雇员控制，企业生产率水平最终取决于雇主和雇员间的决策博弈。因此，认为企业内部总是有效率的新古典假设和前提是不成立的。

第二，既然企业实际生产率在由雇主和雇员之间进行策略博弈过程中被决定，而由于双方都有各种策略可供选择，在一般情况下，双方都不可能按符合自己利益最大化的原则来办，而只会按习惯或常规行事。这种常规努力水平决定的产出水平与利润最大化产出水平之间存在一定差距，X 低效率的程度可由这一差距的大小来表示，就是说，由于 X 低效率的存在，企业实际产出与最大化产出之间，实际成本与最小化成本之间，都存在一定差距。因此，新古典厂商理论当作是单纯由生成函数和成本函数决定的投入和产出关系的理论是不真实的、不正确的。

第三，不仅企业生产并不是由生产函数和成本函数决定的单纯的投入产出关系，而且由于企业不可能完全真实地了解产品的需求曲线和需求价格弹性（因为信息不完全），因而缺乏边际收益方面信息，从而使企业根本难于如新古典经济学认为的那样按边际成本等于边际收益的原则来确定产量和价格。实际上，企业多半是按完全成本即成本加成定价法则行事的。企业在经营活动中，只要产品价格和成本维持在某个界限内，企业在投入的使用、产品价格的决定以及产出数量的安排等各方面，通常是按常规行动的。

复习思考题

1. 门格尔怎样说明商品价值的性质和价值的决定？

2. 略述维塞尔的要素收益自然归属论。

3. 评述庞巴维克的边际对偶论和时差利息论。

4. 杰文斯怎样用数学公式表述最后效用程度价值论？怎样用数学公式说明两种商品交换比例和劳动者最佳劳动时间决定？

5. 略述瓦尔拉斯的一般均衡理论在经济学说史上的重大影响。

6. 略述帕累托的经济学贡献。"帕雷托最适度"的含义是什么？

7. 为什么马歇尔的经济学说可称新古典经济学？

8. 马歇尔怎样把边际效用递减律转变为需求规律？

9. 略述马歇尔的均衡价格论和分配论。

10. 略述约·贝·克拉克的边际生产力论的分配理论，这套分配论在西方经济学发展史上有何影响？

11. 庇古怎样说明资源优化配置会影响国民收入总量？

12. 庇古怎样说明国民收入分配会影响社会经济福利？

13. 张伯伦怎样说明产品差别和垄断竞争的关系？

14. 略述张伯伦的短期厂商均衡和长期厂商均衡概念。

15. 希克斯怎样补充和发展了马歇尔的消费需求理论？

16. H-O 模型怎样发展李嘉图的比较优势理论？

17. 什么是早期制度主义的"凡勃伦传统"？凡勃伦怎样说明资本主义社会矛盾？

18. 康蒙斯和密契尔对资本主义经济制度的分析各有什么特点？

19. 贝利和米恩斯从对美国经济制度变迁分析中怎样得出所有权和经营管理权相分离的重要结论？

20. 简述新古典厂商理论在 20 世纪 30 年代后期起受到的挑战情况。

21. 略述补充和发展新古典利润最大化理论的几个主要模型。

22. "有限理性"理论怎样质疑新古典理论中的"理性"学说？

23. 为什么说 X 效率理论是作为对新古典理论的对立物出现的？

参 考 文 献

俄林. 1986. 地区间贸易和国际贸易. 王继祖译. 北京：商务印书馆

凡勃伦. 1964. 有闲阶级论. 蔡受百译. 北京：商务印书馆

菲希尔（费雪）. 1959. 利息理论. 陈彪如译. 上海：上海人民出版社

杰文斯. 1984. 政治经济学原理. 北京：商务印书馆

康蒙斯. 1962. 制度经济学. 于树生译. 北京：商务印书馆

李特尔. 1980. 福利经济学评述. 陈彪如译. 北京：商务印书馆

刘小怡. 1998. X 效率一般理论. 武汉：武汉出版社

马歇尔. 1981. 经济学原理. 北京：商务印书馆

门格尔. 1957. 国民经济学原理. 刘絜敖译. 上海：上海人民出版社

庞巴维克. 1964. 资本实证论. 陈端译. 北京：商务印书馆

琼·罗宾逊. 1961. 不完全竞争理论. 陈良译. 北京：商务印书馆

宋承先. 1988. 西方经济学名著提要. 南昌：江西人民出版社

维塞尔. 1984. 自然价值. 陈国庆译. 北京：商务印书馆

西蒙. 1988. 管理行为. 詹正茂译. 北京：北京经济学院出版社

希克斯. 1972. 价值与资本. 薛蕃康译. 北京：商务印书馆

晏智杰. 1987. 经济学中的边际主义. 北京：北京大学出版社

约·贝·克拉克. 1983. 财富的分配. 北京：商务印书馆

张伯伦. 1958. 垄断竞争理论. 北京：三联书店

张培刚. 1997. 微观经济学的产生和发展. 长沙：湖南人民出版社

张卫东. 2002. 现代企业理论. 长沙：湖北人民出版社

第四章

凯恩斯主义经济学

1936 年，英国经济学家约翰·梅纳德·凯恩斯（John Maynard Keynes，1883 年～1946 年）的《就业、利息和货币通论》（以下简称为《通论》）出版，是西方经济学发展史上一件"革命"性的大事，标志着现代西方宏观经济学的产生，并引来许多追随者，形成了凯恩斯主义经济学派。

■ 第一节　凯恩斯经济学

一、凯恩斯革命

直到 20 世纪 30 年代以前，在传统的新古典经济学体系中，资本主义制度仍然像古典经济学家那样被看成是充满自由竞争，能自动调节的市场经济制度。在产品市场上，价格机制可以自动调节商品供求关系，不会有普遍性生产过剩；在劳动市场上，工资涨落的机制可以调节劳动力的供求关系，不会产生持久的大规模失业。在市场经济制度下，所有的人都是有理性的经济人，即都是怀着利己动机，能够计算得失，趋利避害地从事经济活动的人。各人所考虑的虽然是自己的利益，但是这种考虑会导致他选定最有利于社会的用途，结果是个人利益和社会利益趋于一致。因此，政府的最好政策就是自由放任，不必干预。

但是，1929 年～1933 年发生的世界性经济危机宣告了新古典主义经济学的破产，击毁了自由放任的神话。这次危机像一场战争浩劫，使整个西方世界一下陷入瘫痪境地：各主要资本主义国家的工业生产大幅度下降，贸易额锐减，物价惨跌，企业和银行大量倒闭，失业大军激增。1932年整个资本主义世界工业生产比1929年下降三分之一以上。面对这样的经济现实，新古典学派既不能在理论上给予解释，又无法在政策上提出有效的解决困境的措施。新古典经济学的理论和资本主义现实的矛盾现象，使得长期在剑桥大学受到新古典经济学熏陶的凯恩斯不得不对传统经济学产生怀疑并逐步挑战。1926年凯恩斯发表《自由放任主义的终结》一文，开始否定传统经济学的基本命题，开始倾向于由国家来调节经济，企图通过政权的力量，解决市场机制的缺陷。1929年整个西方世界经济正处于危机深渊之中，此时英国正进行大选，自由党领袖劳合·乔治提出举办公共工程以减少失业的竞选纲领。凯恩斯和韩德森（Hubert D. Henderson，1890年～1952年）立即合写了《劳合·乔治能做到吗？》一书，积极支持乔治的主张。

1933年凯恩斯在《繁荣的途径》一文中，应用他的学生卡恩（Richard F. Kahn，1905年～1989年）的乘数理论，估计公共工程支出扩大就业的可能水平。1933年底，在《纽约时报》发表的《致罗斯福总统的公开信》中，凯恩斯特别强调政府要通过举债方式将借款使用出去，以增加国民购买力的重要性。但这时凯恩斯的政策主张，还缺乏理论上的力量。《通论》出版，建立就业理论体系以后，他所提出的由西方国家政府通过赤字财政等政策干预经济的政策主张就从根本上得到了理论上的支撑。

《通论》不但为西方经济学界所接受，而且逐渐得到英美等国的官方认可。1944年英国提出了就业政策白皮书，后由工党政府通过。1946年美国会通过就业法案。这些法案以促进就业为目的，实质是通过立法把政府调节经济、干预经济的责任和权力固定下来。

《通论》是一本革命性的书，是凯恩斯自己首先作出的论断，也被西方经济学界广泛认可。《通论》之所以被认为具有革命性的影响，在于凯恩斯在这本著作中提出了不同于传统经济学的诸多观点和政策主张。

首先，在理论上，以凯恩斯定律否定了萨伊定律及由此决定的就业理论。萨伊定律指"供给本身会创造自己的需求"的原理，或如萨伊所说，生产是为了交换，一种产品生产出来就为另一些产品提供了需求或者说销路，因此，社会上不但不可能出现全面生产过剩，还能使资源达到最好利用状态，即充分就业水平。显然，如果社会是一个物物交换的经济，上述定律可以成立，但对一个高度发展的资本主义商品社会而言，上述理论是否仍有效，对此，新古典经济学家作出了完全肯定的回答，理由有以下三点。

（1）从劳动市场看，劳动就业量和实际工资率由劳动供求双方均衡决定。在均衡水平上，实际工资会等于劳动的负效用。一切愿意按劳动边际产品决定的工资就业的人员都会就业，只有那些嫌现行均衡工资水平太低而不肯就业者才会失业，这种失业是"自愿"的。此外，可能还有暂时因转换就业岗位之类原因造成的"摩擦性"失业。而这二者都和资本主义能经常保持充分就业的状态不矛盾。

（2）从资本市场看，通过利率的调节，储蓄总能转化为投资。储蓄代表资本供给，投资代表资本的需求，只要利率能随资本供求自由涨落，利率一定能调节到使储蓄等于投资，因为储蓄大于投资时，利率会跌，从而抑制储蓄，刺激投资；投资大于储蓄时，则相反。于是，储蓄一定能全部转化为投资，从而保证使收入大于消费的需求缺口正好由投资补足，不会产生生产过剩。

（3）从货币市场看，货币只是一种交换的媒介物，如果货币数量增加，其作用只是使商品价格和工资作同比例上升，并不会使产业、实际工资和就业人数等实际经济变量发生变化，就是说，货币是中性的，是实际经济变量上一层面纱。

这三点结论相互有联系，统一构成萨伊定律的另一种表达方式。结论是，产品的销路总的来说不会发生问题，至多只会有个别商品的供求失调，但通过自由竞争，这种失调会最终消失，普遍的生产过剩危机不会发生。然而，凯恩斯通过提出有效需求不足理论，表述了与萨伊定律截然不同的观点：不是供给本身会创造需求，而是有效需求决定了产出和就业，这就是凯恩斯定律。在凯恩斯的有效需求理论中，上述传统理论中一些结论都被否定。一是在资本主义劳动市场上，除了自愿失业和摩擦失业，还有因有效需求不足而造成的非自愿失业；二是在资本市场上，利率不是由储蓄和投资来决定，而是由货币供求决定。任何计划投资和计划储蓄的不平衡只会导致产量或收入的调整，而不是利率调整；货币也不是中性的，在非充分就业情况下，货币数量变动会通过利率影响投资和产出，这样，就抛弃了货币数量说。凯恩斯提出，充分就业不是资本主义的"常态"，由有效需求不足造成的非充分就业才是"常态"，他的就业论、利息论和货币论才是能说明资本主义经济一般情况的理论，这就是他把自己这本代表作定名为"通论"的理由。

其次，在方法论上，凯恩斯回到了重商主义研究的宏观经济问题，开创了宏观经济的总量分析方法。在新古典学派看来，市场经济体系可以自行调节，整个经济运行不会发生严重失调，因此只要关心单个厂商和个别消费者的行为，以及单个商品市场和生产要素市场的交换过程及其相对价格的决定。而凯恩斯认为市场机制本身存在许多缺陷，须有国家干预才能实现"充分就业"，才能使全社会的经济活动正常运转。为此，必须强调总支出所产生的收入效应。为了把就业、收入理论和利息、货币、消费、储蓄和投资理论纳入宏观理论结构，凯恩斯将实物经济和货币经济紧密结合于一体，坚持货币非中性，否定传统经济学的"二分法"。这样，就开创了宏观经济的分析方法。

再次，在政策主张上，凯恩斯反对传统经济学的"自由放任"主张，强调国家要干预经济。他认为，补救有效需求不足的政策措施是扩大政府支出或通过减税和货币扩张来诱导私人支出的增加。与传统经济学的政策主张相反，凯恩斯强调财政政策而不是货币政策，强调赤字财政，而不是平衡预算，强调用增加有效需求而绝不能用降低货币工资办法来增加就业，这些都是凯恩斯政策主张的特征。

尽管凯恩斯对新古典经济学作了以上的"革命"，但并不完全否定传统理论。在他看来，市场经济制度的主要缺陷在于其在保证充分就业方面的明显无能。一旦通过管理消除了这个主要缺陷并恢复了充分就业，古典学派的理论仍然是正确的。

二、就业理论

凯恩斯就业理论的核心是有效需求学说。凯恩斯指出，有效需求，指商品总需求价格与总供给价格相等时的社会总需求。什么叫总供给价格和总需求价格？按凯恩斯看法，厂商对自己企业雇佣一定数量工人所生产出来的商品所要求的卖价，称为总供给价格，这一价格至少要保证收回成本和获得最低限度利润。而厂商估计社会上购买这些商品所愿意支付的价格，叫做总需求价格。只要总需求价格比总供给价格高，厂商就有利可图，会多雇佣工人，增加生产，直到二者相等，厂商估计获得的总利润达到最大值，这时就不再增雇工人，扩大产量，于是生产和就业达到均衡状态。因此有效需求决定着厂商实际提供的就业量。如果有效需求不足，就会使得实际就业量小于充分就业量，出现非自愿失业现象。

从当时的历史背景来看，凯恩斯写作《通论》时，正处于大危机期间，大量工厂关闭，开工不足，设备闲置，工人失业，市场萧条，商品滞销，徒有生产能力而不能利用。如何使经济由萧条转向复苏，增加有效需求或购买力是关键。因此，有效需求成为凯恩斯分析就业理论的起点，而对总供给的分析则退居次要地位。

有效需求是由哪些因素决定的？凯恩斯指出，一般说来，在一个不和外国有经济往来的封闭的经济中，产出水平（就业）取决于总的计划支出，这支出包括两个部分：居民户的消费支出（C）和厂商的投资支出（I）。消费支出是人们为满足自己物质生活、文化生活等需要而产生的对消费品的需求。投资支出是厂商为扩大生产规模而对资本品（厂房、设备、原材料）的需求。如果消费支出加投资支出能把社会生产出来的产品全部购买掉，则生产可以继续进行；如果不能全部购买掉，就会出现生产过剩。因此，整个社会的生产水平，或者说国民收入和就业量，决定于消费和投资这两部分。

凯恩斯认为危机和失业主要源于私人投资和消费不足而造成的有效需求不足。为何会产生有效需求不足？《通论》通过对人们的三个基本心理定律，即消费倾向、资本边际效率和流动偏好加以分析。

所谓消费倾向，指消费和收入之间的一种函数关系。如果用 Y 表示收入，C 表示消费，则 $C=f(Y)$。消费倾向又有平均消费倾向和边际消费倾向之分。平均消费倾向表示消费占收入的比例，可用公式 C/Y 来表示。凯恩斯指出，人们的消费量会随着他们收入的增加而增加，但消费的增加总没有收入量增加得那么多，这是一条基本的心理定律。如果用 ΔY 表示收入的增加量，ΔC 表示消费的增加量，则 $\Delta C/\Delta Y$ 可称为边际消费倾向。它总小于 1 而大于零，而且随着收入增加，它逐渐下降。也就是说，当人们收入的绝对量愈大时，收入减掉消费以后余额（$Y-C$）也愈大。这种余额称为储蓄。凯恩斯指出，必须替这笔储蓄找到一条投资的出路，把它全部花费出去，否则社会总需求就要减少，商品销售量就要下降，厂商就会缩小生产规模，导致就业量减少。这样，投资就成了反危机的关键性措施。

凯恩斯又提出，储蓄是现期收入中非消费的部分，是消费以外的另一种使用现期收入的方法，因此，储蓄也是收入的函数。设储蓄为 S，收入为 Y，那么储蓄函数是 $S=f(Y)$。储蓄倾向和消费倾向在概念上也是类似的。平均储蓄倾向为 S/Y，边际储蓄倾向为 $\Delta S/\Delta Y$。

凯恩斯指出，在短期中，当就业发生循环波动时，随着收入的增加，储蓄也随着增加。但开始时，储蓄增加的幅度较大，然后增加的幅度逐渐降下来；同理，收入减少时，储蓄也随着减少，开始时减少的幅度大，以后减少的幅度逐渐降下来。这是由于收入发生变动时，在短期间，个人还保持着原有的习惯和绝对的消费水平，来不及和客观环境的改变相适应，就是说收入的变动和消费的变动之间存在着时延。因此，当收入开始增加时，平均消费倾向 C/Y 反而降低了；收入开始减少时，平时消费倾向 C/Y 却增加了。

凯恩斯还认为，在长期中，当一个社会变得比较富裕起来，真实收入绝对量愈大时，收入与消费间的差距会愈来愈大。因为各个家庭一般是首先满足基本生活需要，然后当收入继续增加时，就开始增加储蓄。因此，真实收入增加时，社会愿意从中用来消费的比重逐渐减少。这就是说，当一个社会变得比较富裕起来时，边际消费倾向是下降的，从而平均消费倾向也是下降的。

凯恩斯认定，消费倾向在短期内相当稳定，在长期还有下降趋势。既然是这样，消费需求的不足一时也就无法改变，留下的总需求缺口就不能消除，形成消费需求的不足，从而会发生生产过剩和失业。凯恩斯把"消除"危机，"解决"失业问题的关键放在投资上。乘数原理就是他用来说明投资增量能够成倍增加就业的理论根据。乘数原理说明增加一定量投资能够带来比它大几倍的收入量。如果用 ΔI 代表投资量，用 ΔY 代表由 ΔI 所引起的收入增量，则 ΔY 可等于 ΔI 的若干倍，这个关系可用 $\Delta Y=K \cdot \Delta I$ 表示。这里的 K 就代表倍数，或者说乘数。乘数大小和边际消费倾向直接相关。乘数等于 1 减边际消费倾向即边际储蓄倾向的倒数。因此，边际消费倾向越大，乘数也越大，从而投资带来的收入和就业量就越大。凯恩斯认为，在失业情况严重、企业开工不足的经济萧条期间，利润率急剧下降，私人企业就不会大量增加投资。为什么？凯恩斯通过他的资本边际效率和流动偏好这样两个基本心理法则加以分析。

按凯恩斯说法，厂商愿意投资多少是由资本边际效率与利息率这两个因素共同决定的。

凯恩斯认为，厂商购买一项资本资产，就是购买取得一系列"未来收益的权利"。这项收益是预期的收益，而不是实现了的收益。如果一项资本资产预期各年的收入或未来收益是已知的，市场利息率也是已知的，那么就可求出该资产的现值。例如，假定 $R_1 + R_2 + \cdots + R_n$ 是各年的预期收入，i 代表市场利息率，V 代表该项资产的现值。那就有

$$V = \frac{R_1}{1+i} + \frac{R_2}{(1+i)^2} + \cdots + \frac{R_n}{(1+i)^n}$$

与投资的未来收益相对立的是资本资产的供给价格，即资本资产的成本。所谓一项资本资产的供给价格是促使该厂商再增产一单位该种资产的价格。这种价格不是现有的该类资产的市场价格，而是重新生产这种资产所花费的成本，也就是它的重置成本。厂商只有在一项资本资产的现值至少等于其供给价格时，才打算购买这项资产。如果该项资产的现值大于其供给价格，在其他条件不变的情况下，厂商有利可图，就会购买这项资产。反之，资产现值小于其供给价格时，厂商一般不愿意进行该项投资。设一项资本资产的供给价格为 R，并规定它的等于一系列预期收入的现值 V，则可得到下式

$$R = \frac{R_1}{1+r} + \frac{R_2}{(1+r)^2} + \cdots + \frac{R_n}{(1+r)^n}$$

在这个等式中，R 与 R_1，R_2，$\cdots$，R_n 都是已知的，要计算的是 r 的值，r 代表一项资本资产的未来收益和它的供给价格之间的关系，凯恩斯称之为资本的边际效率。这就是说，资本边际效率为一种贴现率，而根据这种贴现率，在资本资产的寿命期间所提供的预期收益的现值能等于该资本资产的供给价格。其实，资本边际效率就是使用该资本资产的预期利润率。

凯恩斯又指出，随着投资的增加，预期利润率有下降的趋势。这就是所谓的资本边际效率递减的规律，这是又一条基本心理法则。企业主的一念之差或其他影响情绪的种种因素（如神经不健全、消化不良、气候使人不愉快等）都可能使得他们对投资前景失去信心，从而停止投资。一旦资本边际效率突然崩溃，投资锐减，经济危机就要爆发，大批失业大军就要形成。因此，凯恩斯认为，为了能增加私人投资，应该创造乐观的环境和气氛，帮助厂商或企业家对未来充满信心。

厂商进行投资决策时还要考虑另外一个因数是利息率，因为利息率是使用资金购买资产的成本。厂商进行投资决策时，必然会将一项资本资产的边际效率 r 的值和市场利息率 i 相比较。在其他条件不变的情况下，凯恩斯认为实际的投资量一定会达到资本边际效率 r 等于市场利息率 i 时为止。

三、利息理论

在传统的古典经济学理论中，利息被认为是"等待"和"抑制消费"的报酬。利息率由储蓄（资本的供给）和投资（资本的需求）共同决定。凯恩斯否定了上述传统的利息理论。在凯恩斯看来，利息率的伸缩性并非如上所说使得储蓄与投资趋于一致，而是使得货币的供给与需求趋向一致。他认为，利息是放弃货币流动性的报酬，利息率测度的是人们放弃货币流动性意愿的程度。

凯恩斯提出，"流动偏好"也是一种心理因素，意思是人们总喜欢手头上保留一部分现金，以便灵活地应付各种需要。要人们放弃这种流动性偏好，必须给予一定的报酬，利息就是这种报酬。

凯恩斯认为，人们之所以宁愿牺牲利息收入而把本来能生利取息的货币储存在手中（即流动性偏好），是出于三个动机：交易动机、谨慎动机和投机动机。

交易动机指为进行日常经济交易而产生的持有货币的愿望。谨慎动机指应付紧急情况而产生的持有货币的愿望。投机动机是凯恩斯的三大动机中最重要和最复杂的一个，也是理解凯恩斯的利息论和货币如何影响市场经济活动的关键。凯恩斯认为，人们之所以要选择以货币的形式持有财富，不去购买债券，而牺牲利息收入，是因为人们对利息率的前途捉摸不定，无法知道将来能以怎样的条件把债券换成货币。为了避免市价跌落时持有债券可能蒙受损失，因此保留货币。同时，投机动机也使个人以货币形态保留一部分资产，以便在未来的市场活动中获利。满足交易和谨慎动机持有的货币主要是充当流通手段，因此满足这两个动机的货币需求称为交易性需求。满足投机动机持有的货币则充当贮藏财富的手段，满足这一动机的货币需求可称为投机性需求。

凯恩斯进一步指出，假定人们要想持有财产只有两种选择：一是持有债券，一是持有货币，不愿持有债券而宁愿选择货币所牺牲的债券利息收入就是持有货币的机会成本。利息率愈高，持有货币而不持有债券的成本就愈大，作为资产持有的货币量也就愈少。这种情况表明，作为资产持有的货币量是利息率的减函数，二者变动方向相反。这样，交易性货币需求和投机性货币需求加在一起的货币总需求可用下式表示

$$L(y,i) = L_1(y) + L_2(i)$$

按凯恩斯说法，市场利率愈是低于正常利息率，作为财富而持有的货币需求

就愈增加。当利率降低到一定水平时，流动性偏好可能变成几乎是绝对的。这就是说，当利率下降到很低水平时，即债券价格上升到很高水平时，人们预期其价格只会下降，因此人们不管有多少货币，都宁愿持有在手中而不肯去购买债券，生怕买了债券，价格下跌时要产生亏损，因而货币的投机需求成为无限大，这种现象称之为"流动性陷阱"。

利率高低由货币需求和供给决定。凯恩斯断言，货币的供给（包括现金和信用货币），一般由中央银行的货币政策决定，不随利息率变化，则货币供给量可看作一常数。这样，货币供给量和决定货币需求的流动性偏好函数共同决定均衡的利息率水平。如果某一时刻的利息率高于均衡水平，人们就会减少对货币的需求，从而促使利息率下跌。相反，如果利息率低于均衡水平，则人们会增加对货币的需求，从而促使利率上升，直到人们愿意持有的货币数量与现有货币供给存量相一致为止。此外，在货币供给量不变的条件下，如果收入水平上升，则因交易动机和谨慎动机所形成的货币需求增加，可以用于投机的货币量相应减少，利息率就会上升，以维持货币市场供求平衡。如果货币需求保持不变，而中央银行增加货币供给，则利息率会下降。

在凯恩斯看来，在一定的货币供应量下，流动性偏好越强，对货币的需求越大，则利息率就越高，而投资是利息率的减函数，因此高利率是阻碍投资，从而影响就业量的重要因素之一。凯恩斯主张国家货币当局用增加货币供应量的办法来降低利率，以刺激投资。凯恩斯又指出，在一定情况下，例如长期萧条使得投资获利的前景非常黯淡，即使中央银行大量增加货币，可能仍然无法达到充分就业。这时候，政府的财政政策可能比货币政策更为有效，更为必要。

四、工资论与物价论

在古典模型中，劳动市场是充分竞争的，价格和工资具有完全的伸缩性，存在失业时，工资率会下降，充分就业就能恢复。

凯恩斯不认为劳动市场总能出清，如果货币工资具有刚性，非自愿失业就很可能是劳动市场的一个特征。他也不同意古典学派用降低货币工资的办法来增加就业，认为如果消费倾向和投资倾向都不足以维持充分就业，降低货币工资率不仅不能恢复充分就业，还会相应地降低社会总需求，使市场进一步萎缩，物价下跌，这又会使企业主的债务负担加重，丧失其投资获利的信心，更不利于增加就业。不仅如此，削减货币工资率还会在政治上造成不良后果，工人必然进行反抗。但是如果维持货币工资不变而增加货币供给量，造成一定通货膨胀，其对实际工资所产生的影响，与维持货币供给量不变而仅削减货币工资所产生的影响完全一样。因此，凯恩斯主张，与其削减货币工资而遭致工人反抗，不如实行一种刚性的货币工资政策，在保持货币工资不变的同时增加货币供给量，用通货膨胀的办法来降低实际工资，提高资本边际效率，以刺激厂商投资。

关于物价理论，在古典模型中，货币冲击对经济没有什么真实影响。货币是中性的。货币数量的变动不影响产量，只影响价格水平。但是，凯恩斯认为，在尚未实现充分就业情况下，长期萧条使得投资获利的前景非常黯淡，扩张货币可使利率下降，有效需求的增加，一部分用在增加就业量，一部分用在提高价格水平，产出和价格水平同时上升。一旦充分就业实现，货币扩张才产生真正的通货膨胀。

五、经济政策主张

和理论相适应，凯恩斯对传统经济政策观点也进行了所谓的"革命"。其中最根本的一条就是反对自由放任，主张国家调节经济生活。凯恩斯思想政策可以说有下列三个特点：①国家干预是其前提；②财政政策是重心；③举债支出是手段。

为什么要国家干预经济？凯恩斯认为，在失业情况严重时，单凭市场价格机制无法把资本主义经济调节到充分就业水平。这是因为，就业量决定于收入中的消费和投资需求。在短期间，消费倾向不易变动，因此，就业量的变动主要取决于投资量的变化。投资量则由利息率和资本边际效率决定。其中利息率的降低有一个最低限度，因此，投资量的变动主要决定于资本边际效率的变化。资本边际效率是由重置成本即供给价格和预期收益两个因素决定的。由于人们据以推测未来收益的一点知识，其基础异常脆弱，预测常缺乏信心，使得投资决定非常容易发生突然的变化。资本边际效率的特征就是其不稳定性。因此，安排现行的投资的责任决不能都交给私人。凯恩斯对比了 19 世纪和 20 世纪的资本主义发展势态，认为现代资本主义的病情严重，只靠市场经济的自动调节作用，私人领域的分散活动，远不能及时地挽救资本主义于灭亡。在这种思想支配下，他要求国家对经济进行直接的干预，认为这是可以避免现在的经济制度完全被摧毁的唯一可行之道。

凯恩斯的国家干预主张以实行财政政策为重心。所谓财政政策就是中央政府有意识、有目的地通过国家财政岁入（收入）和岁出（支出）活动来影响有效需求（或国民收入）和总就业水平的政策。货币政策则是由中央银行有意识地变动货币供应数量和利息率，以影响经济活动的政策，又称金融政策。

在《通论》出版以前，凯恩斯强调货币政策的有效性。但是 1929 年爆发的世界性经济危机，证明货币政策无法解决失业问题。面对这种困境，他才转而主张以财政调节为主。当然，凯恩斯虽然积极拥护财政政策并怀疑货币政策的有效性，但不等于说他完全否定了后者的作用。他认为，在充分考虑了长期预期状态的影响之后，利息率的改变，至少在正常条件下是影响投资的重大因素。凯恩斯的这种观点成为战后凯恩斯学派经济学家主张并推行需求管理的依据。

举债支出和通货膨胀是凯恩斯执行财政政策的手段。凯恩斯所谓的举债支出，是指政府用举债方式进行公共投资和弥补其他预算项目的赤字，它包括一切政府举债的净额。按照凯恩斯的说法，用举债方式兴办资本项目，能增加投资；如果用于弥补其他财政项目的赤字，则为负储蓄，能增加消费倾向。因此，举债支出能够提高有效需求，增加总就业量。分析表明，举债方式的不同，举债支出提高有效需求的效果也就不一样。

一般说来，政府在国内举债可以采取两种方式。一种是在公开市场向公众（即个人和企业）出售政府债券，例如出售三个月到期的短期国库券或长期的公债券等。如果个人、企业和商业银行购买政府债券是用闲置的资金，如运用个人的多余现金或企业的基金或商业银行未贷放出的资金支付的，那么，政府收到款项，扩大支出以后，就会提高有效需求，刺激经济活动。如果公众用来购买政府债券的资金是由压缩个人消费、削减企业投资或动用商业银行准备金而来，通过这样的举债方式，政府虽然能扩大支出，但是它的效果，却由于公众支出的减少而抵消掉了一部分，对整个经济活动似乎没有多少刺激作用。另一种方式是由中央银行承购财政部发行的政府债券。中央银行为财政部设立相应的存款账户，财政部利用账上存款进行公共投资，扩大公共开支。接受这种开支支付的对象不是个人就是私营企业，他们得到这笔款项将会存入商业银行，从而提高它的放款能力，增加了货币供应量，这就会产生了扩张经济，增加就业的效果。

但是现在的重要问题是，政府举债支出，实行赤字财政，扩大货币供应量会不会引起通货膨胀。关于这一点已在上述的物价论已有说明，总的意思是说只有在达到了充分就业，再增加货币供给，才出现真正的通货膨胀。因此，当大量失业存在时，实行扩大政府投资，增加货币数量，降低利息率、刺激消费等措施，即使造成财政赤字，也能提高有效需求，扩大生产，减少失业，不必担心会有通货膨胀的威胁。

六、几点评论

凯恩斯是西方经济学发展史上少有的几位最有影响的经济学家之一。应当说，《通论》的问世，确实开辟了经济学发展的一个新时代。当然，就凯恩斯本人而言，他是一个彻头彻尾的反马克思主义者。他公然声明自己是资产阶级利益的忠诚卫士，他的全部学说都是为了救治资本主义经济制度。如果抛开这点不说，仅从对市场经济发展的作用看，凯恩斯经济学的意义或者说贡献，的确非同小可。

第一，《通论》所建立起来的现代宏观经济学的理论体系和政策思想，适应了现代化大生产发展的需要。尽管新自由主义经济学家不断发出反对政府干预经济的呼声，然而，现代政府在任何一国经济运行中的作用越来越大，财政预算收支在 GDP 中比重不断上升，都是不可否认的客观事实和难以扭转的历史趋势。实践证明，生产越是社会化，经济越是市场化，政府对经济运行和发展的管理和干预就越不可或缺。管理和干预的形式和手段会不断改变和改进，但管理和干预本身却不可能被取消，自由放任的时代已经过去。可以预料，随着历史的发展，时代的推进，《通论》的意义和价值不仅不会逐渐淡化，相反，会日益显示。

第二，凯恩斯的有效需求理论，科学地揭示了现代市场经济中的国民收入和就业决定与变动的客观规律。应当认为，现代市场经济的基本态势确实不是供不应求，而是供过于求。无论是产品市场还是劳动市场，短边通常是需求而不是供给。企业中总有某种剩余生产能力，只要产品在市场上有销路，生产和就业总能扩大。不管凯恩斯提出的资本主义一般情况下有效需求不足的理由（三大心理规律的作用）是否成立，他提出短期内是需求决定供给，有效需求决定产量和就业的论断，无疑是正确的。我国和其他各国的实践也证明，经济发展和增长的速度事实上是依赖于消费需求、投资需求和净出口需求这三驾马车的拉动。各国宏观经济管理的政策措施的制订，说到底是以凯恩斯的有效需求理论体系作为依据的。

第三，三大心理规律常常是被批评和指责最多的凯恩斯理论中的内容，但平心而论，这三个心理规律并非完全是凭空捏造。随着现代市场经济的发展，经济生活中不确定性不是越来越小，而是越来越大。于是，预期对于任何一个经济主体的行动决策就显得越来越重要。预期是一种心理活动，心理活动也总有规律。消费倾向、资本边际效率、灵活偏好，应当说都在某种程度上揭示了消费者、企业家和金融资产所有者的心理活动的某方面规律性。掌握和认识这些心理规律，对研究消费和投资的变动都是有帮助的。

第四，《通论》中涉及的一系列具体论述，在今天看来，依然很有价值。例如，关于货币非中性的论述，关于货币工资刚性的论述，关于股票市场上投机行为的论述，关于财富和收入分配要加以调节的论述等等，都是颇有价值的创造性见解，至今不失为值得深思的经典性论述。

诚然，凯恩斯的许多论断显得粗糙甚至并不正确，一些观点也会过时，一些说法模棱两可，一些理论需要完善和发展，但作为现代宏观经济理论大厦的奠基者，他毕竟是伟大的。

第二节　凯恩斯学说的发展

第二次世界打战以后，凯恩斯学说经过汉森、萨缪尔森、哈罗德等人的补充和发展，进一步形成了凯恩斯主义。他们的一套理论和政策主张，不但为大多数资产阶级学者所信奉，也曾长期被英美主要资本主义国家的政府当作经济政策的理论根据，这样，它就俨然成了新的主流经济学。与此同时，以琼·罗宾逊为代表的新剑桥学派则对凯恩斯理论作了独特阐释，形成后凯恩斯经济学的另一个流派。

一、汉森对凯恩斯理论的解释和发展

阿尔文·汉森（Alvin H. Hansen，1887年～1975年）是美国凯恩斯学派的创始人，曾先后在好几所大学任教，从1937年起长期担任哈佛大学经济学教授。在哈佛期间，他不仅培养出一批像萨缪尔森、托宾等著名经济学家，而且使该校成为美国凯恩斯学派的大本营。由于汉森比凯恩斯多活了将近三十年，做了许多宣传和阐释凯恩斯学说的工作，理论上也有不少补充和发展，因而获得了"美国凯恩斯"的称号。他发表过许多重要著作，其中有《财政政策与商业循环》（1941年）、《经济政策与充分就业》（1947年）、《凯恩斯学说指南》（1953年）、《美国的经济》（1957年）等。在这些著作中，汉森对凯恩斯学说作了如下解释和发展。

第一，提出 IS-LM 分析法，这被资产阶级学者长期看成是凯恩斯理论的标准解释。什么叫 IS-LM 分析法？这需要从凯恩斯和传统经济学理论的一点区别讲起。在十九世纪传统的经济学中，货币仅仅被看成是交换的媒介，流通中货币数量增加，只会使商品价格的绝对水平提高，并不会使各种商品之间的相对价格发生变动，从而不会影响生产。于是，货币理论是与价值、生产等经济理论互不相涉、各自独立的。后来，瑞典学派先驱魏克赛尔（Johann Gustav Knut Wicksell，1851年～1926年）试图把货币理论和生产理论结合为一体，提出货币因素在某种情况下会积极地影响生产和价格。凯恩斯继承和发展了魏克赛尔的做法，把三条基本心理规律和货币数量当作影响经济的四个主要因素，力图通过这四个因素来求得经济均衡时的国民收入量和就业量。为此，他既需要阐述使储蓄（S）转化为投资（I）以求得商品市场的均衡，又需要阐述如何使货币需求与供给相等以求得货币市场的均衡。一些西方经济学家十分重视凯恩斯的这种理论，并想通过简明的 IS-LM 图形加以说明。这个 IS-LM 图形最先由英国经济学家希克斯提出，后来又经过汉森的补充发挥，因此 IS-LM 图形又称作"希克斯-汉森模型"（见图4-1）。

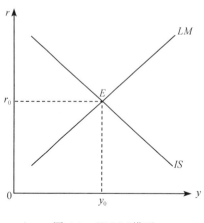

图 4-1　*IS-LM* 模型

这个图形中的 IS 曲线也叫储蓄（S）-投资（I）曲线。这条曲线表示，要使储蓄和投资保持相等，也就是市场上商品既不过剩也不缺乏，那么，各种不同的利息率与相应的国民收入量有着怎样的数量关系。这条曲线从左上方向右下方倾斜，是因为利率越低，投资量越大，从而与之相应的国民收入的均衡值也越大。

LM 曲线也叫灵活偏好（L）-货币数量（M）曲线。灵活偏好代表对货币的需求，货币数量就是货币的供给量。这条曲线表示，在货币供给量既定的条件下，要使货币市场均衡，即货币的需求与供给相等，与各种不同的国民收入量相对应的货币市场上应该有的利息率。在货币供应量 M 为既定的条件下，国民收入增加，用于从事交易和预防不测之需的货币量 M_1 就增加，于是用于投机的货币量 M_2 相应会减少，利率必然上升，因为用于投机需求的 M_2 与利率成反方向变化。可见，在货币供给量既定的条件下，国民收入水平越高，货币市场上货币供求均衡时的利率也就要越高，所以 LM 曲线是自左下方向右上方倾斜的。

把 LM 与 IS 放在一个坐标图上，这两条曲线的交点 E，就表示货币市场与商品市场在相互作用下同时达到均衡状态会有的利率（r_0）和国民收入（y_0）。

西方一些经济学家认为，这一"希克斯-汉森模型"（即 IS-LM 模型）是对凯恩斯国民收入决定理论的标准解释。利用这个图形，可以简明而又直观地看出政府的财政政策和货币政策对于国民收入、就业和利率的作用。长期以来，IS-LM 分析被西方学者广泛接受，尤其成为新古典综合派的需求管理的理论基础，但遭到新剑桥学派和各种凯恩斯主义反对派的抨击和非难。

第二，提出"加速原理"，这可说是汉森及其学生萨缪尔森对凯恩斯学说的一大"发展"。他们认为，凯恩斯的乘数原理只是说明一定量投资对收入和就业量变动所发生的推动作用，实际上，不仅仅投资会影响收入，收入的变化反过来也影响投资。因为收入增加时，消费也要增加，而消费品生产增加又依赖于资本物品生产的增加。可见，国民收入增加能通过消费的增加而影响投资的增加。由于这种投资的增加是消费增加而诱致的，因此可称为"引致投资"，与由于外部各种因素使企业主动进行的所谓自动投资不同。"加速原理"就是说明引致投资的理论。为什么这种理论叫"加速原理"呢？因为这种理论认为，收入的增减会引起投资更大幅度的增减，就是说，加速度地增减。资本增量（投资）和产量增量（收入增量）之比，称为"加速数"。用公式表示是：加速数＝资本增量/产量增量。

为什么要提出这套"加速原理"？他们认为，要解释经济发展中的波动现象，充分说明政府投资的巨大作用和财政政策的重大意义，光靠凯恩斯的乘数原理是不够的，必须把乘数原理和加速原理结合起来。按照汉森、萨缪尔森等人的说法，政府增加一笔支出，例如增加 1 亿元投资，首先可使制造资本物品的产业兴旺起来，从而使这些产业部门增加新的就业机会，增加收入。新增加的收入又有相当部分会用于购买消费品，于是也会促进消费品部门生产的发展，如果边际消费倾向为 0.5，则消费品部门的收入增长 0.5 亿元。这就是乘数的作用，即政府投资对收入的促进作用。另一方面，消费品行业的发展必须增加生产设备，于是又促进资本品行业进一步发展，如果加速数为 1，则引致投资为 0.5 亿元。这就是收入和消费对投资的推动作用，即加速原理的作用。这样，两种作用交相发挥，形成一个经济扩张的局面。相反，投资和消费的减少也会互相影响，形成累积性的经济萎缩局面。在他们看来，资本主义经济发展中的波动现象就是这样形成的。他们认为，只要加强经济预测，定期由政府进行一定数量的投资，就可以预防和克服这种波动现象。

第三，提倡补偿性的财政政策，是汉森对凯恩斯政策思想的又一重大发挥和补充。前面讲过，凯恩斯从自己基本理论出发，阐述了政府应该以财政政策为主、货币政策为辅来干预经济的思想。汉森根据凯恩斯的有效需求理论，进一步提出了运用补偿性财政政策来消除经济周期的剧烈波动的政策思想。这就是，在经济萧条或危机时期，政府一方面应当减税，让社会成员留下较多的可由自己支配的收入来增加私人的消费和投资；另一方面，应当推行赤字财政政策，多搞些公共工程，多买进商品和劳务。这样一来，既促进了私人消费和投资，又增加了社会消费和投资，从而扩大社会总需求，使整个经济转向复苏和繁荣。相反，当经济过于繁荣膨胀时，政府应当采取紧缩性财政政策，即一方面增加税收，减少社会成员手中的收入，以降低私人消费和投资；另一方面紧缩政府支出，少买商品和劳务，少搞公共投资。这样一来，社会总需求被抑制了，就可避免或消除剧烈的通货膨胀。

上述政策思想与凯恩斯的政策思想有所不同。凯恩斯理论出现于资本主义经济大危机以后，政策目标是要解决大量失业和经济危机，因此强调政府多支出以提高有效需求的膨胀性财政政策。而汉森则提倡在经济萧条或繁荣时期交替使用膨胀和紧缩两种政策。在每个具体年头，国家财政可以亏空也可以盈余，不一定要平衡；但从长期来看，赤字可从其他年度的盈余中得到补偿，"补偿性"的意思就来源于此。由于他认为长期内财政收入和支出还是平衡的，所以这种理论又称："长期预算平衡论"。

二、消费理论的发展

凯恩斯的消费理论假定，人们的消费支出是他们当前收入的函数，随收入增加而增加．这种理论问世后，许多经济学家进行了验证。库兹涅茨（Simon Smith Kuznets，1901 年～1985 年）发现，消费函数在长期内相当稳定而不是递减。为此，西方经济学家围绕消费函数问题进行了多方面研究，提出其他一些消费理论，补充和发展了凯恩斯的消费理论。

（1）美国经济学家杜森贝利（James S. Duesenberry，1918 年～　年）的相对收入假定。这种理论包括两个方面含义：一是指消费支出不仅受自身收入的影响，也受别人消费和收入的影响。如果一个人收入增加了，但周围的人或自己同一阶层的人的收入也同比例增加了，则他的消费在收入中的比例并不会变化。反之，如果他的收入并没有增加，但他周围或同一阶层的人的收入增加了，则他的消费在收入中的比例会提高。这是因为他周围的人对他的消费具有"示范效应"，他的消费开支要能维持他在左邻右舍中体面生活的地位。因此，他的消费倾向不是取决于他的绝对收入水平，而是取决于他的收入的相对水平（与周围的人相比的水平）。二是指人们消费支出不仅受目前收入的影响，还要受过去收入和消费的影响。如果一个人当前收入超过以前高峰期收入，则他的消费与当前收入有关。如果当前收入低于从前高峰期收入，则人们在收入下降时为维持已经有过的生活水平，会改变消费倾向，提高消费在收入中的比例。这就是所谓消费的"棘轮效应"。

（2）美国经济学家米尔顿·弗里德曼（Milton Friedman，1912 年～2006 年）的持久收入假定。这种理论认为，消费者的消费支出主要不是由他现期收入决定的，而是由他的持久收入决定的。所谓持久收入，是指消费者可以预计到的长期收入，即他一生中可得到收入的平均值。持久收入在统计计量中的数值，大致上可根据所观察到的若干年收入的数值之加权平均数计得。距现在时间越远，权数越小；反之，则权数越大。由于消费取决于持久收入，因此，如果持久收入是一个常数，长期消费倾向就会很稳定。例如，当经济衰退时，虽然收入减少了，但消费者仍然按持久收入消费，故衰退时期的消费倾向高于长期的平均消费倾向（因为衰退时收入较低，但消费不低）。相反，经济繁荣时，尽管收入水平提高了，但消费按持久收入消费，故这时消费倾向低于长期平均消费倾向。根据这种理论，政府想通过增减税收来影响总需求的政策，是不能凑效的，因为人们因减税而一时增加的收入，并不会立即用来增加消费。同样，即使人们因增税而减少了收入，也不会立即减少消费支出。

（3）美国经济学家弗郎科·莫迪利安尼（Franco Modigliani，1918 年～2003 年）的生命周期假定。这种理论把人生分为青年、壮年、老年三个阶段，认为消费者总要估算一生总收入并考虑在生命过程中如何最佳分配自己的收入，以获得一生中最大的消费满足。一般说来，年轻人家庭收入总偏低，这时消费会超过收入；随着他们进入壮年，收入日益增加，这时收入大于消费，一方面偿还青年时欠下的债务，一方面积些钱以备老用；一旦年老退休，收入下降，消费又会超过收入。当然这种理论也受到种种批评和质疑。例如，如果一个人真要根据其生命周期的收入来决定他每一期的消费，则他必须假定对剩余生命（寿命）及收入有充分信息，作有把握预期，但这种假定显然不现实；再说，即使一个人完全清楚将来寿命及每期的收入情况，但现实的资金市场不一定能根据此人的预期收入贷给他资金用于当前的消费，以便使他在将来收入大于消费时再归还贷款，到生命结束时正好收支平衡或正好留下计划的遗产。尽管生命周期消费理论受到这些质疑，但这种理论还是有意义的。例如，根据这种理论，如果社会上年轻人和老年人比例增大，则消费倾向会提高，如果社会上中年人比例增大，则消费倾向会下降。

持久收入和生命周期的消费理论的一大实际用处是信贷消费市场的发展。许多家庭根据未来收入预期用信贷形式购买住房、汽车或其他价值大的消费品，用未来的钱圆今天的梦，既满足了个人消费需要，又提高了整个社会的有效需求。

三、萨缪尔森为首的凯恩斯主义主流派

凯恩斯学派在后来的发展中形成两大流派。一派是以萨缪尔森为首、包括托宾、索洛等人的"后凯恩斯主流经济学"，以美国麻省理工学院为大本营（座落的地方叫剑桥）。另一个是凯恩斯主义激进派，根据地在英国的剑桥大学。这两个派别都打着凯恩斯的旗帜，但在一系列理论观点和政策主张上发生尖锐分歧，彼此论战达二十余年。这就是著名的"两个剑桥之争"。这里先说萨缪尔森。

保罗·萨缪尔森（Paul A. Samuelson，1915 年～2009 年）是著名的美国经济学家，现代西方经济学的大权威。他曾先后在高校和政府部门供职，其中多数时间担任麻省理工学院经济学教授。由于他对经济学作出了许多理论贡献，被看作美国凯恩斯学派中继汉森之后的头面人物，也成了第一个获得诺贝尔经济学奖的美国学者。萨缪尔森著作很多，其中最有代表性的是已发行了十多版的《经济学》。在这本流行于整个西方世界经济学教科书中，他曾把自己的理论体系称作"新古典的综合"，后来又改称为"后凯恩斯主流经济学"。

萨缪尔森为什么把他的经济理论称作"新古典综合"？他认为，资本主义经济既是国家经营的企业与私人资本企业的混合，又是公共福利事业与个人自由消费的混合，因而是一种政府和私人都在其中起作用的"混合经济"。"混合经济"一方面应该由政府实行需求管理，即用财政、货币的宏观经济政策调节消费和投资，实现充分就业，另一方面必须充分发挥自由竞争和市场机制的作用，追求好的经济效率。他指出，在实现充分就业和经济稳定的前提条件下，市场机制在实现生产资源的最优利用方面将发挥十分有力的作用，因而传统的新古典学派的微观经济学仍然是十分有效的。萨缪尔森强调，只有把凯恩斯的宏观经济学与新古典学派的微观经济学综合起来，形成一个完整的理论体系，才能解决混合经济中

的种种问题。"新古典综合"的称号即由此而来。他还反复声称，这样做是完全符合凯恩斯思想的。因为凯恩斯讲过，新古典经济学是适用于充分就业社会的经济理论。可见，"新古典综合"是一种凯恩斯理论和新古典理论相综合的理论体系。新剑桥学派代表人物琼·罗宾逊据此把它为斥"冒牌的凯恩斯主义"。

作为凯恩斯主义者，萨缪尔森是怎样继承、补充和修正凯恩斯理论，并"综合"进新古典学派学说？

首先，他从汉森阐释的标准凯恩斯理论出发，以收入一支出分析为中心，建立了现代国民收入决定论。这是萨缪尔森经济学中最重要的理论。按照这个理论，总收入等于消费（C）和储蓄（S）的总和，总支出等于消费和投资（I）的总和，要使两者相等，即 $C+I=C+S$，必须使储蓄等于投资（$S=I$）。如果收入大于支出，即 $S>I$，便意味有效需求不足，要引起失业和经济萧条；如果收入小于支出，即 $S<I$，则形成过度需求，要引起通货膨胀。为了避免经济萧条或通货膨胀，政府应该调节它的支出（特别是公共投资）和收入（主要是税收），采用财政政策和货币政策来保持经济稳定。可见，萨缪尔森基本上承袭了凯恩斯的有效需求学说，以国民收入水平的决定为研究对象，把追求总需求与总供给之间的均衡当作基本分析方法，依靠国家干预来维护资本主义制度。他按照凯恩斯理论的体系和主要内容，对其中一整套经济范畴作了详细论述。萨缪尔森所讲的国家要干预经济，一般说来是指推行补偿性的财政政策和货币政策，但在这里他关心的主要是降低失业率。这一点和凯恩斯一样。因此，新古典综合派具有浓厚的凯恩斯主义色彩。

其次，萨缪尔森对凯恩斯理论也作了补充和修正。凯恩斯理论笼罩着三十年代经济大危机的阴影。按照这个理论，一方面，边际消费倾向存在递减趋势，就是说，社会越富裕必然使消费越不足，越要用更多的投资去维持有效需求，从而使实现充分就业会越来越困难；另一方面，资本边际效率存在递减趋势，就是说，社会越富裕，投资越多，企业家对前途越缺乏信心，从而经济形势越容易出现萧条或危机局面。总之，凯恩斯是用阴郁的语调来描绘资本主义前景的。而到了五、六十年代，西方国家一度出现了经济持续高涨的"繁荣"景象，失业和危机似乎已成陈迹（在西方学者看来，一般失业率控制在 4％ 以内就算实现了充分就业）。于是，萨缪尔森要来修正和补充凯恩斯的理论了。

一是他认为"混合经济"能够平伏经济周期，宣称凯恩斯的一些悲观论点已经过时。他认为，通过现代市场经济的发展，劳动者实际工资迅速增加，多数人收入基本稳定，社会经济持续增长。在他的现代收入决定论中，不再强调有效需求学说，还取消了"有效需求不足"的提法，也不再强调三大心理规律，把消费倾向说成是根据数字统计出来的经验规律，而且是长期保持不变的，把凯恩斯关于"资本边际效率突然崩溃"引起经济危机的说法，也说成是"肤浅的解释"。

他甚至转弯抹角地接受了"萨伊法则"，认为供给创造了需求。萨缪尔森这样做，目的在于抹去凯恩斯体系中可能引出悲观结论的一些观点，看好现代资本主义。

二是他发展了凯恩斯当年与新古典理论相妥协的一面。众所周知，凯恩斯虽然对传统经济学发动了"革命"，但他的经济学并未完全抹去旧传统的痕迹，还对传统经济学说作过一些与其"革命"相矛盾的评价。萨缪尔森引申和发挥了凯恩斯这些观点和提法，名正言顺地把新古典理论容纳进凯恩斯主义体系之中。他《经济学》中微观经济学的结构主要还是沿用马歇尔的理论体系。尤其突出的是以下两方面：一是均衡理论。萨缪尔森不仅在微观经济学中按照马歇尔等人的做法，着重研究消费品和生产要素的均衡价格如何决定，而且在宏观经济学中也贯串均衡思想，把储蓄曲线与投资曲线相交的一点当作国民收入的均衡点；二是边际生产力分配论。他重申当年克拉克的理论，断言各个生产要素共同参与了生产，其所得都由自己的边际产量决定。这种理论也成了他的经济增长论的基础。

萨缪尔森对凯恩斯理论的阐释和修正，以及对新古典理论的宣扬，遭到了新剑桥学派的激烈抨击，被指责是对凯恩斯经济学的背叛。这使他后来他不得不摘下"新古典综合"的招牌。但是又强调自己是西方影响最广泛的"后凯恩斯主流经济学"。

萨缪尔森作为现代资本主义的忠实维护者，自然十分关注现实经济问题，尤其重视研究资本主义社会严重的通货膨胀和失业问题，以及两者之间的相互关系。通货膨胀是现代资本主义顽症之一。如何解释和解决这个问题，西方经济学中有各种说法。凯恩斯认为，真正的通货膨胀是由有效需求过度引起的。在有效需求增加时，如果社会上存在着闲置的生产资源和劳动力，则增加货币供应量只会使生产扩大，不会引起物价大幅度上涨，只会随着劳动边际生产力的递减而逐渐上涨。一旦达到充分就业时，产量无法再扩大，再增加货币供应，就会引起物价同比例上涨，出现真正的通货膨胀。像凯恩斯那样把通货膨胀的原因归结为强制流通的纸币以及信用货币对商品和劳务的需求超过按现行价格可能得到的供给的理论，一般称为"需求拉上"的通货膨胀理论。

到了 20 世纪 50 年代后期，西方国家出现了一种用上述"需求拉上"论难以解释的经济现象：一方面失业率比以前有较大上升，另一方面物价却温和地持续上涨。于是西方学者转而从供给方面寻找答案，提出一种所谓"成本推进"的通货膨胀论，认为通货膨胀是由于商品生产成本增加，尤其是工资增加而造成的。因为现今工会这种"垄断组织"操纵着劳工市场，会迫使厂商同意让工资增长率超过劳动生产率的增长，这样，商品成本就要增加，引起物价上涨。物价上涨又促使工人继续要求增加工资，厂商又会把它算入商品成本，从而引起物价再度上涨。这样循环不已造成了所谓工资—物价的螺旋上升。对于这样一种把通货膨胀归因于工人要求提高工资的理论，萨缪尔森也是赞同的，还利用"菲利普斯曲线"作了发挥。

所谓菲利普斯曲线，是一个名叫菲利普斯（Alban William Phillips，1914～1975 年）的新西兰经济学家根据英国近百年的统计资料，运用经济计量方法，在 1958 年提出的一条解释失业率与工资变动率相互关系的曲线（图 4-2）。

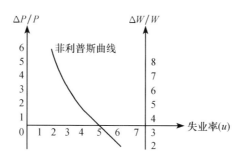

图 4-2　菲利普斯曲线

上图中，右端纵坐标表示货币工资上涨率，横坐标表示失业率。向右下倾斜的这条菲利普斯曲线表示，失业率越低，货币工资上涨率越高，相反，失业率越高，工资上涨率越低（据说失业率越高，表示"劳动"越是供过于求，因而工资越难上涨）。可见，这条曲线本来是表示失业率和货币工资变动率之间相互替换关系的。可是萨缪尔森等人认为工资是商品成本的主要构成部分，如果货币工资上升超过劳动生产率上升，商品成本就要上升，而成本上升就会推动物价上升。这就是把物价上涨归因于货币工资上涨超过劳动生产率增长的"成本推进"理论，因此这条曲线又可以表示失业率和通货膨胀率的交替关系，即失业率越高，物价上涨率越低，失业率越低，物价上涨率越高。他们由此得出结论，要减少失业就会出现通货膨胀，要稳定物价，失业率就会上升。萨缪尔森等人还宣扬，20世纪以来美国的资料表明，要使物价基本稳定，至少必须有 5％～6％的失业率，要实现充分就业（当时的所谓标准是失业率保持在 3％以内），必须以 4％～5％的通货膨胀率为代价。因此他们认为：政府可根据这条曲线在失业和通货膨胀之间权衡取舍，进行"需求管理"。

这种"两害相权取其轻"的需求管理做法，在 20 世纪 60 年代后期出现的"滞胀"现象面前失灵了。因为按照他们上述这套理论，通货膨胀率与失业率应该可以互相替换，不可能出现高的通货膨胀率和失业率并发的情况。但是 20 世纪 60 年代后期起，一方面物价犹如脱缰之马，奔腾直上，通货膨胀率高达两位数（10％以上），另一方面生产过剩，市场萧条，经济呈现停滞局面，失业率也相当高。对于这种通货膨胀和经济停滞并发的"滞胀"现象，萨缪尔森等人也加以解释。他们说，政府增加的大量开支，本应用于举办公共工程，以增加就业量，但现在政府的开支却大多用于社会福利事业，并没有起到扩大就业的作用，而政府增加开支的钱要靠多发行货币来弥补。这样的政策，一方面不会使失业率降低；另一方面却使物价上涨，这就导致经济停滞和通货膨胀并发。他们还说，现在同时存在较高的失业率和通货膨胀率，使得菲利普曲线的位置越来越高了，要稍微降低一些失业率（仍是高失业率），必须以更高的通货膨胀率为代价。

萨缪尔森等人提出的一套经济政策的出发点是，既要保持有高度就业和经济增长，又要避免严重的通货膨胀。怎么做到这一点？他们首先强调高额消费和高额投资的作用，尤其强调国家实行"需求管理"的重要性。所谓需求管理，就是由政府积极采用补偿性的财政政策和货币政策，对社会总需求进行适时的调节，以保持经济的稳定增长。"需求管理"的思想，是后凯恩斯主流经济学的政策主张的核心，也一直是战后历届美国政府经济决策的基本依据。

随着资本主义经济形势的恶化，后凯恩斯主流经济学的政策主张也有所变化和发展。上世纪 60 年代初，托宾（James Tobin，1918 年～2002 年）等人替肯尼迪政府制定的"新经济政策"，主张即使在经济上升时期也要执行扩张性政策（即扩大赤字财政和发行更多货币）。这就修改了原来主张只在经济停滞时期实行扩张性政策的观点。另外，按照凯恩斯主义，"需求管理"原来是以财政政策为主的，配合以货币政策。然而，由于失业与通货膨胀并发，萨缪尔森等人又提出传统的经济政策已失灵，要用多种政策工具实现多种政策目标。例如可以采取松紧搭配的政策，用紧的（收缩性）货币政策对付通货膨胀，同时用松的（扩张性）财政政策对付失业和经济停滞。实际上萨缪尔森本人已将这两种宏观政策看得同等重要了。

四、新剑桥学派

后凯恩斯经济学的另一个分支，是由英国剑桥大学一些信奉凯恩斯学说的著名经济学家组成的新剑桥学派。他们自称自己是凯恩斯经济学的真正继承者，主张彻底否定当年马歇尔为代表的剑桥学派的传统学说，并提出许多比较激进的理论主张，因而又被称为"凯恩斯左派"。主要代表人物是琼·罗宾逊和尼古拉斯·卡尔多。

琼·罗宾逊（Joan Violet Robinson，1903 年～1983 年）是英国著名经济学家、剑桥大学教授，曾是剑桥学派一员，后积极追随凯恩斯，自认为是其嫡传弟子。她的著作甚丰，内容广泛，有《不完全竞争经济学》（1933 年）、《资本积累论》（1956 年）、《经济增长的理论》（1962 年）《经济学异端》（1962 年）等，有人称颂她是罕见的伟大的女经济学家。

尼·卡尔多（Nicholas Kaldor，1908 年～1986 年）先在伦敦经济学院任教，后为剑桥大学教授，也是英国经济学界的活跃人物，曾写过一些重要著作，发展了西方福利经济学、收入分配理论和经济增长理论。

新剑桥学派是在同新古典综合派的论战中建立和发展起来的。20 世纪 50 年代中期，琼·罗宾逊和卡尔多先后发表著述，向新古典综合派的经济增长理论、资本理论和分配理论公开挑战。到 20 世纪 70 年代，两派的论争愈演愈烈。新剑桥学派指责美国新古典综合派是"冒牌"的凯恩斯主义，抨击他们的错误政策主张给资本主义经济带来了严重后果。新古典综合派则把对方斥之为经济学的"异端"。他们之间激烈的争论和攻击，反映出凯恩斯经济学面临深刻的危机。

为什么新剑桥学派把新古典综合派说成是"冒牌"的凯恩斯主义？

琼·罗宾逊认为，凯恩斯革命是对传统经济学的理论和方法论的彻底决裂，因此凯恩斯理论的继承者就应该坚持并进一步发展这种决裂。凯恩斯虽然曾经讲过，当社会实行充分就业后新古典学派的理论还是对的，但这是未经充分思考的一种失误，与《通论》的主要论点是相对立的。而新古典综合派利用了这点，错误地把经济学分成宏观和微观两部分，并且硬把根本不相容的所谓微观分析同凯恩斯体系拼凑在一起。这种做法严重损害了凯恩斯经济学的统一性，也无法使人提出清醒的政策建议。

她进一步强调，有效需求学说当然十分重要，但凯恩斯在理论上的革命主要是用历史观代替了均衡观。传统经济学宣扬资本主义能自动走向经济均衡，还把人们看成都是从追求最大利益这一点出发来决定自己经济行为的。《通论》摆脱了这种均衡观点的束缚，坚持了现实生活中的昨天和明天是有区别的思想，用历史的观点分析经济现象。说得具体点，一方面要对经济生活中发生的各种现象追溯历史的根源。例如凯恩斯主张物价主要由工人的货币工资率所决定，而一个国家实际存在的货币工资率，一是由历史原因形成的，二要看劳资之间力量的对比。那种认为工资由劳动供求关系决定的传统观点是不对的。另一方面对未来的事情则要考虑它的不确定性，即变化莫测，人们不可能按照追求最大利益的原则办事，而只是凭经验推测或公认的惯例来决定自己的经济行为。例如，凯恩斯根据对未来预期的不确定性，得出了资本边际效率会急剧变化而引起经济危机的结论。琼·罗宾逊认为，萨缪尔森等人名曰"综合"，实际上是用传统学说的均衡观取消上述凯恩斯的历史观，因而实际上也就否定了凯恩斯的"革命"。

琼·罗宾逊还强烈指责新古典综合派贩运了被凯恩斯直接批判和否定过的东西。例如，彻底否定"萨伊法则"，是凯恩斯经济学的基本前提。然而萨缪尔森鼓吹"混合经济"能够为充分就业创造所必需的购买力，宣扬凯恩斯讲的"非自愿失业"一类现象已经消灭。这实际上是恢复了"萨伊法则"，使得全部旧学说都偷偷地回复来了。

琼·罗宾逊还指出，由萨缪尔森"综合"进来的价值论和分配论也应坚决摒弃。她认为凯恩斯具有强烈的现实感，当时迫切需要解决的是萧条和失业问题，因此只对经济作短期的静态的分析，没有机会和兴趣去关注价值论和分配论，以及详述自己与传统理论的根本区别。现在为了研究长期经济问题，固然需要补充价值论和分配论，但它们应当与整个社会经济发展的现状与趋势密切结合，才能说明现实问题。萨缪尔森宣扬的均衡价格论和边际生产力分配论，非但无法做到这点，而且与凯恩斯体系不相容，因而是不足取的。新剑桥学派宣称他们要面对现实经济状况，把凯恩斯经济学与当前的实际需要结合起来重建政治经济学，以确立所谓真正正统的后凯恩斯主义。

怎样重建政治经济学？新剑桥学派提出，必须抛弃对凯恩斯的"收入-支出分析"和需求管理学说的曲解，反对用传统的"微观理论"补充和发展凯恩斯学说，而应当花大力气去发展《通论》最后一章的重要思想，即论证资本主义社会财富和收入分配的失调，以及推论资本主义必然走向没有食利者阶层的文明生活新阶段。于是，如何在凯恩斯的基本理论基础上发展收入分配理论并制定相应的社会政策，就成了新剑桥学派经济理论的基本内容。这一理论总的是：把收入分配理论与经济增长理论融为一体，着重研究经济增长过程中工资和利润在国民收入中的相对份额是如何变化的。这样，他们的学说被认为是回到了英国古典政治经济学特别是李嘉图经济学的主题，因为他们认为李嘉图也主要是关心国民收入在各个阶级之间的分配问题，而且他们为收入分配论提供依据所试图建立的价值论，也与李嘉图的观点密切相关。所以新剑桥学派有时又被称为"新李嘉图学派"。

为了在李嘉图学说的基础上创建新的收入分配论，新剑桥学派尖锐抨击了新古典综合派信奉的边际生产力分配论。琼·罗宾逊指出，资本本身是由劳动创造出来的一种商品，把它当作一种会创造收入的生产要素，是错误的。边际生产力论使用的论证方法也站不住脚。例如它实际上是把各类劳动的实际工资当作衡量各类劳动的边际产量的标准，倒过来又说劳动的边际产量是衡量工资的自然标准。这等于说，工资衡量劳动的边际产量，劳动的边际产量衡量工资。这完全是循环推理。新剑桥学派认为，这种分配理论不过是为资本主义分配不均的现状辩护，根本不符合实际情况。

怎样创建新的收入分配论？新剑桥学派发展了李嘉图关于工资与利润互相对立的思想，把整个社会分成工人和资本家两个阶级，把国民收入分成工资和利润两部分，宣称收入分配论就是研究工资和利润在国民收入中所占比重的变动。按新剑桥学派的说法，利润在国民收入中所占比例，取决于两个因素，一是资本家的边际储蓄倾向，二是投资率，这一点用公式表示是：$P/Y = 1/S_P \cdot I/Y$。其中 P 为利润量，Y 为国民收入，S_P 为资本储蓄率（即利润收入中有多少用于储蓄），I 为投资，I/Y 为投资率。从这个公式可以看出，如果投资率（I/Y）不变，资本家的收入用于消费的比例越高，则储蓄率（S_P）越低（因为收入中用于消费的越多，用于储蓄的就越少），那末利润在国民收入中所占比例就越高。如果资本家的储蓄倾向不变，投资率越高，利润在国民收入中比例也越高。由于工资和利润在国民收入中所占比例的变化是呈反方向变化的，当上述因素促使利润比例增大时，就必然压低工资在国民收入中的比例。这意味着工人阶级的经济地位相对恶化。

新剑桥学派又通过"剑桥经济增长模式"论述了收入分配与经济增长的关系。这一增长模式也用 $G_n = S/V$ 表示。他们认为在自然增长率 G_n 和资本增长率 V 都确定下来不再变化时，社会可以设法改变储蓄率 S 的大小来推动经济增长。这里讲的 S 代表总储蓄率，只能来自工资收入和利润收入，如果工人和资本家的储蓄倾向稳定不变，要改变 S 就必须通过改变工资和利润在国民收入中所占份额来实现。由于资本家储蓄倾向较高，因此通过提高利润在国民收入中的份额就能够实现充分就业的稳定增长。

琼·罗宾逊等人又指出，这样一来，经济增长是实现了，却会带来贫富差距不断扩大的恶果。为什么？他们的看法是，利润在国民收入中的份额取决于资本家的储蓄倾向和投资率，由于资本家储蓄倾向一般比较稳定，因此，这种分配份额主要由投资率决定。资本家的投资欲望归根结蒂是受竞争的压力和资本家的道德标准所驱使的。在充满激烈竞争的社会中，为了避免破产，或者飞黄腾达，资本家都必须具有"竞争精神"，不断增加资本积累以增强自己的经济实力。这样，较高的投资率带来了较高的经济增长率，而经济增长率越高，利润在国民收入中所占份额就越大，工资所占份额就越小，工人阶级的生活必然随之恶化。这个观点正好与就新古典综合派相反。

新剑桥学派认为，凯恩斯用有效需求不足来解释资本主义的危机与失业，是抓住了资本主义病根的。新剑桥学派把有效需求不足归咎于国民收入分配的不公平。于是，他们从自己理论中得出的最后结论是：资本主义制度种种弊端的症结在于收入分配不均，而现代的经济增长恰恰又加剧了这种不均状况。因此，要拯救资本主义制度，最根本的是要改进收入分配制度。新剑桥学派的政策主张就是根据这个基本思想提出来的。

新剑桥学派在论证自己政策主张时，猛烈抨击了新古典综合派片面强调就业水平、完全忽略就业内容的政策思想。琼·罗宾逊等人批评新古典综合派在提高就业水平的幌子下，鼓吹国民经济军事化，宣扬无计划增长的政策，导致了环境严重污染，资源大量浪费，消费者蒙受损失等后果，特别是滥用赤字财政等手段，还带来了"停滞膨胀"的灾难。琼·罗宾逊强烈指责新古典综合派是罪魁祸首，使资产阶级经济理论陷入她一生中遇到的第二次危机（第一次危机指 20 世纪 30 年代初新古典学派的自由竞争学说的破产）。因此她主张要坚决实行凯恩斯"投资社会化"的主张，用社会管制投资的办法去扩大就业量和解决好就业内容问题，充分合理地利用生产资源。

新剑桥学派也不赞成用收入政策来对付"滞胀"。琼·罗宾逊认为，现实的收入分配格局不合理不公平是资本主义致命伤，打破这种格局是当务之急，而新古典综合派管制工资—物价的收入政策却要把这种格局长期保持下来。在新剑桥学派看来，实行以"收入均等化"为中心内容的社会政策，才是医治资本主义病症的根本措施。例如可以用累进税率收取富人较多的收入，用高额遗产税和继承税去削弱甚至取消对财产的世袭权。政府通过这些政策获得的收入可专门用于社会福利事业，如向失业者和低收入家庭提供适当补助，以及开办学校、医院和其他文化福利设施等。新剑桥学派试图依靠这类社会政策，把资本主义改造成没有贫富不均、没有食利者阶级的理想社会。这与福利国家论是相当相似的。

■ 第三节　凯恩斯主义非均衡学派

凯恩斯主义非均衡学派又称非瓦尔拉斯均衡学派，因为它是 20 世纪 60 年代以后受凯恩思经济学启发并借鉴瓦尔拉斯的均衡分析方法而发展起来的一个现代西方经济学流派。

一、凯恩斯主义非均衡学派的形成

尽管通常认为以色列经济学家唐·帕延金（Don Patinkin，1922 年～1995 年）是最早涉足了非均衡问题的分析，但被公认为是非均衡学派的主要奠基人之一是美国经济学家罗伯特·克洛尔（Robert W. CLower，1926 年～　 年）。他在 1960 年发表的《凯恩斯与古典学派》，以及特别是 1965 年发表的《凯恩斯主义的反革命理论评价》的著名论文中，深刻研究了凯恩斯经济学体系与古典学派经济学体系之间的分歧，对新古典综合派以一般均衡理论来解释凯恩斯经济学提出尖锐批评，提出了非均衡理论的一系列重要观点。例如，他认为古典学派的一般均衡理论认定，所有经济活动当事人都能按各自的供给函数和需求函数行动，起作用的是价格信号，数量信号不起作用，比方说商品和劳动供不应求或供过于求时价格总会上升或下降到供求平衡时成交为止，但现实情况却往往是均衡价格达到之前市场中就有交易活动存在，这种成交的量等于计划供给或计划需求中最小的量，也就是"短边均衡原则"。在此，要注意区分计划的量（观念的量）和现实的量（有效的量）。前者是经济活动当事人按一定价格在交易前的意愿供给和需求的量，后者是市场上实际达成交易的量。这种成交量通常不会是均衡价格水平上的成交量，而是非均衡交易量。在当代货币经济中，存在的多种多样货币中介使供给和需求在时间上和空间极大分离，市场的多样性与交易的复杂性又使得经济中到处充满了非均衡交易，因此，传统的瓦尔拉斯一般均衡分析模型所描绘的市场机制完美自我调节理论离现实实在太遥远了，根本不能作为描述现实世界的有效分析工具，而应代之以非均衡理论分析工具。克洛尔一系列重要论述为凯恩斯主义非均衡学派的形成铺平了道路。

1968 年瑞典经济学家、克洛尔的学生阿克塞尔·莱荣霍夫德（Axel Leijon-hufvud，1933 年～　年）在其博士学位著作《论凯恩斯学派经济学和凯恩斯经济学》中沿着克洛尔指出的方向对非均衡分析方法进行了更深入的探讨，说明存在信息不完全和信息搜寻成本情况下，数量调整不但可能存在，且会先于价格调整。他指出凯恩斯的《通论》的本质是"非均衡性"，而流行的美国凯恩斯主义经济学派（即新古典综合）却用均衡分析方法为指导对凯恩斯经济学作了曲解和庸俗化。

在克洛尔和莱荣霍夫德研究基础上，美国经济学家巴罗（Robert J. Barro，1944 年～　年）和格罗斯曼（Herschel I. Grossman，1939 年～　年）在 1971 年的"收入和就业的一般非均衡模型"一文中，综合了克洛尔的消费函数和帕廷金的就业函数，提出了著名的"非均衡"宏观经济学模型，为凯恩斯宏观经济学提供了微观基础。

此后，非均衡理论分析主要由法国经济学家让-帕斯卡尔·贝纳西（Jean-Pascal Benassy，1948 年～　年）、马林沃德（Edmond Malinvaud，1923 年～　年）等在 20 世纪 80 年代完成。他们提出的一些非瓦尔拉斯均衡概念，将瓦尔拉斯一般均衡分析方法应用到市场非出清条件下，为非均衡分析提供了一个坚实的基础。

二、非均衡理论分析中一些概念

凯恩斯主义非均衡学派认为，非均衡理论是相对于瓦尔拉斯一般均衡理论而言的，而 1933 年凯恩斯本人在《经济学季刊》上发表的"就业的一般理论"一文就明确指出了凯恩斯《通论》和古典派的经典理论之间的两大差异：一是经济活动是不是确定的，未来是不是可知的；二是需求决定供给还是供给创造需求。

非均衡学派的经济学家按照凯恩斯的思路，认为凯恩斯经济学和传统一般均衡理论之间最重要的差别是凯恩斯认为经济活动是不确定的，未来是不可知的，经济行为所能获得的信息是有限的，而传统一般均衡理论认为，经济生活不存在任何不确定因素，经济行为人总能获得所需一切信息，他们对价格总能作出完全的反应，使所有市场都处于供求平衡之中。然而事实告诉人们，市场非出清即市场上短缺或过剩的情况是普遍的，经常的，根本原因就在于市场信息总是不完全的，获取信息总是有成本的，在这样情况下，价格的瞬时调节不可能成为市场调节的有效方式，即供过于求并不会使价格立即下调，供不应求时并不会使价格立即上调，进而达到供求平衡，相反，市场对需求变化的最初和最直接的反应不是价格调整，而是数量调整。这种数量调整达到的均衡就是非瓦尔拉斯均衡。这也是一种均衡而不是失衡，但不是瓦尔拉斯所称的所有市场都达到均衡状态的均衡，而是指通过数量调整，市场还是达到了某一点的收敛。

例如，假定劳动市场按现行工资水平有 10 万人愿就业，但企业按此工资只需要雇佣 8 万人。由于存在工资刚性，市场不可能通过工资下调使 10 万人都就业，而是企业按现行工资雇了 8 万人，结果形成 2 万人非自愿失业，劳动市场没有出清。可见，在这里需要区分意愿供求和有效供求。意愿供给指经济行为人在一定价格下愿意出售的商品（包括劳动）数量，意愿需求指经济行为人在一定价格下愿意购买的商品（包括劳动）数量，这二者都是交易发生前经济行为人向市场发的一种信息，是他们交易意愿的表示。有效需求和有效供给是指实际成交时的需求量和供给量，有效供求量就是实际成交量。

上面例子告诉我们，由于存在工资（劳动价格）刚性，市场并没有通过瓦尔拉斯一般均衡原则通过价格调整达到均衡，工人只是按企业需要雇佣的数量约束（8 万人）来就业，均衡中数量调整取代了价格调整的方式，实现了所谓短边原则。短边指意愿交易数量最低的那一边，另一边则是长边。供不应求时，供给方是短边；供过于求时，需求方是短边。供求不平衡时，处于短边的交易者都能百分之百实现其需求或供给，这就是短边原则。

三、微观非瓦尔拉斯均衡分析

非均衡学派认为，凯恩斯理论精髓是把非均衡看作常态，瓦尔拉斯均衡是特例。但新古典综合派试图强行把凯恩斯理论纳入一般均衡分析框架，结果使凯恩斯理论更远离现实并缺乏微观基础。为此，非均衡学派试图用一个非均衡理论为凯恩斯宏观经济理论打造一个微观基础。这样，他们就提出一套微观非瓦尔拉斯均衡分析框架。

1965 年，帕廷金在他的著作《货币、利息与价格》第十三章"非自愿失业条件下的模型运行"中，在一个具体的市场非均衡背景下分析了非自愿失业问题。传统的新古典理论对这一问题所持的观点为，真实工资过高是导致非自愿失业的原因，即过高的工资，一方面使劳动的供给增加，另一方面使企业的生产成本增加，对劳动的需求减少，这就出现了非自愿失业。帕廷金不同意这种看法，他提出另一个分析框架，认为劳动市场上的非自愿失业来源于商品市场上的非均衡现象，这就是当企业不能够实现他的意愿供给时（即在商品市场上不能按计划卖出他的产品时），就会转而减少对要素的需求，因为要素需求是一种源于商品需求的引致需求。这时，哪怕真实工资没有任何变化，非自愿失业也会出现。

在这里，帕廷金虽然并没有提出非瓦尔拉斯均衡的概念，但他却分析了不同市场间非均衡的相互影响，即商品市场上的非均衡会导致劳动市场上非均衡的产生。

相反，克洛尔分析的重点是劳动市场的非均衡对商品市场的影响。他的分析是从发现凯恩斯和瓦尔拉斯一般均衡理论两者在消费理论上的差异开始的。凯恩斯的消费理论认为，家庭的消费取决于其收入，而收入是由家庭通过在市场上售卖要素得来的，家庭收入为其所提供的劳动数量和实际工资率的乘积。例如一天工作 8 小时，若除去物价因素每小时 3 英镑，则一天的收入为 24 英镑。在凯恩斯的世界中，价格的调整因刚性或黏性是不起作用的，只有作为数量变量的收入起作用；在瓦尔拉斯的世界中，消费品价格调整能在瞬间完成，价格变化能灵敏反应供求状况，供过于求时，消费品价格很快下调，所以价格是决定消费的主要因素。为了弥合这两种截然不同的理论观点的差距，克洛尔提出了双重决策规则。

双重决策规则是指家庭在存在数量约束时，先对能够实现的劳动供应量做出决策，然后再根据收入做出消费决策。简单说即家庭先要考虑自己在劳动市场上能够实际售卖出多少劳动从而获得多少收入，然后再来考虑根据这些收入可以消费多少商品。而瓦尔拉斯体系则假定家庭总能够充分地在劳动市场上不受任何数量约束地实现其意愿劳动供给时（即只要想工作就可以得到工作），从而可以在商品市场上充分地实现其对商品的意愿需求。但如果家庭在劳动市场上不能卖出想卖出的劳动量，即受到了数量约束，有效劳动供给小于意愿劳动供给，家庭的有效收入就小于意愿收入，从而会影响在商品市场上的消费。

更严格的表述是，当各市场处于完全出清状态时，商品市场的意愿需求等于有效需求，家庭在进行购买和消费时，唯一的考虑因素就是商品价格，因此他们的消费函数可以表示为 $C = f(P)$；当劳动市场存在数量约束时，家庭在进行消费决策时就要考虑有效劳动供给问题，即他们的消费决定于其劳动收入，而劳动收入又可以表示为真实工资与有效劳动供给数量的乘积，其消费函数可以表为 $C = f(W/P \cdot \bar{L})$，这里，$\bar{L}$ 为受数量约束——即企业愿雇佣多少工人的约束——当时的劳动供给，它小于不受数量约束的意愿劳动供给 L，W/P 表示实际工资。观察对比上述两个消费函数可见，前者为瓦尔拉斯一般均衡理论所主张的消费函数，后者为凯恩斯理论主张的消费函数。

克洛尔双重决策规则的贡献在于将瓦尔拉斯一般均衡分析的消费理论和凯恩斯的消费理论纳入了一个共同的分析框架：当劳动市场存在数量约束时，凯恩斯的消费理论成立；当劳动市场不存在数量约束时，瓦尔拉斯一般均衡分析的消费理论成立。他详细研究了劳动市场的非均衡对商品市场非均衡的影响，即当劳动市场出现过度供给时，商品市场也会出现过度供给，即劳动市场上的失业会导致商品市场上的过剩。

总之，帕廷金站在企业的角度分析了商品市场的超额供给对劳动市场的影响，克洛尔站在家庭的角度分析了劳动市场的超额供给对商品市场的影响，巴罗和格罗斯曼则站在家庭的角度分析了商品市场的超额需求对劳动市场及家庭储蓄的影响。

商品市场上的超额需求是指，家庭在商品市场上的购买受到数量约束，即家庭持有货币不能够买到自己意愿的购买量，有效需求就小于他们的意愿需求，这种局面在价格是固定的情况下会出现。若价格可以灵活调整，超额需求的力量就会迫使价格上升，需求会减少，使市场回到均衡。如果价格受到了管制就不能自由调整。当家庭因商品供给短缺而持有过多货币时，家庭一般有两种选择：一是减少劳动供给量，即减少自己的货币收入，因为若不能通过提高价格来购买商品则持有过多的货币就是无用的，于是减少劳动供给而增加闲暇消费从而提高家庭的效用就是理性的选择；二是增加储蓄，即不减少劳动的供给，而将过多的货币储蓄起来。

四、宏观非瓦尔拉斯均衡分析

巴罗和格罗斯曼等人上述微观非均衡分析的目的，在于建立一个宏观非均衡模型。他们二人在"收入和就业的一般非均衡模型"一文中通过对商品市场和劳动市场统一起来的综合分析，建立了一个过度需求和过度供给条件下的宏观非均衡模型。马林沃德沿着巴罗和格罗斯曼研究的思路，更明确地考察了商品市场和劳动市场各种非均衡状况的组合，将古典失业理论、凯恩斯失业理论、抑制性通货膨胀理论等纳入到一个统一的分析框架中。

商品市场和劳动市场各有三种状态：均衡、超额供给、超额需求。两个市场的非均衡组合共有四种状况：

第一种状况：商品市场超额供给、劳动市场超额供给；

第二种状况：商品市场超额需求、劳动市场超额供给；

第三种状况：商品市场超额需求、劳动市场超额需求；

第四种状况：商品市场超额供给、劳动市场超额需求。

凯恩斯失业理论所反映的就是上述的第一种状况：两个市场都出现了超额供给。这一种状况的直观含义是，商品市场上超额供给反映了对商品的需求不足，即商品卖不出去，劳动市场上的超额供给反映了对劳动的需求不足，即劳动者虽有工作的意愿但却难以找到工作。工厂中、商店里的商品堆积如山，与此同时，社会的失业率极高，这种状况就是美国在 20 世纪 30 年代所出现的大萧条的情景。正是这种大萧条的悲惨状况促使凯恩斯反思古典经济理论的不足并创建了宏观经济学，因此这种状况可命名为凯恩斯失业理论模型。

古典失业理论模型反映的是第二种情况，即商品市场存在超额需求、劳动市场存在超额供给。这种状况的直观含义就是商品市场非常景气，过多的货币追逐较少的商品，生产企业不用担心他们的商品销售不出去，消费者的意愿需求超过了企业的商品供给，从而实现的有效需求小于其意愿需求；同时在劳动市场上存在着失业，家庭的劳动供给大于企业对劳动的需求。之所以将这种状况称为古典失业理论反映的情形，原因在于这种失业产生的原因符合古典理论的观点——过高的真实工资导致了失业的产生。因为真实工资过高，对企业而言，这会增加他们的生产成本，所以对劳动的需求减少，但对家庭而言，很高的真实工资使他们的闲暇成本提高，会使家庭增加劳动供给。这样，在劳动市场上劳动的供给增加而对劳动的需求减少，就会产生失业的现象。在商品市场上，因为家庭有过高的真实工资收入，所以他们就拥有更大的购买力和企业有限的供给比较起来，就会出现对商品的需求大于商品供给，即出现没有得到满足的超额需求。

抑制性通货膨胀模型反映的是第三种状况，即两个市场都出现了超额需求。直观地说它所描述的是这样一种情形：由于商品价格固定于一种低价，因此在商品市场上人们的意愿消费得不到满足，虽然持有货币，但却难以购买到自己计划要购买的商品数量。整个市场对商品的需求大于供给，但因为价格不能变动，这种超额需求并没有通过价格表现出来；如果价格可以自由灵活调整的话，超额需求的压力会使价格上升，以此来调节商品的供给和需求。在劳动市场上，由于劳动价格固定于一种低价，因此，企业的意愿劳动需求难以得到满足，家庭对劳动的供给小于企业对劳动的需求。如果价格机制在此可以起作用的话，那么企业就应当提高工资，吸引家庭提供更多的劳动，但是因为工资不能变动，这种超额需求难以得到缓解，也会长期存在。

关于商品市场存在超额供给、劳动市场存在超额需求的第四种情况，一般而言，这种情况不会产生的，原因是，当商品市场存在超额供给时，企业的商品供给超过了家庭对商品的需求，这个时候，企业的理性选择是压缩生产，减雇工人，而不是继续增加对劳动的需求并形成劳动市场的超额需求。

五、宏观非均衡政策选择

凯恩斯失业模型、古典失业模型和抑制性通货膨胀模型不过是商品市场和劳动市场均处于非均衡时的三种组合，不同组合的区域里，政策选择上应当有所差异。

在第一种类型的凯恩斯区域，因为两个市场都是超额供给而需求不足，故应采取传统凯恩斯主义所主张的增加财政支出、减少税收等刺激需求的手段。

在第二种类型的古典区域，失业的根源在于真实工资过高，所以应该采取收入管理政策，即降低工人的真实工资，减少其收入来降低商品市场上超额需求的压力，同时当真实工资降低时，也可以刺激企业增加对劳动的需求，从而解决劳动市场上供给过多的矛盾。

在第三种类型的抑制性通货膨胀区域，传统的凯恩斯主义政策和收入管理政策都是无效的，解决这一类型的失衡，关键要增加劳动和商品的有效供给。通过增加新的劳动力、提高劳动效率等办法来增加劳动供给，通过采用新技术等方法增加商品供给，会使整个经济向均衡状态运行。

第四节　新凯恩斯主义学派

一、新凯恩斯主义的产生

在 20 世纪 70 年代西方国家发生的滞胀等经济问题的背景下，一股经济自由主义思潮流行起来，反对凯恩斯主义需求管理的理论和政策主张。但是实践证明，货币主义、新古典宏观经济学派的市场连续出清假设与现实绝然不符，英美等国政府采取的新自由主义政策也并未消除经济的周期波动，非自愿失业依然存在。一些经济学家开始思考产生这些经济问题的根源及相应政策的选择，并对市场机制表示怀疑。这使凯恩斯主义"复活"出现了契机，新凯恩斯主义应运而生。

在学术论文中最先使用"新凯恩斯主义经济学"这一术语的，是劳伦斯·鲍尔（Lawrence Ball，1959 年～　年）、格利高里·曼昆（Gregory Mankiw，1958 年～　年）和戴维·罗默（David Romer）他们于 1988 年发表的《新凯恩斯主义经济学和产出－通货膨胀交替关系》论文（载《布鲁金斯经济论文集》1988 年第 1 期）。

新凯恩斯主义不是传统凯恩斯主义的简单复活，因为传统凯恩斯主义没有也不可能回答新古典宏观经济学家提出的责难：为什么商品价格和工资会具有刚性或粘性，为什么凯恩斯宏观经济理论模型与经济主体的最大化行为不一致？新古典宏观经济学家对凯恩斯主义的批评与冲击，使得凯恩斯主义经济学家从满意地接受固定工资和价格的传统凯恩斯模型回过神来，引发了一场对凯恩斯主义理论和政策基础的再认识。结果是，在 20 世纪 80 年代发展出一种以新古典宏观经济学风格（包括理性预期在内）但具有凯恩斯主义结论的新凯恩斯主义模型。

新凯恩斯主义的出现，是对 20 世纪 70 年代卢卡斯等人对凯恩斯主义所作责难做出的反应。在新凯恩斯主义经济学者看来，新古典宏观经济学并非关于人们实际生活世界的理论。它的研究方法实质上是难以真正应用于现实世界的一种数学上的构思。经济理论应当切合于真实世界，切合于真实世界的制度和现实行为。

　　20 世纪 80 年代，美国一批中青年经济学者致力于为凯恩斯主义经济学主要组成部分提供严密的微观经济基础。因为工资和价格刚性往往被视为凯恩斯主义经济学的主题，所以他们努力的目的在于更多说明这些刚性如何由工资和价格确定的微观经济学而引起。

　　新凯恩斯主义主要代表人物有哈佛大学的格利格里·曼昆和劳伦斯·萨墨斯（Lawrence Summers，1954 年～　年），麻省理工学院的奥利维尔·布兰查德（Olivier Blanchard，1948 年～　年）和朱利奥·罗坦伯格（Julio J. Rotemberg，1953 年～　年），哥伦比亚大学的爱德蒙·费尔普斯（Edmund S. Phelps，1933 年～　年），加州大学伯克利分校的乔治·阿克洛夫（George Akerlof，1940 年～　年）和珍尼特·耶伦（Janet Yellen，1946 年～　年），斯坦福大学的约瑟夫·斯蒂格利茨（J. E. Stiglitz 1942 年～　年），威斯康辛大学的马克·格特勒（Mark Gertler）以及普林斯顿大学的本·伯南克（Ben Bernanke，1953 年～　年）等人。

　　新凯恩斯主义仍然保留了凯恩斯主义研究方法和某些基本假设，但又从非凯恩斯主义经济理论那里汲取了某些新的论点或研究方法，由此引导出某些新的论点。

　　非市场出清假设是新凯恩斯主义最重要的假设，这一假设使新凯恩斯主义和原凯恩斯主义具有相同的基础。但两者的非市场出清理论存在重大差别：原凯恩斯主义非市场出清模型假定名义工资刚性，而新凯恩斯主义非市场出清模型假定工资和价格的粘性，即工资和价格不是不能调整，只是调整十分缓慢，需费相当时日。新凯恩斯主义还增添了原凯恩斯主义模型所忽略的两个假设：一是经济当事人最大化原则，即厂商追逐利润最大化和家庭追求效用最大化，这一假设源于传统的微观经济学；二是理性预期，这一假设来自新古典宏观经济学。经济当事人最大化原则和理性预期的假设使新凯恩斯主义突破了原凯恩斯主义的理论框架。他们从个体经济当事人（个体居民户和单个厂商）具有理性预期并追求自身利益最大化（效用最大化和利润最大化）出发来解释工资和价格的粘性，为凯恩斯宏观经济学提供坚实的微观基础。

　　除了强调并解释工资和价格的粘性外，新凯恩斯主义还特别重视经济体系在其他方面的不完全性。例如经济中存在的工资和价格的实际刚性、不完全竞争、不完全市场、异质劳动以及不对称信息等。这些都是新凯恩斯主义用来解释宏观经济波动的重要因素。

二、工资-价格粘性理论

　　工资和价格粘性理论可以分为"名义的"和"实际的"工资和价格粘性。名义工资和价格粘性是指名义工资和价格不能按照名义需求的变化而迅速地作出相应的调整。新凯恩斯主义把经济的波动归因于工资和价格的不易变动,但它不仅是假定名义粘性的存在,而且试图去说明为什么会存在这种粘性。尤其是要说明为什么理性的、追求自身利益最大化的经济主体不随总需求或其他冲击来调整自己的工资和价格。

在新凯恩斯主义经济学中,关于名义工资粘性研究最有影响的是费希尔(Stanley Fischer,1943年～　年)和泰勒(John B. Taylor,1946年～　年)发展的长期交错合同理论。长期交错合同是指厂商和工人不是在同一时期,而是在不同时期交替地签订长期劳动合同。只要存在长期交错合同,即使经济主体的预期是理性的,政府的货币政策变化能够被他们充分估计到,货币政策也可以影响到短期的产出和就业水平。其原因在于:当政府在调整货币供给量时,总有些厂商与工人的劳动合同未到期,货币供给量的变动不影响这些劳动合同,与这些合同有关的工人的名义工资不变。只有合同已到期的那些工人的名义工资可以调整。

这种长期劳动合同形成的理由又是什么?按照费尔普斯的意见,缔结长期劳动合同,对厂商和工人都存在如下利益:第一,工资谈判对工人和厂商都要付出代价。例如,谈判双方对工资结构必须进行研究,一些关键变量,诸如生产率、通货膨胀、需求、利润和价格,其未来变化情况也需要预测。合同时期愈长,这样的交易成本就愈少。第二,谈判如果破裂,工人可能需要通过罢工加强其谈判地位。这对于厂商和工人双方代价都是很大的。长期劳动合同可以大大减少这种代价。

如果经济中所有工资合同不是在同一时点签订的,则工资调整一般也是交错作出的。合同一旦签订后,总需求变动对未到期的工资合同没有影响,只影响那些已到期合同的工资调整。这样,总工资水平就有某种惯性或者说稳定性。总工资水平越稳定,名义工资粘性就越大。

关于商品价格水平的刚性的原因,新凯恩斯主义经济学家曼昆、阿克洛夫和耶伦等人从微观角度着手给出了解释。例如曼昆发展了一个关于垄断厂商价格粘性的"菜单成本"理论。所谓菜单成本,是指厂商每次调整价格要花费的成本,包括研究和确定新价格、重新编印价目表、将新编印价目表通知销售点、更换价格标签等所用的成本等。因价格变动如同餐馆的菜单价目表的变动,所以新凯恩斯主义者将这类成本称为菜单成本。这些成本是厂商调整价格时实际支出的成本。在面临总需求冲击时,厂商只有在调整价格后的利润增加量大于菜单成本时,才会调整价格,否则,厂商将保持原来的价格不变。菜单成本的存在,使厂商不愿意经常变动价格,所以价格水平呈相对粘性。

实际工资—价格粘性是指实际工资和价格并不对经济活动中的变化作出反应。具体地说,实际工资粘性意味着名义工资与物价水平之比不变。价格粘性指的是各产品之间的相对价格比有粘性。显然，实际粘性不等于名义粘性，比方说，假设名义工资和一般价格水平同时发生同方向同比例的变化，实际工资则保持不变，即实际工资具有粘性，但名义工资却具有弹性。

对于商品市场上的实际价格粘性，新凯恩斯主义者通过一些模型给予解释。例如，斯蒂格利茨指出了厂商在需求降低时不愿降价的原因。在市场上，当顾客对他所希望购买的产品特点具有不完全信息时，价格就可能会被看作其产品质量的标志。如果降低价格，某个厂商会冒这样的风险：它的顾客（或潜在顾客）可能会认为这标志着产品质量的下降。因此，厂商不愿轻易变动价格。当所有厂商都不改变价格时，经济中各种产品的比价维持不变，价格就有了实际粘性。

关于实际工资刚性，新凯恩斯主义在最大化行为和理性预期的假定下也作出了种种解释。包括①隐性合同理论；②效率工资理论；③局内人-局外人理论。

隐性合同理论指就业或雇佣关系不再仅仅被看作是劳动与工资的一次性现货交易关系，而是被视为一种较长期的类似于保险与被保险的合同关系：工人用自身的劳动在厂商那里所交换到的不是单纯的工资，而是一份收入保险，这份保险保护工人免受工资波动之苦。因为经济总处于不断的波动中，这种波动会导致对劳动的需求剧烈变化。由于厂商比工人具有更强的承担风险的能力，因此可以假定厂商是风险中立的，而工人是风险厌恶的。为降低工人收入的不确定性，厂商通过雇佣关系向风险厌恶的工人提供一份没有明确说明的合同，即"隐性合同"。该合同提供给工人的工资具有相对稳定性，合同工资不再完全按照劳动的边际产品确定，而由两个部分组成：除了通常我们所熟知的劳动的边际产品这一部分外，还有一个保险赔付部分。在经济衰退或萧条时期，劳动的边际产品较低，为了维持"正常"的收入，厂商支付给工人一个正的保险赔偿，合同工资就高于劳动的边际产品；反之，在经济繁荣时期，此时劳动的边际产品较高，净保险是负的，工资低于劳动的边际产品。通过加入一个可正可负的净保险保护，工资就不再随着劳动的边际产品的变动而同等程度地变动，实际工资出现了粘性。

效率工资理论是什么？总所周知，在劳动市场存在非自愿失业时，厂商本来可以用较低的工资雇佣到工人，但厂商并未这样做，而宁可支付较高的工资。效率工资理论对这一点给出了解释：实际工资的高低会影响工人的生产效率，而工人的生产效率又会影响厂商的利润。如果厂商削减工资，可能会更大程度地降低劳动生产率，反而增加平均的劳动成本，降低厂商的利润。因此厂商宁愿支付超过市场出清水平的实际工资，以保证工人有较高的生产效率，从而获得更多的利润。具体说是，厂商确定雇佣工人工资效率的弹性等于 1 时，称此时的工资为效率工资，即工资增加 1%，劳动效率也提高 1%，在这个工资水平上，厂商的平均劳动成本最低。当效率工资超过工人的最低期望工资时，总需求减少引致劳动需求下降，厂商实际雇佣工人数量低于最优雇佣数量，就业率下降。劳动市场上就存在非自愿失业。

局内人-局外人理论于 20 世纪 80 年代由林德贝克（Assar Lindbeck，1930年～　年）和斯诺尔（Dennis J. Snower，1950 年～　年）提出。[①] 一般而言，存在大量的、愿意以较低工资提供劳动的失业工人的情况下，厂商的理性反应应该是，或者降低在职工人的工资，或者招收失业工人来替代现职工人，如果他们反对降低工资的话。但在现实经济中，我们很少看到这种情况的发生，为什么？在林德贝克和斯诺尔看来，主要原因在于失业工人并不是在职工人的完全替代物。对于厂商而言，现有的在职工人是所谓的"局内人"，厂商了解他们，他们也具有在企业中工作的丰富经验；失业工人则是所谓的"局外人"，厂商缺乏对他们的了解，他们也不熟悉企业内部的情况。如果厂商执意用失业工人替代在职工人，则尽管工资成本可能会下降，但却可能会增加其他方面的成本，如解雇在职工人的成本、雇佣新工人的成本、培训新工人的成本。此外林德贝克和斯诺尔还强调一种新型的成本，即局内人与来自局外人阶层的新雇员可以合作也可以压制他们的能力。如果局内人感到其地位受到局外人的威胁，他们可能拒绝与新工人合作并指导他们，这种不友好和不合作的态度既影响局内人和局外人的工作积极性，也会影响整个工人集体的生产效率。

三、经济周期理论

新凯恩斯主义者认为，货币供应下降时，如果菜单成本和实际粘性的共同作用使得价格水平保持不变，那么总需求的下降将使产量的下降并降低对劳动力的有效需求。这时即使降价最终对所有企业都有利，企业也可能不降价，这是协调失灵的一个例子。在一个分散化决策的市场经济中，当事人之所以无法成功地协调他们的行动，是因为假定其他当事人都不能同时采取行动的话，任何单个的厂商都没有削减价格增加产量的激励。经济系统中的单个厂商无力协调经济整体行为，在需求变动而其他厂商都不调整价格时，单个厂商的最优决策是不改变价格。粘性的价格不能吸纳需求的冲击，只有通过产量的变动来调整供求。结果，产量和就业率随需求变动，经济出现周期波动。

另一些新凯恩斯主义者包括格林沃德（Bruce Greenwald，1946 年～　年）和斯蒂格利茨等人认为，工资和价格粘性不是主要的问题。即使工资及价格是充分灵活的，产量和就业仍然可能极不稳定，厂商厌恶风险和工资和价格的灵活变动的不确定性等因素是经济波动的原因。他们的说法是，产品市场上的厂商都是

---

① Lindbeck，A. and Snower，D.，"Explanations of Unemployment"，*Oxford Review of Economic Policy*，1985，1（2），34～59.

风险厌恶者；金融市场是不完全竞争市场，这个市场中信息不完全，厂商以证券形式进行融资受到一定约束。这样，厌恶风险的厂商只能通过有限的证券部分地转移其风险，但一般说来厂商更多地依赖贷款而不是新发行的证券进行融资，这会增加厂商破产的概率。特别是在萧条时期，需求的减少使厂商更容易破产。由于工资和价格弹性所产生的不稳定性远大于数量调整的不确定性，所以，在需求减少时，厌恶风险、证券发行受限制的厂商会降低其产量。厂商感觉到价格灵活性的风险越大，降低产量的激励也大，产量下降得也越多。

新凯恩斯主义者还研究了信贷市场的不完全性对经济的影响。在经济衰退时期，由于缺乏完备的信息，银行通常实行信贷配给，这进一步加剧金融市场贷款的难度，加剧了经济波动。

四、政策主张

新凯恩斯主义的基本政策主张是政府必须干预经济。因为种种事实表明自由市场是低效率的，微观市场的不完全必然导致宏观经济中的失业和经济波动。在强调粘性价格的新凯恩斯主义模型中，货币不再是中性的。由于市场经济中调整过程过于缓慢，如果出现了将导致持久效应的巨大冲击的话，那么政策干预就是必要的。

例如，根据局内人-局外人理论，为降低局内人权力并使局外人对雇主更有吸引力，有必要进行一些制度改革。降低局内人权力的政策包括：①弱化就业保障立法以降低劳动力的招募和辞退（替换）成本；②改革劳资关系以降低罢工的可能性。可能加强局外人权力的政策包括（a）重新培训局外人，以改善其人力资本和提高其边际产品；（b）增加劳动力流动性的政策，如运行更好的住房市场；③采用使工资灵活性更大的利润分享制度；④重新设计失业救济制度以鼓励找工作等。

新凯恩斯主义者魏茨曼（Martin L. Weitzman，1942 年～　　年）指出了利润分享制度的好处。他认为，利润分享制度提供了一个分散化的、自动的和市场激励的鼓励工资灵活性的方法，而工资灵活性将削弱宏观经济冲击的作用。魏茨曼列举了具有灵活报酬制度的日本、韩国和中国台湾的经历，这种灵活报酬制度使得这些经济以相对较高的产量和就业水平度过经济周期。[①]

又如，对于失业救济制度，许多新凯恩斯主义经济学家认识到了失业救济制度对失业的扭曲作用。一个提供无限期失业救济而不要求失业工人必须接受所提供

---

① Weitzman，M. L.，"Profit Sharing as Macroeconomic Poliy"，*American Economic Review*，1985，75（2），41～45.

的工作的制度，很可能降低局外人的权力，并提高为减少偷懒所需的效率工资。[①]因此他们倾向要减少失业救济。

再如，对于货币政策，新凯恩斯主义者认为，货币政策能稳定总产出和就业率，提高社会资源利用率。在市场机制失灵时，价格对总需求变化的反应过于迟钝，仅凭市场机制不能逆转达总需求的冲击，经济处于无效率状态。这时，只有政府干预，推行与需求变动相适应的货币政策、工资政策和价格政策，才能改变经济中的无效状态，推动经济向高产出的均衡态运动。即使厂商对价格和工资变动的信息作出了反应，只要有关总需求外生性的信息对货币当局仍然有效，那么政府推行有针对性的货币政策能稳定产业和就业。在政府的货币政策已为公众所知的情况下，货币政策虽然对产出和就业的影响大大减弱，但仍然能在稳定物价方面发挥积极的作用。为了实现稳定产出的目标，政府最优的货币政策是货币量的调整与影响价格的实际冲击相适应，与引起价格变动的名义冲击反向行事。为避免骤然紧缩通货可能导致粘性期内的失业与衰退，通货紧缩政策必须渐进实施，或者在工资、物价合同制定之前预先宣布并保证其可信性，使人们能预期到通货紧缩而不至于把工资、物价定得太高。

复习思考题

1. 为什么凯恩斯将其代表作命名为"通论"？

2. 凯恩斯就业理论的主要内容是什么？

3. 萨缪尔森为何自称"新古典综合派"？"新古典综合"的主要特征是什么？

4. 简述新剑桥学派的收入分配和价值理论。

5. 略述新剑桥学派方法论特点。在收入分配问题上，新剑桥学派如何批判新古典综合派？

6. 简释下列非瓦尔拉斯均衡理论的概念并举例说明：①瓦尔拉斯均衡与非瓦尔拉斯均衡；②意愿供求与有效供求；③数量约束与配额机制；④价格调整与数量调整；⑤短边、长边与短边原则。

7. 略述帕廷金的非均衡失业理论和克洛尔的双重决策规则。

8. 简要论述新古典宏观经济学与新凯恩斯主义的非市场出清假设有什么特点？

参 考 文 献

贝纳西. 1989. 市场非均衡经济学. 袁志刚等译. 上海：上海译文出版社

布赖恩·斯诺登、霍华德·文和彼得·温纳齐克. 1998. 现代宏观经济学指南. 北京：商务印书馆

[①] Shapiro，C. and Stiglitz，J.，"Equilibrium Unemployment as a Worker Discipline Device"，*American Economic Review*，1984，74（3），433~444.

冯金华. 1997. 新凯恩斯主义经济学. 武汉：武汉大学出版社

蒋自强、史晋川等. 1996. 当代西方经济学流派. 上海：复旦大学出版社

凯恩斯. 1983. 就业、利息和货币通论. 徐毓楠译. 北京：商务印书馆

莱昂·瓦尔拉斯. 1993. 纯粹经济学要义. 蔡受百译. 北京：商务印书馆

厉以宁. 1997. 宏观经济学的产生和发展. 长沙：湖南人民出版社

袁志刚. 1994. 非瓦尔拉斯均衡理论及其在中国经济中的应用. 上海：上海三联书店

第五章

经济自由主义诸流派

20 世纪的大部分时间里，以凯恩斯主义为代表的国家干预主义是主流经济思潮，但经济自由主义从未消失过。不管凯恩斯主义的光环有多么耀眼，很多自由主义经济学家一直都坚持自由市场经济理念，通过对国家干预主义的批判、对自由市场经济的进一步研究，继承和发展古典和新古典自由主义的传统。由于他们的不懈努力，在 20 世纪的后 30 年里，经济自由主义思潮终于重新风靡。本章就介绍几个自由主义流派的主要经济观点。

■ 第一节 现代货币主义

一、代表人物和理论渊源

现代货币主义（Monetarism）是 20 世纪 50、60 年代在美国出现的一个经济学流派。它一开始就以凯恩斯主义经济学对抗者的面貌出现，其领袖和奠基者是美国芝加哥大学经济学教授米尔顿·弗里德曼（Milton Friedman，1912 年～2006 年），其他代表人物有美国经济学家卡尔·布朗纳（Karl Brunner，1916年～1989 年）、艾伦·梅尔泽（Allan Meltzer，1928 年～ 年）等，英国经济学家艾伦·沃尔特斯（Allan Walters，1926 年～ 年）、戴维·莱德勒（David Laidler，1938 年～ 年）、迈克尔·帕金（Michael Parkin，1939 年～ 年）等。弗里德曼是自由企业制度和货币主义政策最热情和最有效的倡导者，并以此摘得了 1976 年诺贝尔经济学奖的桂冠。

货币主义主要论述这样一个观点：货币供给在短期内决定名义国民收入，而在长期内决定价格水平。这种分析是在货币数量论的框架中进行的，并且依赖于对货币流通速度是稳定的（在极端情况下恒定不变）的分析。

货币主义根源于传统货币数量论。货币数量论的核心论点是：物价水平高低和货币价值大小是由一国货币数量决定的，货币数量增加引起物价上涨，货币价值下降，货币数量减少则引起相反的变化。弗里德曼曾经说过，从长期看，货币主义几乎全盘接受早期货币数量论。它对早期货币数量论的主要贡献，就是它对短期后果作了更详细、更深入的分析。

除了传统的货币数量论外，货币主义的另一个直接的理论渊源是 20 世纪 30 年代前后形成的早期芝加哥学派的经济理论。其主要特点是：①继承货币数量论的传统，重视货币理论的研究；②主张经济自由主义，赞扬市场机制的调节作用。

二、主要理论观点

货币主义主要理论观点包括：

（1）货币需求理论。货币主义的理论基础是弗里德曼提出的货币需求理论。弗里德曼按照剑桥方程式 $M=kY$（M 代表人们手边保存的货币量，Y 代表以货币计算的国民收入，k 代表 M 与 Y 之间的比例）来表述现代货币数量论，认为剑桥方程实际上从供给和需求两个方面对货币现象作了分析，其中货币的供给由法律和货币当局决定，所以现代货币数量论首先是货币需求的理论。[①] 按照弗里德曼的观点，影响人们货币需求的因素很多，货币需求是一系列可供选择的资产组合的多元函数：

$$\frac{M}{P} = f\left(y, w; r_m, r_b, r_e, \frac{1}{P}\frac{dP}{dt}, u\right)$$

这一货币需求函数表明，实际货币需求（M/P）是实际收入 y，非人力财富获得的收入（或财产收入）与持久性收入的比例 w，预期货币名义收益率 r_m，预期的债券名义收益率 r_b，预期的股票名义收益率 r_e，预期的价格变动率 $\frac{1}{P}\frac{dP}{dt}$ 和其他非收入变量 u 的函数。

弗里德曼的货币需求函数继承了传统货币数量论中剑桥学派的"现金余额说"（指马歇尔关于人们的备用购买力即现金余额数量决定货币价值和商品价格

---

① 弗里德曼：《货币数量论——一个重新表述》，载《货币数量论的研究》（英文版），芝加哥大学出版社，1956 年版，第 4 页。

的一种理论。）的主要内容，同时又受到凯恩斯的流动性偏好理论的重要影响。但他的货币需求函数也有自己的独特之处。从研究方法上来说，在建立这一货币需求函数时，他运用了实证经济学的方法，用大量实际统计资料来分析各种因素对货币需求的影响，认为货币的需求主要取决于总财富，但总财富实际上无法衡量，可以用人们的收入来代表。然而，人们现期的收入非常不稳定，不能确切代表总财富，所以他引入了"持久性收入"来代表总财富状况。由于持久性收入具有相当的稳定性，所以货币需求也是高度稳定的，也就是说货币流通速度是比较稳定的，而不是像凯恩斯说的那样，利率变动会引起货币流通速度按同方向变动。弗里德曼根据美国 1867 年～1960 年的统计资料计算出，利率每增加 1%，人们对货币的需求只减少 0.15%，这说明利率变动对货币需求的影响是微不足道的。因此，货币流通速度是相当稳定的，传统的货币数量论关于物价随货币供应量变动的理论就基本上仍然有效。

当然，弗里德曼也不是简单的恢复传统的货币数量论。传统的货币数量论假定整个经济处于充分就业状态，货币流通速度和商品与劳务的产量在短期都是固定的，所以货币供应量的增加会直接影响物价同比例上升。弗里德曼则认为，在短期，经济可能处于失业的状态，货币供应量的变动，既影响物价水平的变动，也影响总产量或国民收入的变动。

（2）通货膨胀与自然失业率。弗里德曼从货币数量论出发，把通货膨胀说成纯粹是一种货币现象。认为无论何时何地通货膨胀总是个货币现象，是货币数量增长快于产量增长的结果。但凯恩斯主义经济学派却认为通货膨胀是降低失业率的结果，即菲利普斯曲线表明通胀率和失业率存在着稳定的反向变化的关系：较高的通胀率伴随着较低的失业率，较低的通胀率伴随着较高的失业率，宏观经济管理政策就是在通胀率和失业率之间进行权衡。

货币主义一开始就怀疑是否存在一条稳定的菲利普斯曲线。弗里德曼引入了"适应性预期"和"自然失业率"两个概念对传统的菲利普斯曲线作了改进。所谓的自然失业率实际上就是摩擦性失业和自愿失业，它是由劳工市场和商品市场的现实结构特征决定的。所谓的适应性预期是指工人和企业会根据上一期的通货膨胀率调整工资报价，以保证实际工资不会由于通货膨胀而下降。通货膨胀可以在短期内使得失业率降低到自然失业率以下，因为货币工资的涨幅可能低于物价的涨幅，工人的实际工资水平下降，企业愿意雇佣更多的工人。但是在长期，一旦工人意识到通胀率高于工资的涨幅，就会要求提高工资；另一方面，物价的提高也抑制了商品的需求，这两方面的作用使得失业率又回到自然失业率的水平。根据这一分析，弗里德曼认为，菲利蒲斯曲线所反映的通货膨胀与失业率之间的交替关系，只有在短期内的一定条件下才存在；在长期内，经济趋于自然失业率的水平，扩张需求的政策只能因为增加货币供给而引起通货膨胀。

弗里德曼关于通货膨胀与失业关系的理论，有着明确的政策含义：自然失业现象不是靠政府调节总需求的政策所能消除的，政府用财政政策和货币政策干预失业和通货膨胀不可能奏效。

（3）经济自由主义的市场经济理论。货币主义也体现着一种自由主义的经济思想和主张。但货币主义提倡的经济自由主义不是简单的回到古典自由主义，而是一种"新自由主义"。

凯恩斯主义认为价格和工资具有"黏性"，因此市场经常处于非充分就业的状态。而货币主义认为价格和工资是相对灵活的，在自由交换的市场活动中，充当着有效的协调者和组织者的作用。弗里德曼认为，价格的具体作用主要表现在传递信息、"刺激效应"和分配收入三个密切联系的方面，如果没有外来干预（主要是来自政府的干预），在价格机制的作用下，市场将会体现出最好的资源配置效率，私人经济总是趋于稳定的。

弗里德曼认为，名义国民收入的波动大多来源于政府行为，特别是货币供给的变动。20 世纪 70 年代以来资本主义国家经济发展中的"滞胀"问题，主要是政府庞大的产物。政府庞大化，财政支出必然增加，为了给庞大的政府开支筹措资金，最"廉价"的办法就是发行货币，结果是引起通货膨胀。政府过多的干预经济运行，还削弱了价格制度配置资源的能力，削弱了私人部门参与经济活动的积极性，降低了经济增长率和就业率。

弗里德曼强调，他所赞成的经济自由主义，并不是完全自由放任的市场经济。政府要保护产权和契约的履行，解决市场的不完全性，对国防这样的公共产品必须由国家和政府提供或进行干预，但要把指令性因素降至最小，主要依靠自愿合作来解决经济问题。

三、政策主张

货币主义的政策主张建立在现代货币数量论基础上，主基调是反对国家过多的干预，强调经济自由。

（1）减少政府对经济干预。弗里德曼对二战以后政府对经济生活日益扩大的干预，特别是美国对经济生活的干预，提出反对意见。他认为，这种干预不但构成对自由的威胁，而且也缺乏效率，所以一些不必要的干预（如发放营业执照）应该取消，一些必要的干预（如邮政）应该改由私人经营。国家对经济生活的干预不但要限制在最低水平上，而且应该尽可能的通过市场和价格制度来完成，这样不但可以取得最有成效的结果，而且可以保卫自由竞争的资本主义。

（2）"单一规则"的货币政策。原则上，货币主义也建议利用货币政策对经济进行微调。弗里德曼把正确的货币政策的积极作用归纳为三条：①防止货币本身成为经济混乱的主要源泉；②给经济运行和发展提供一个稳定的背景；③有助于抵消经济体系中其他原因引起的比较重要的干扰。

货币主义的政策主张和凯恩斯主义完全不同。凯恩斯主义者提倡一种相机抉择的货币政策，即由中央银行根据经济情况，随时用调整贴现率和买卖政府债券等方法来调整货币供应量的政策。弗里德曼通过大量历史统计数据的实证分析表明，名义收入增长率的变化滞后货币增长率的变化平均为6～9个月，而通货膨胀率的变化又要滞后名义收入增长率的变化平均为6～9个月，也就是说，通货膨胀率的变化和货币增长率的变化这两者之间的时滞平均为12～18个月。[①] 根据这一分析，弗里德曼坚决反对凯恩斯主义相机抉择的货币政策，认为由于货币数量变化对实际经济和通货膨胀的影响存在时滞，使得政府扩大和收缩货币供应量时经常做过了头（刺激过度或收缩过度），结果不但没有克服经济的不稳定，反而导致经济波动更加频繁、更加剧烈。因此最佳的货币政策应该使货币供给以固定的速度增长，并且在任何经济形势下都维持这一速度，即"单一规则"的货币政策。弗里德曼根据过去100年的统计资料计算出，美国年产出平均增长3％，劳动生产率年平均增长1％～2％，因此建议美国货币供应量应该按照每年4％～5％的固定增长率增长。货币主义相信，"单一规则"的货币政策能够消除现代经济中造成不稳定的重要因素——货币政策反复无常的变动。

（3）"收入指数化"方案。为了对付20世纪70年代的滞胀问题，主要资本主义国家都推行了对工资、物价实行冻结或管制的"收入政策"，但收效甚微。弗里德曼提出了"收入指数化"方案代替收入政策，将工资、政府债券和其他收入同生活费用（例如消费物价指数）紧密的联系起来，使它们根据物价指数的变化进行调整。因为收入指数化可以消除通货膨胀带来的不公平，剥夺政府通过制造通货膨胀产生的收益，这样可以消除政府搞通货膨胀的动机。实行收入指数化可以抵消物价波动的影响，减少通货膨胀造成的痛苦，甚至医治通货膨胀。当然，指数化不可能覆盖经济生活的全部，因此，要彻底医治通货膨胀，最有效的方法还是控制货币供给的增长。

（4）实行浮动汇率制。二战后，国际金融体系实行的是布雷顿森林体系，实际上是一种盯住美元的固定汇率。弗里德曼在1950年写的文章"浮动汇率问题"中，明确反对固定汇率，主张采用浮动汇率。弗里德曼认为，20世纪60年代末70年代初，资本主义国家普遍存在严重的通货膨胀，主要原因之一就是固定汇率制导致各国都从美国输入了通货膨胀。根据他的看法，浮动汇率具有自动调节功能，有助于国际贸易和国际收支的自动均衡，减轻国际收支失衡对国内经济的

---

① 弗里德曼：《论货币》（1980年版《大英百科全书》的《货币》词条），载《世界经济译丛》1981年版第5期，第29页。

不利影响。这对于实现国内经济的稳定增长，发展多边贸易都是十分有利的。20世纪 70 年代，频频爆发的美元危机最终迫使尼克松政府宣布暂停外国中央银行以美元兑换黄金，这就宣告了布雷顿森林体系的瓦解，随后各主要资本主义国家都陆续实行了各种形式的浮动汇率制，这就证实了弗里德曼等人的观点，使得货币主义浮动汇率制的政策主张得以实现。

四、货币主义评价

现代货币主义是从反对凯恩斯主义起家的，弗里德曼是 1945 年～1985 年这40 年当中自由企业制度和货币主义政策的最热情和最有效的倡导者。他不仅影响了一个时代的经济学家和政治家，而且西方国家的舆论和整个知识分子阶层都明显受到他思想的影响。

在理论上，弗里德曼及其追随者继承了传统货币数量论的精髓，坚持并复兴了经济自由主义的思想，掀起了反对"凯恩斯革命"的浪潮，使人们对市场经济特别是对货币经济的认识更深了一步。20 世纪 80 年代开始，货币主义出现不同的分支，其中一支坚持原有的传统，另一个较年轻的分支成为今天颇具影响的新古典宏观经济学派。

在实践中，货币主义从 20 世纪 70 年代开始在英美等国逐渐成为政府制定政策的理论依据之一。美国总统里根曾声称他的经济政策的指导理论之一来自米尔顿·弗里德曼，英国首相撒切尔夫人更是制定了以货币主义为纲领的经济政策，在英国大力推行缩减货币供给，削减政府开支等经济政策。美联储和英格兰银行在 1979 年先后开始以货币供应量为政策的中间目标，通过控制货币供给量来稳定经济。应该说这些经济政策对西方国家走出滞胀起到了一定作用。

尽管现代货币主义对传统的货币数量论进行了修正和补充，分析了货币数量对经济的影响和传递机制，但本质上仍然没有脱离货币数量论的范围。他们提出的"自然失业率"概念尽管已经从"充分就业"的概念向现实前进了一步，但仍然和现实有距离。在实践上，货币主义的政策建议的确发挥了作用，但它并没有创造奇迹：美国从 1979 年到 1982 年通货膨胀率迅速下降，但失业率由 6％上升到 10％。说明货币主义的菜单上没有免费的午餐，它反通货膨胀政策为降低通胀的每个百分点付出的经济代价是失业和产出损失。更加重要的是，货币主义提倡单一规则的货币政策，理论基础是人们的支付习惯是比较固定的，因此货币的流通速度比较稳定，但是 20 世纪 80 年代以来的高利率激发了金融创新，并推动了支付利息的支票账户的广泛使用，人们的支付行为发生了变化，使得货币流通速度变得极不稳定，这就动摇了货币主义的现实经济基础，使中央银行不能再使用货币总量作为货币政策的目标工具。

第二节　供给学派

一、代表人物和理论渊源

供给学派（Supply-Side School）是 20 世纪 70 年代后期在美国兴起的又一个直接与凯恩斯主义相对抗的自由主义经济学流派，主要代表人物有阿瑟·拉弗（Arthur B. Laffer，1941 年～　年）、马丁·费尔德斯坦（Martin S. Feldstein，1939 年～　年）、罗伯特·巴雷特（Robert Barrett）、裘德·万尼斯基（Judd Wanniski，1936 年～　年）、保罗·罗伯茨（Paul C. Roberts）、罗伯特·蒙代尔（Robert Mundell，1936 年～　年）、乔治·吉尔德（George Gilder，1939 年～　年）等人。

供给学派注重供给，倡导经济自由主义，反对凯恩斯主义的有效需求管理理论及其政策主张，强调刺激储蓄、投资和工作的积极性，主张让市场机制更多的自行调节经济。但供给学派的理论基础是比较薄弱的，他们没有能够提出能和凯恩斯主义相对抗的新理论，而只是把古典经济学的那套东西重新搬了出来。供给学派在某种意义上不过是穿上了现代服装的古典经济学，它的理论基础是"萨伊定律"。

这里所讲的古典经济学，主要是指从斯密经过萨伊到约·穆勒所建立起来的，以供给为理论出发点，以生产、成本、生产率为研究重点，以经济自由主义为主要政策主张的经济理论体系。古典学派认为，经济的正常情形是充分就业的稳定均衡，商业周期是一种可以自我校正的暂时偏离。他们的分析都是围绕"萨伊定律"展开，供给会创造出对它自身的需求。生产决定了消费，所以经济研究的重点应该放在关注生产和供应上。

萨伊定律曾经遭到凯恩斯主义的严厉批判。凯恩斯认为，供给绝不可能创造对其自身的需求，产出也会在不确定的长期内偏离充分就业的水平。凯恩斯主义在二战以后的几十年里一直占统治地位，其需求管理理论成为西方主要资本主义国家制定经济政策的指导思想。但对付 20 世纪 70 年代西方国家经济普遍出现的"滞胀"问题，凯恩斯主义显得力不从心，束手无策。这时候，供给学派重新把"萨伊定律"搬了出来，认为正是凯恩斯主义长期以来不断的刺激需求，持续地损害了资本主义经济；要想克服"滞胀"危机，必须放弃凯恩斯主义的需求管理政策，回到注重供给、提倡经济自由的老路上来。

供给学派并不是一个体系严密、理论统一的经济学流派，它注重政策分析，学派内部存在很大的分歧，但它有两个核心特征：强调激励和倡导大规模减税。

二、对激励的新强调

供给学派的第一个主题是强调激励所起的关键作用，激励意味着对工作、储蓄、投资和企业家才能给予足够的报酬。他们认为，凯恩斯主义的理论无非是一种"需求自行创造供给"的理论，而需求其实并不会自行创造供给。需求管理政策使得政府开支日益增加，为了弥补赤字，只能依靠增税和增加货币发行，结果严重挫伤工作、储蓄和投资的积极性，供给不足导致经济停滞和通货膨胀同时出现。

（1）高税率特别是高的边际税率是妨碍工作积极性和造成劳动生产率下降的重要原因。供给学派认为，当税率特别是边际税率（增加的税收在增加的收入中的比率）提高时，高税收和通货膨胀就会使人们进入更高的纳税等级，会妨碍工人工作的积极性，对就业结构也会产生影响。原来美国主要是男性工人工作，相对来说男性工人的生产率比较高，但高的边际税率使单单依靠男性劳动者的工资维持的家庭受到了伤害，从而把大量的家庭妇女赶入了劳动大军，降低了平均劳动生产率。

（2）高的边际税率使得消费的成本变得较低，用于投资和储蓄的收益也变得很低，从而鼓励人们多消费，少储蓄，少投资，而且会使作为经济发展锋芒的上层阶级—大部分投资的源泉—纷纷转向可以躲避税捐的非生产性活动，囤积黄金，购置不动产，从事投机买卖。再说，广大的妇女和临时工等非熟练工充塞到劳动大军，导致维持高生产率职位的新投资严重不足，各个公司不是把钱用在购买耐用机器设备上，而是倾向于雇佣一些低薪工人（季节工和临时工）。

（3）供给学派认为，高边际税率不仅阻碍了个人和企业的财富积累和创造，更重要的是它使企业家的革新、发明、创造的精神丧失殆尽，因为高的边际税率使得创新活动得不到足够的回报，从而扼杀了经济增长的动力。

（4）大规模福利开支的"劫富济贫"的行为，一方面从富人那里拿走收入，会减少他们的投资，另一方面把资金给予穷人，会减少他们的工作刺激，结果是使得全社会的"经济蛋糕"越做越小，阻碍了贫困的改善。

供给学派认为，经济增长最重要的是要提高劳动、储蓄和投资等生产性活动的激励，增加闲暇和消费性活动的相对成本。提高激励的办法是降低对劳动、利率或股息征收的税率，以此增进就业、储蓄和经济增长。因为降低的税率会提高资本和劳动的税后收益，较高的税后收益又会刺激资本和劳动的供给，而投入和创新的增加将推进潜在产出的增长。

三、对减税的分析

供给学派认为，凯恩斯主义夸大了税收对总需求的影响，认为税收变化可以通过税收乘数影响总需求，并影响产出，结果导致政府过多的运用税收政策增加收入或刺激需求，而忽略了税收负担对激励的影响。实际上高税率减少了劳动和资本的供给，因而可能会减少政府总的税收收入。

阿瑟·拉弗通过"拉弗曲线"来说明税率和税收总额的关系，以及减税在刺激经济增长中的作用。从图 5-1 可以看出，当税率为零时，税收也为零；税率增加，税收也增加，一直到达税收最高额 AC 为止；税率高于 C 点，税率继续提高时，税收则开始逐渐减少，因为高税率挫伤了人们经济活动的积极性，税基变小了；当税率高达 100％时，税收降为零，因为此时无人愿意从事工作和投资了。

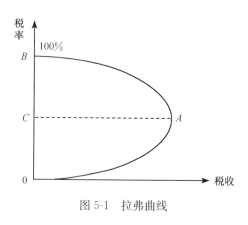

图 5-1　拉弗曲线

拉弗曲线表明，税率是有限度的，高税率抑制了经济活动，从而缩减了税基。除了税率 C，总存在能产生同样税收收入的两种税率，一种是高税率伴随着较低的产量，一种是低税率伴随着较高的产量。在区域 CBA，如果政府只想增加税率，税收收入反而会因产量的下降而减少，因此，拉弗称区域 CBA 为"税收禁区"。对于政府来说，主要任务就是找到税率的最佳点 C，避免在"税收禁区"内征税。

供给学派认为，二战以后因为政府实行凯恩斯主义的经济政策，为了弥补政府日益增加的开支实行了很高的税率，使得美国的大多税率一直处于"禁区"之中。因此，供给学派认为，当前美国首要的经济政策应该是减税，降低边际税率，从而提高工作、投资的积极性。他们声称，凯恩斯主义是将日益缩小的经济"蛋糕"从富人重新分配给穷人，而只有减税可以不断扩大这块"蛋糕"本身，使得政府的收益和私人储蓄、投资同时增加。

四、其他政策主张

当然，从开始减税，到储蓄和投资增加，技术变革加快，生产率上升，再到增加产量和就业，增加税收，消除财政赤字，需要一个相当长的时间过程。也许等不到减税发挥出这些作用，就会由于减税带来的乘数效应使得有效需求迅速提高，进而引起更大的通货膨胀，使预期减税后增加供给的美妙计划落空。对于这一问题，供给学派认为，有些税率的削减固然需要很长的时间才能对供给产生影响，但有些税率的削减立即能够起到促进生产、增加供给的好处。为了使减税尽可能减少引起扩大需求和通货膨胀的副作用，供给学派主张在减税的同时，相应的实行其他一些政策。

（1）减少政府开支，大规模缩减福利开支，提高私人投资的能力。这样做不但可以减少赤字、平衡财政收支，也可以增加供给，发展生产。供给学派认为，美国政府的许多财政支出，起到了抑制生产的作用：社会福利支出，抑制了人们工作的积极性；一些投资支出，排挤了私人投资，扭曲了资源的配置。政府这些方面的支出增加了，生产却下降了，政府为弥补赤字又引起了通货膨胀，所以，供给学派反对高税率的同时，又反对政府扩大支出。

（2）采取相应紧缩的货币政策，使货币供应量的增长和长期的经济增长相适应。这一点供给学派和货币主义的观点相同，但在如何控制货币供应量上，二者又有分歧。货币主义认为，由货币主管部门控制货币供应量以适应经济增长率就可以了，但供给学派更加极端，认为要切实有效的控制货币供应量，应当恢复某种形式的金本位制。

（3）尽可能减少国家对经济的干预和控制，更多的依靠市场力量来自动调节经济，充分发挥企业家的积极性，让企业自由经营。供给学派认为，二战以后，美国政府所制订的很多法令规章，如关于价格、工资、生产安全、环境保护、商品检验等法令条例，阻碍了企业经营的积极性和创造性，限制了生产发展，加重了企业负担，增加了生产成本，削弱了产品的国际竞争力，因此应当撤销或放宽。

可见，供给学派和凯恩斯主义之间的分歧，不仅仅是供给自行创造需求还是需求自行创造供给之争，更是经济自由主义和国家干预主义之争。

五、供给学派的影响

供给学派的经济理论得到了美国总统里根和英国首相撒切尔夫人的赞同。它曾经成为里根政府"经济复兴计划"的主要依据之一，从而成为"里根经济学"的主要组成部分。供给学派的政策主张对美国经济走出"滞胀"阴影起到了一定的积极作用，当然里根的"经济复兴计划"也包含现代货币主义和其他一些经济理论的内涵。虽然"经济复兴计划"的效果当时来看低于预期的水平，但也要看到供给学派强调激励和供给的作用。

当然，供给学派只是简单重申了古典经济学的理论观点，本身在社会哲学基础和经济理论方面较为薄弱和贫乏，缺乏一套完整的理论体系来与凯恩斯主义相抗衡。而且，供给学派的一些理论比较粗糙，例如拉弗曲线是拉弗吃饭时随意在餐巾纸上画出来的，没有严格的理论和实证的检验。主流经济学家、整个政界，甚至一些供给学派的经济学家，都对降低税率会增加税收收入的拉弗假说嗤之以鼻。更主要的是，供给学派从凯恩斯主义只强调需求这一极端走向了只强调供给的另一个极端。事实上，供给和需求是相辅相成的两个方面，从长期看，的确是供给能力的增长带来经济的增长，但市场经济经常处于非均衡状态是一个不可否认的事实，这就需要需求管理来稳定经济。经济政策，总需要在长期的增长和短期的稳定之间寻求一种平衡。

▇ 第三节　弗莱堡学派

一、代表人物和理论渊源

弗莱堡学派（Freiburg School）是当代西方经济学中一个具有较大影响的新自由主义流派。它产生于 20 世纪 30 年代，在二战后的联邦德国盛行，成为联邦德国政府制订经济政策的理论依据，从而成了联邦德国的国家经济学。

弗莱堡学派是一个比较严格意义上的学术团体，其核心与领袖人物是弗莱堡大学的教授瓦尔特·欧肯（Walter Eucken，1891 年～1950 年），他也是该学派的创始人和奠基人。其他成员多数是欧肯在弗莱堡大学的同事和学生，有弗莱茨·伯姆（Franz Böhm，1896 年～1977 年）、格劳斯曼·道艾尔特（Hans Grossmann-Doerth，1894 年～1944 年）、弗里德里希·卢茨（Friedrich A. Lutz，1901 年～1975 年）、威廉·罗普凯（Welhelm Röpke，1899 年～1966 年）、路德维希·艾哈德（Ludwig Erhard，1897 年～1977 年）等，其中最重要的是罗普凯和艾哈德。罗普凯与哈耶克、欧肯、米塞斯是公认的德语国家的新自由主义经济学家，继承了新奥地利学派的传统。艾哈德是弗莱堡学派政策主张最主要的实践者，曾经担任联邦德国经济部长和总理等职，是战后联邦德国经济政策的主要制订者，其政策实践最终创造了战后德国的经济奇迹，因此被称为德国的"经济奇迹之父"。

自 18 世纪下半叶到 20 世纪初，重农主义者和亚当·斯密等古典经济学家倡导的经济自由主义在西方主要资本主义国家一直处于正统地位，但德国是个例外，主张国家干预的历史学派一直是主流。一战期间，德国政府为了战争需要全面控制了经济；一战以后，战败的德国一片废墟，物价飞涨，马克形同废纸，整个国民经济处于十分困难和混乱之中。在政治上，德国东方出现了社会主义苏联，当时对无产阶级和部分知识分子很有吸引力。在这种情况下，本来在德国盛行的新历史学派的理论和政策，既不能解决国内经济问题，也不能抵御社会主义思潮的影响。于是，从 20 世纪 30 年代起，原来倾向于历史学派的德国经济学家欧肯开始转向新自由主义，并最终创立了弗莱堡学派。

弗莱堡学派有三个理论支柱：自由主义的社会秩序观、个人主义的社会哲学观和经济学的边际分析方法。

自由主义的社会秩序观念是弗莱堡学派的核心观念。近代，西方在文艺复兴和宗教改革之后，在人本主义基础上提出了个人主义和自由主义为基础的自然秩序观，并进而发展成为自然法的思想。17 世纪以后，荷兰思想家格劳秀斯（Hugo Grotius，1583 年～1645 年）、英国哲学家霍布斯（Thomas Hobbes，1588 年～1679 年）和约翰·洛克（John Locke，1632 年～1704 年），法国重农经济学家魁奈、英国古典经济学家亚当·斯密都是这一思想的拥护者和阐述者。德国哲学家康德进一步把它发展为一种政治伦理学说，这是弗莱堡学派社会秩序观的直接理论来源，也是该学派的最基本指导原则。这种观念和原则，高度推崇个人自由，又致力于建立一种法治国家，以保证个人自由尽可能的得到保护，使每个人能够得到自由发展。

弗莱堡学派的社会哲学沿袭的是古希腊以来就有的个人主义，特别是亚当·斯密等古典经济学家所阐述的经济自由主义的原则。他们主张，一切价值都要以人为中心，人是终极的价值目标；人又体现在个人身上，社会只是实现个人目标的手段；一切人在道德上都是平等的，不应该把任何人看作仅仅是为别人谋幸福的手段。新自由主义把个人主义作为最高的价值标准。

在经济学理论上，弗莱堡学派信奉的是边际主义的经济理论，特别是边际效用递减规律、边际收益递减规律和迂回生产理论。

总之，弗莱堡学派的理论是以社会秩序观念为框架，以个人主义为标准，以边际主义为分析工具的一个综合。

二、社会市场经济理论

弗莱堡学派所主张建立的社会经济称为社会市场经济。所谓社会市场经济，就是市场和法治相结合的经济，这可以从三个方面来加以说明。

（1）关于经济秩序。欧肯认为，人类社会的经济秩序或经济制度，从纯粹意义上说，只有两种"理念模型"，一种是"自由市场经济"，一种是"集中管理经济"。自由市场经济也称"交换经济"，是由市场价格机制自动调节的社会经济秩序，个人是市场活动的主体。集中管理经济也称"计划经济"，是靠政府计划和命令进行管理、调节的社会经济秩序，个人是被计划的客体。现实中出现的各种经济秩序，无论是古罗马的，还是中世纪各国的，无论是现代欧洲的，还是现代亚非拉各民族的，无论是历史上曾经存在过的但现已消亡的，还是现存的，都是两种"理念模型"的某种交替或组合。现实生活中的资本主义经济就是自由市场经济的一种变态形式；而历史上出现过的古埃及法老奴隶制经济，到希特勒的法西斯统制经济以及社会主义计划经济，都是集中管理经济的表现形式。现代人类社会最完善、最理想的经济制度，是"社会市场经济"，它既非自由市场经济又非集中管理经济，而是人类社会发展的"第三条道路"。社会市场经济，一方面强调自由竞争，但又不同于古典理论的自由放任；另一方面主张国家干预，但又有别于集中管理经济和凯恩斯主义的需求管理经济。社会市场经济所要求的是国家有限干预下的自由竞争，通过国家积极、适当和有效的干预来维持正常的竞争秩序，以自由竞争来实现社会的繁荣富裕。

（2）关于自由竞争。弗莱堡学派认为，自由竞争是实现社会富裕这个基本经济目标的唯一有效手段。因为社会的富裕，要靠经济的发展；而经济的发展，在很大程度上取决于社会创业精神的有无与大小，取决于人们能不能抓住一切发展机会努力奋进，敢不敢冒一切对自己命运负责的风险。只有当所有人的精神、智慧和胆识得到充分发挥时，社会经济才能迅速发展起来；而个人的这种能量的释放，全部依赖于人的独立、自由与竞争。弗莱堡学派的经济学家还认为，独立和自由的意志不仅仅是人类社会进步最基本的动力，而且它本身就是人类的最高价值。只有当个人能够自愿从事一种有用的事业，能对自己的所作所为和自己的命运负责时，他才能证实自己存在的价值。社会主义实行集中管理经济，个人失去了独立的人格，没有了活动自由，他就失去了自己固有的价值。

（3）国家的有限干预。弗莱堡学派倡导的社会市场经济，与古典经济学所主张的自由放任经济是不同的。自由放任经济是一种放弃国家管理的"非社会"的自由市场经济，它好比是无人管理的"野生植物"。作为野生植物，自由市场经济坚持自由放任主义，国家只是资本主义经济的守夜人，完全依靠价格机制这只看不见的手来自动协调经济的发展，这会引起种种弊病。资本主义制度下的贫富悬殊、失业、危机、通货膨胀等"不人道"现象，就是由此引起的。因此，弗莱堡学派认为社会市场经济中不能否认国家的作用，需要国家采取相应的法律法规和政策措施，来确保正常的自由竞争秩序，保障社会市场经济体制的顺利运行，这样的"人工培育的植物"才会比野生植物长得更好。但是国家的作用不是干预私人企业的自由竞争，而是组织形成一种能使每个人都可以在其中充分发挥其积极作用的"竞争秩序"。竞争是国家保障下的真正的自由竞争，干预是以完善自由竞争为目的的有限干预；积极的、有限度的、间接有效的国家干预，是保障自由竞争的根本手段，自由竞争是国家干预的基础和目的。

弗莱堡学派还认为，他们提出的积极干预，是针对凯恩斯主义而言的。凯恩斯主义的国家干预，重点放在国民收入的决定因素的分析和控制上，因而是一种消极的事后干预，这种干预扭曲了自由竞争和价格机制。而积极的事前干预，是通过国家的干预为企业创造一种相对平等的自由竞争环境，实现价格机制的自动调节功能。国家不应该直接干预私人企业的经营，国家干预的范围只应限于自由竞争秩序的维持，而且政策法令必须明确有效，不可模棱两可，朝令夕改。对此，罗普凯举例说，国家的职责好比足球裁判员的任务，不是亲自去踢球，也不是对运动员指手画脚，而是不偏不倚的保证比赛的正常进行。

三、政策主张

弗莱堡学派的政策主张以及联邦德国的政策实践，主要体现在这样几个方面。

（1）保护私有产权。弗莱堡学派认为，私有制是社会市场经济存在的前提，国家的首要职责是通过宪法保护私有制，捍卫私有财产的神圣不可侵犯，只有私有产权得到保护，个人才有活动的自由，他们的积极性才能得到发挥，自由竞争才有存在的可能。

（2）反对垄断。弗莱堡学派认为，垄断是阻碍自由竞争的不利因素，所以不仅要反对私人组织的垄断，也要反对社会组织的垄断（如工会组织等），因为任何形式的经济垄断，都是对自由竞争的排斥和破坏，都隐藏着欺骗消费者的危险，它会吞噬技术进步和经济发展的成果，使广大消费者蒙受损失，使社会经济停滞不前。

（3）稳定通货。二战以前，德国经常饱受通货膨胀之苦，魏玛共和国时期的德国甚至创造了物价上涨几亿倍的世界记录，因此，弗莱堡学派认为稳定通货是国家一切经济政策的中心环节，通货稳定是公民应该享受的基本权力，货币的贬值使每个公民的收入降低，而且通货、物价一旦失去稳定，人们就会对经济和社会失去信心，就会减少储蓄和投资，阻碍经济发展。

（4）自由贸易。弗莱堡学派主张自由贸易，反对贸易限制，认为国家应该积极设法取消国际贸易中的一切限制，取消关税壁垒，实行货币自由兑换，以促进贸易自由。联邦德国政府以社会市场经济理论为依据，通过财政税收政策和货币信贷政策，积极发展对外经济联系和贸易活动，扩大在国际经济关系中的作用和影响。

（5）公平分配。弗莱堡学派批评自由放任的资本主义经济，认为它在经济发展的同时带来了贫富悬殊、失业等问题，是"不人道"的市场经济。弗莱堡学派的经济目标是实现经济人道主义，使每个人都成为财产的所有者，使人人都生活安定幸福。为此，他们推动联邦德国政府从 20 世纪 50 年代起积极推行"人民股票"措施，分散社会财富，打破旧的阶级界线；实施各种福利政策，提高穷苦劳动者的生活水平。

但弗莱堡学派也反对过分全面的社会福利政策，认为这样必然会破坏自由竞争，认为社会福利措施越是全面，个人就越依赖于国家，结果是原先平等自由的、有主见的公民就会变成没有头脑的"臣民"。所以，任何现代社会都需要一定的社会福利政策，以保障社会公平，但这种政策的实施必须适当，不能损害自由竞争的基础。

四、弗莱堡学派评价

弗莱堡学派的社会市场经济理论与政策主张，是亚当·斯密及其以后西方经济学的经济自由主义理论在二战后的联邦德国具体条件下的运用与发展。众所周知，第二次世界大战使战败的德国生产力遭到了极大的破坏，当时世界各国对战后德国经济的恢复都很悲观。但是，联邦德国政府，特别是艾哈德主持经济工作的 20 年左右时间里，完全奉行了弗莱堡学派的经济政策思想，使联邦德国经济获得了迅速的恢复和发展。到 1950 年，工业生产水平就已恢复到战前 1936 年的水平；从 1950 年～1966 年，GDP 增长了近四倍，平均年增长率为 10.5%，工人工资年增长率为 5.9%，失业率平均仅为 2.27%，平均年通胀率仅为 2.27%。对外贸易方面，虽然德国马克持续升值，从 1950 年一美元兑 4.20 马克升到 1986 年一美元兑 1.95 马克，但并没有损害联邦德国出口产品的国际竞争力。1986 年德国的出口总额超过美国，居世界第一，当年一年的外贸顺差就高达 1 102 亿马克。在 40 余年的时间里，一片废墟的联邦德国发展成了资本主义世界中的第二大经济强国，应该说其奉行的社会市场经济理论和政策，功不可没。

弗莱堡学派继承了古典经济学自由主义的传统，但不主张完全的自由放任；主张政府对经济的有效管理和有限干预，也反对凯恩斯主义的需求管理政策。他们力求在自由主义和政府干预之间寻找一种妥协，走"第三条道路"，即社会市场经济的道路。应该说，弗莱堡学派的探索是成功的，是符合市场经济运的规律的。历史证明，在社会发展的道路上，并非"不是东风压倒西风，就是西风压倒东风"，不存在所谓的第三条道路。社会历史进程说明，常规的、健康的发展道路可能总是在几个极端之间寻找一种适当的折中和妥协。

第四节　哈耶克的新自由主义学说

一、生平和著作

哈耶克（Friedrich August von Hayek，1899 年～1992 年）是 20 世纪最有

名的自由主义斗士，一生经历丰富，著作等身。1899 年生于奥地利，1938 年加入英国国籍，获得过维也纳大学法学、政治学和经济学的博士学位，伦敦大学经济学博士学位。曾经在奥地利维也纳大学、英国伦敦经济学院、美国芝加哥大学、德国弗莱堡大学任教。这几所学校都是新自由主义的大本营，因此哈耶克的名字和几个新自由主义流派都联系在一起。

哈耶克沿袭了奥地利学派的理论传统，从社会学、政治学、法学、伦理学、心理学等广阔的领域来研究经济学。从方法论上讲，具有德国唯心主义色彩，侧重于纯经济理论的研究，反对英美经验主义的方法，反对将经济理论数量化。一贯坚持自由主义立场，反对国家干预和福利政策，猛烈的批评社会主义计划经济。1974 年，与瑞典经济学家缪尔达尔（Karl Gunnar Myrdal，1889 年～1987 年）一起获诺贝尔经济学奖。

哈耶克是多产作家，影响比较大的作品有：《货币理论与经济周期》（1929 年）、《物价与生产》（1931 年）、《货币的国家主义与国际稳定》（1937 年）、《利润、利息与投资》（1939 年）、《资本的纯理论》（1941 年）、《通向奴役的道路》（1944 年）、《个人主义与经济秩序》（1948 年）、《自由宪章》（1960 年）、《哲学、政治学与经济学研究》（1967 年）、《法、立法与自由》三卷本（分别发表于 1973、1976、1978 年）、《货币的非国家化》（1976 年）和《致命的自负》（1988 年）。

二、自由货币思想

针对 20 世纪 30 年代的经济大危机，哈耶克提出了"中性货币"理论，目的是要限制中央银行的行为；针对 70 年代的经济"滞胀"，他又提出了"自由货币"理论，这次是要根本取消中央银行采取行动的权力。

哈耶克相信，通货膨胀的主要麻烦在于它扭曲了经济生活中的生产结构。他反对货币主义的理论和单一规则的货币政策，认为这种做法可能造成有史以来最严重的金融恐慌，因为货币数量的管理只强调对一般价格水平的影响，忽视了大量通货注入或退出流通对相对价格结构的更重要、因而危害更大的影响。对此，哈耶克在《货币的非国家化》一书中给出了自己的药方：实行货币的非国家化，让私人发行的竞争性货币（也就是自由货币）来替代政府垄断发行的货币。他从以下几个方面来论证他的货币非国家化的观点。

（1）政府垄断货币发行权的危害。哈耶克认为，政府完全是从自身利益而非社会利益出发来垄断货币发行权的，因为这种权利可以给政府带来丰厚的财政收入。这种发行权垄断的危害，在铸币时代还不是很明显；但是在纸币时代，其不良后果就非常严重了。纸币的历史就是通货膨胀的历史。因为政府更加关心自己财政支出的需要而不是通货的稳定，它不会自觉的把纸币的发行限制在与贵金属储备相适应的范围内。政府滥用货币发行权的结果，造成了持续的、广泛的通货膨胀。

（2）货币可以多元化。哈耶克根据门格尔给货币下的定义指出，货币通常是被人们普遍接受的交换手段，但这并不意味着一个国家或地区在一定时期内只能有唯一的一种交换手段，人们有时会接受两种或两种以上的交换手段，只要这些交换手段之间可以按一定的比率迅速兑换。实际上，一些国家在历史上就出现过复本位制，即使今天，两国交界处的一些城镇也往往通行两国的货币。所以，只流通唯一的货币只是政府垄断货币发行权的一个结果，而不是经济生活的内在必然要求，货币是可以多元化的。

（3）私人能够发行稳定的、良好的货币。因为竞争使得那些发行货币的私人银行从自身利益出发，自动控制货币发行量，并保持足够的储备，以应付各种待支付的债款，否则它发行的货币就会被公众所抛弃。那些不发行货币的银行，其扩张信用的行为受到它选择的货币发行银行的钳制。这样，整个银行体系在相互竞争中以一种谨慎的态度来对待货币发行，从而避免政府垄断货币发行时的通病——通货膨胀。因此，货币自由化可以保证工商业兴旺，经济情况良好，政府收入也得到保证。

允许货币之间进行竞争的思想，是哈耶克晚年对货币理论和货币政策提出的最与众不同的观点。

三、经济自由主义

哈耶克主要从两个方面来论述他的经济自由主义思想：一是分析经济自由主义所依据的具体事实，指出自由竞争制度之所以比其他制度有效率的原因；二是揭示集体主义制度在经济上的低效率和政治上的不民主，来反证经济自由主义的合理性。

哈耶克认为，经济自由主义是个人主义在经济上的必然结论。但他强调，他所说的个人主义不是利己主义和自私的代名词，而是指尊重个人，承认在限定的范围内个人的观点和爱好是至高无上的，个人的目标是高于一切而不受任何他人命令约束的。个人主义哲学所依据的基本事实是：首先，社会成员的利益不可能用一个统一的具有先后次序的目标序列来表达；其次，不仅不存在无所不包的统一的目标序列，而且对相互竞争的有限资源，任何人都没有能力去了解它们对所有人的各种需要，并给这些需要排出先后次序。

任何人都不可能获得关于所有其他人的需要的完备知识，这是哈耶克证明市场机制优于计划机制的基本观点。他提出市场机制的优越性，确实就在于它在资源配置方面，运用着许多特定事实的知识，这些知识分散的存在于无数的人们中间，而任何一个人是掌握不了的。由于知识是分散的，不可能集中起来，因此就需要经济决策的分散化，需要有为分散的决策导向、纠偏的市场。市场是一种整理分散信息的机制，它比人为设计的任何机制都更为有效。

由此，哈耶克阐述了经济自由主义的基本原则，即尽量运用社会的自发力量，尽可能少的借助于强制。当然，他也强调，经济自由主义并不是 19 世纪所盛行的自由放任主义。在哈耶克的经济自由主义字典里，政府不是一个被要求束缚手脚只能袖手旁观的角色，而是建立和维持一种有效的竞争制度的积极参与者，创造条件使竞争尽可能的有效；在不能使市场有效运行的场合则加以补充；提供那些对社会有益，但私人经济却得不偿失的服务。这就是哈耶克提出的有限政府行为原则。

哈耶克坚决反对集体主义。他所说的"集体主义"是指，为了实现任何一种分配目标而进行的计划经济制度。不用"社会主义"这个概念，是因为他反对的不是社会主义者追求的最终目标，如社会正义、平等、安全等，而是反对他们实现目标的手段，即建立公有制，实行计划经济制度。为什么要反对"集体主义"？

哈耶克认为，集体主义在经济上是低效率的，因为计划当局不可能具有计划所需的一切信息，也不可能迅速做出各种决策，因此，资源配置的效率将低于市场经济。更加重要的是，计划当局决策失误的时候，将带来资源配置的极大扭曲。虽然市场分散决策也有失误，但不是全社会性质的，损害要小得多。

哈耶克还认为，集体主义与民主政治不相容。民主政治在制定全面计划上是无能为力的，必然使人们要求把制定具体计划的工作交给一个享有专断权力的专家班子，而这个班子必然把自己的偏好贯彻到计划中，这就导致了专制。即使政府首脑是全民投票选出来的，专家班子的全面计划要由国会来决定取舍，仍然无法保持民主政治的实质。

不仅如此，集体主义与法治也不相容。哈耶克认为，真正的法治必须包含两层意思：一是政府的一切行动都要受到事前规定和公开规章的约束；二是法律本身必须对任何人不偏不倚。只有在私有制和自由竞争制度下，法治才能实现，而集体主义的全面计划使得政府不能按事前规定的法律行事，计划当局必须为不同的人规定不同待遇，这样，法律将不再是普适的而是特适的了。因此，在集体主义中，法治不可能继续保持，专制和人治将应运而生。

更重要的是，集体主义和自由不相容。哈耶克首先指出，自由主义者的自由是指摆脱他人专断，是个人进行选择的自由，而不是社会主义者所说的自由是免除贫困。在公有制下，国家控制了全部生产资料，也就控制了个人的全部活动。计划经济意味着一切经济问题都将由社会（确切说是社会的代表者）来解决，而不再是个人，经济计划几乎涉及个人生活的所有方面，从个人的原始需要到各种人事关系，从工作的性质到闲暇时间的安排。总之，一切个人活动都将由计划安排，个人不再有选择的自由。

哈耶克不仅仅从经济学角度分析集体主义的低效率，还从道德角度分析了集体主义对自由、民主、法治的破坏。从更深层次讲，他是从心理学和哲学的角度揭示了集体主义在认知上的错误，也就是人类对理性的滥用，批判了自笛卡儿以来的"建构主义者"错误地将自然科学方法应用于社会科学的"唯科学主义"，即认为理性可以认知一切，可以设计社会的发展方向，可以据此设计进行有效的社会控制。他认为理性在认知上是有限的，而带着理性万能的自负去设计和控制社会的发展必然导致灾难性的结局。

■ 第五节 新古典宏观经济学

一、新古典宏观经济学派的产生

进入 20 世纪 70 年代后，西方各国都陷入了严重的通货膨胀、大量失业和经济停滞的困境，二次大战后盛行多年的凯恩斯主义经济理论和经济政策在扭转"滞胀"的局面时没有产生神效，凯恩斯主义与货币主义为短期的宏观需求管理政策的有效性争论不休。就在这个时候，从货币主义中分化出一个比货币主义更主张经济自由的理性预期学派，并在此基础上发展起一个影响很大的新古典宏观经济学派。

新古典宏观经济学派沿着货币主义的思路，特别是依据弗里德曼关于市场经济含有它本身强有力的自动稳定趋势这一命题，从维护和发挥新古典经济学理论原则出发，着重从宏观上分析理性预期在市场经济活动中的作用及对于经济政策实施效果的影响，故有时也被称为理性预期学派。这个学派的理论观点和政策主张与货币学派有着密切联系，甚至可以说是货币学派的延伸，因此该学派又被称为"新货币主义"或"激进的货币主义"。

新古典宏观经济学派主要代表人物有罗伯特·卢卡斯（Robert Lucas，1937年~ 年）、托马斯·萨金特（Thomas J. Sargent，1943年~ 年）、尼尔·华莱士（Neil Wallace，1939年~ 年）等。进入 20 世纪 80 年代后，新古典宏观经济学有了新的发展。一批学者自称为新古典宏观经济学第二代，向卢卡斯的货币经济周期理论提出了挑战，试图用实际因素解释经济波动的根源，此外，他们还对政策的时间性一致等问题进行了研究。第二代的代表人物有罗伯特·巴罗（Robert Barro，1944年~ 年）和爱德华·普雷斯科特（Edward Prescott，1940年~ 年）、芬恩·基德兰德（Finn Kydland，1943年~ 年）、罗伯特·金（Robert King，1951年~ 年）、查尔斯·普洛瑟（Charles Plosser，

1948 年～ 年）等。目前，这批学者以其与众不同的周期理论和令人眼花缭乱的统计检验技术，活跃于西方宏观经济学界。

新古典宏观经济学派发端于 20 世纪 60 年代，形成于 70 年代。理性预期这个概念最早是由美国经济学家约翰·穆斯（John Muth，1930 年～2005 年）提出的。他指出，理性预期是对未来事件有根据的预测，所以它们与有关的经济理论的预测在本质上是一致的。按照他的观点，除非发生反常的扰动，人们在进行经济决策时依据当时所取得的信息，能够对有关变量的未来变动作出正确的预测。这就是所谓理性预期假定或者说假说。

当然，这一假定并不是说，每个人对某一经济变量根据当前信息而形成的主观预期都与未来的实际数值会完全一致，而只是说，尽管每个人的预期有误差，但是每个人的误差可以相互抵消，因此，平均来说，一般的预期与未来的实际数值必将相等。而实现这一联系的机制就是形成预期时所取得的信息。同时，这一假定也并不排除在现实经济中存在着固有的不确定因素，而这种不确定因素的随机变动可以使人们的预期偏离其预期变动的实际数值。但是它强调人们一旦发现有偏离，就会立即作出正确的反应，把预期很快调整到与实际变量相一致的水平。因此，人们在预测未来时决不会有全局性的、系统性的失误。

穆斯的理性预期假定，在当时主要是针对微观经济方面的蛛网理论而提出来的。其目的在于说明，蛛网理论完全是以非理性的预期假定为前提的，如果生产者的预期是合理的，那么商品市场必将更快地趋向它的均衡点。穆斯的这一假定在当时也被用于金融市场动态行为的分析。这一假定由于当时本来就是为了研究微观经济而提出来的，特别是 20 世纪 60 年代，正是凯恩斯主义风行的时代，世界经济还处在相对稳定时期，所以并没有被作为宏观经济动态分析的一个前提而在西方经济学界产生重大影响。

但是进入 20 世纪 70 年代后，理性预期的分析开始受到宏观经济学家的重视。最先是卢卡斯 1972 年发表的《预期与货币中性》一文，把穆斯的预期假说与货币主义模型结合起来分析，得出结论：凯恩斯主义的宏观经济政策即使在短期内也是无效的。他试图以此证明，以传统的新古典主义为基础建立起来的宏观经济模型比凯恩斯主义的宏观经济模型更能说明通货膨胀与失业之间的关系。随后，萨金特、华莱士等人又把理性预期假定与货币学派"自然失业率"假定结合起来，进一步试图证明凯恩斯主义经济模型不能用于制定和评价经济政策，凯恩斯主义的宏观经济管理是无效的。

如前所述，货币主义承认总需求管理政策可以被用来影响短期的产量和就业水平（他们只对凯恩斯主义者关于需求管理的长期影响的论点表示怀疑）；可是，现在新古典宏观经济学家却断定，即使在短期内，总需求管理政策变化也不可能影响产量和就业。构成新古典宏观经济学派学说有三个基本原则：①经济活动当事人的现实经济决策（例如储蓄、消费或投资）的唯一根据是实际的而非名义的或货币的因素；②经济活动当事人在他们的信息范围内，是坚定的、成功的最大利益实现者，即他们持续地处于均衡状态中；③经济活动当事人在评价经济环境方面，不犯系统错误，即他们持有理性预期。新古典宏观经济学派在他们的理论中，以理性预期逻辑为依据，断定货币政策即使在短期内也绝不可能改变失业，除了中央银行的行动突然袭击和迷惑公众这一暂时情况以外。一旦某项货币政策普遍地被理解和预期，这种政策就将完全没有实际影响，它将被吸收在物价中。新古典宏观经济学家认为，政策应受如下规则支配：平衡预算，按非膨胀性的数字来确定货币增长；不必顾及整个经济状况，特别是失业率情况。到了20世纪70年代末80年代初，由于人们已经经历了十多年的通货膨胀现实，而不得不去关注政策的变化和通货膨胀政策的效果，特别是需要对未来有所预测，以便不断采取应变的对策来消除对自己的不利影响，从而抵消政府政策的作用。在此情况下，理性预期理论比其他西方经济学理论更能合乎公众的需要。因此，理性预期学派的影响得到了进一步扩大，以致他们的理论和政策被看作是在宏观经济学中的一次"理性预期革命"。

二、理论假设

构成新古典宏观经济学理论基础的是三个假说，即：理性预期假说、持续市场出清假说和总供给假说。

理性预期假说包含三方面的含义：第一，作为经济决策的经济主体是理性的。为了追求最大利益，他们总是力求对未来作出正确的预期。第二，为了作出正确的预期，经济主体在做出预期时会力图得到有关的一切信息，其中包括对经济变量之间因果关系的系统了解和有关的资料与数据。第三，经济主体在预期时不会犯系统性错误，他们会随时随地根据得到的信息来修正预期值。理性预期假说与正统的货币主义最初用于解释通货膨胀预期和菲利普斯曲线时所使用的适应性预期假说不同。适应性预期假设经济当事人把他们对一变量未来值的预期（例如通货膨胀）仅仅建立在该变量过去值的基础之上，是一种"回顾式"预期，而理性预期是一种"前瞻式"预期。

市场出清是指劳动市场和产品市场上的工资和价格都有充分的弹性，可以根据供需的变化做出迅速的调整，一旦产品市场出现超额供给，价格就会下降，需求就会增加，从而产品市场的供求最终会达到平衡。劳动市场上出现供给过剩，即出现失业时，工资会下降，工资下降使厂商愿意雇佣更多的工人，从而劳动市场达到供求平衡。此假说与正统凯恩斯主义和货币主义模型形成鲜明的对比。凯恩斯主义认为，由于价格调整缓慢，市场可能不会出清，经济可能处于一种持续的非均衡状态。而货币主义假设，价格会调整以出清市场，但在短期内经济可能是非均衡的，而在长期，经济将自动回到自然产出率和就业率，即回到宏观经济均衡状态。

关于总供给的假说，有两个有关总供给的观点要区分。第一个观点认为在任何时期，工人必须确定时间在工作和闲暇之间的分配。假设工人对正常工资有一主观标准，如果目前实际工资在正常实际工资之上，工人就会有激励多工作。第二个观点是，假设厂商知道自己产品的目前价格，而对市场的一般价格水平了解在时间上晚一点。当厂商自己产品的目前市场价格提高时，它必须知道这种价格变化是否是市场对自己产品的需求增加了，以便决定是否应该增加产量；还仅仅只是市场上所有产品价格的普遍上升。就是说必须区分是相对价格变化还是绝对价格变化。当实际价格水平高于预期值时，如果厂商错误地把绝对价格上升当成它们自己产量的相对价格的上升，就会导致经济中产出和就业上升，产量将在它的自然水平上。

三、货币中性与自然失业率

新古典宏观经济学派理论的一个重要特点，是把货币看成是中性的。他们给货币中性下的定义是：总产量和就业水平同货币和财政政策活动无关，系统的货币活动，仅仅影响诸如价格水平、通货膨胀率等名义变量。

传统的凯恩斯主义经济学把货币政策作为克服经济周期的一个有效的手段。这以货币非中性为前提。而在货币中性的情况下，政府系统的货币活动，便对实际利率不发生影响。因为如果央行所采取的政策是为大众所知晓的，人们就能按理性预期彻底地克服"货币幻觉"，不受货币扰动的影响，而经济活动当事人之所以能够进行理性预期，关键在于掌握充分的信息。所以，信息、预期与货币中性是三位一体的关系。

货币中性使得政府的货币活动和财政活动失效，经济本身只是由其实际因素决定其产量和就业以及其他的实际的经济变量。失业作为一种实际的经济变量，是由诸如劳动市场的供求关系、生产的技术条件、经济技术结构等实际因素决定的，而与货币数量及货币数量所决定的价格水平没有关系。这就根本否定了反映失业与通货膨胀交替关系的菲利浦斯曲线。

新古典宏观经济学派认为，菲利浦斯曲线的分析暗含着工人是根据前期的物价水平来评价或确定其工资要求的。然而，在高通涨时期，工人在考虑工资要求时是会考虑到预期的物价上涨的，如果物价涨多少工资也要求涨多少，企业知道实际工资没有下降，就不会增加雇佣工人。这样，政府政策只有以更高物价上涨率为代价，才能在短期内可以把失业率降到"自然率"之下。例如，若上期通胀率为 3％，工人形成了这一通胀预期后，政府若想把失业率降到现有水平，则必须把通胀率上升为 5％ 或 6％。

劳动者作为一个理性人，不会受货币幻觉欺骗，只有相对于别人工资的相对价格而不是绝对价格才对他们有关系。他们提供劳动的数量，或者其就业或失业水平，是实际工资的函数。而菲利浦斯曲线在经济分析中没有把失业率同实际工资率变化而同名义工资率变化联系起来；为此，弗里德曼首次提出了自然失业率的概念。按照他的定义，自然失业率是一种均衡的失业率，一旦干扰性的影响，诸如政府操纵总需求的企图被解除，稳定的私有经济将趋于这一自然率。他强调，经济通常有理由接近于自然率。

弗里德曼进一步指出，向下倾斜的菲利浦斯曲线仅仅是短期的现象，是对自然失业率的偏离，造成偏离的基本原因，在于在发生通货膨胀时劳动者错误地把名义工资的变化当作实际工资的变化。但这样的错误必是暂时的，经过一段时间以后，劳动者便将醒悟过来，修改其对实际工资的估计，并据此提出自己的工资要求。新工资要求会导致厂商减少产量，减少对劳动的需求，从而使就业和生产恢复到自然率水平。

新古典宏观经济学派认为，上述弗里德曼关于菲利浦斯曲线和自然失业率关系的分析，仍属于适应性预期的分析。理性预期的分析则更进了一步。卢卡斯认为，在这一分析中，长期和短期之间的区别不是特别有用的，真正的区别是预期到的与未预期到的区别。他的分析表明，如果人们具有完全的信息，货币就是中性的，不存在任何对自然率的偏离，即菲利浦斯曲线根本不存在。

四、政策含义

理性预期、持续市场出清以及总供给假说结合在一起具有一系列政策含义，特别是关于政策无效主张。这种政策无效主张首先是在萨金特和华莱士两篇有影响的论文中提出的。该主张可以用在图 5-2 中给出的总需求—总供给模型阐述。在图中，经济起初在点 A 处运行，该点是总需求曲线 AD_0、短期和长期总供给曲线 $SRAS_0$ 及 $LRAS$ 的交点。在点 A，价格水平 P_0 被完全预见（也就是实际和预期的价格水平一致），产出和就业在其长期（完全信息）均衡（自然）水平上。假设货币当局宣布要提高货币供给。理性的经济当事人在形成他们的预期时会考虑这个信息并完全预见到货币供给提高对一般价格水平的影响并采取相应对策，结果产量和就业会停留在自然率水平上不发生变动。当货币工资在一个向上的价格预期之后迅速提高，总需求曲线从 AD_0 到 AD_1 朝右上的移动就被斜率为正的总供给曲线从 $SRAS_0$ 到 $SRAS_1$ 朝左上的移动所抵消。在这种情况下，经济将从点 A 径直移到点 C，停留在垂直的长期总供给曲线上，即使在短期产量和就业也没有变化，即货币是超中性的。

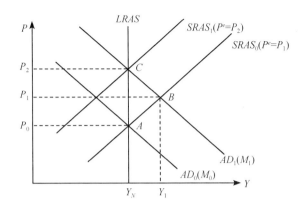

图 5-2　货币供给预期和非预期变化下对产量和价格水平的影响

与此相反，设想当局出乎经济当事人的意料，在未宣布其打算的情况下增加货币供给。这时，拥有不完全信息的厂商和工人把一般价格水平上升错误地当作相对价格的上升，他们作出的反应是提高产量和劳动的供给。换句话说，工人和厂商错误地把这些看作对他们劳务/产品需求的真实（相对于名义）增长。从而增加劳动和产品供给。根据图 5-2，总需求曲线将从 AD_0 移动到 AD_1，在 B 点与斜率为正的总供给曲线 $SRAS_0$ 相交。作为价格水平 P_1 偏离其预期水平 P_0 的结果，产量 Y_1 将偏离它的自然水平 Y_N；这是当事人预期误差的结果。产量和就业的任何增长或降低都被看作只是暂时的。一旦当事人意识到相对价格并没有变化，产量和就业就会回到它们长期均衡（自然）水平。总之，新古典分析认为①预期货币供给的增加将提高价格水平而对真实产量和就业没有影响；②只有未预期到的货币意外变动才影响短期真实变量。

此政策无效主张对关于宏观经济稳定政策的作用及实施的争论有重要意义。如果货币供给是由当局依照一些"已知"的规则决定的，那么即使在短期，当局也不可能通过系统性货币政策影响产量和就业。例如，当局采用一项货币规则，每年确定 6% 的货币增长率，在形成通货膨胀预期时，理性经济当事人会把他们对这 6% 的货币扩张造成的影响的预见包括进去。结果这一货币规则对实际变量没有影响。如果实际上货币供给每年以 8% 的比率增长，货币扩张的非系统性（未预见到的）部分（也就是每年 2%）会使产量和就业暂时提高到它们的长期均衡（自然）水平之上，这是由于通货膨胀预期的误差。这就是说只有对众所周知的货币规则的未被预见的偏离才影响产量。

然而，现实经济生活中会出现经济周期性波动，对此的解释，新古典宏观经济学家提出了他们的经济周期理论。关于这种理论，本书最后一章中将略加介绍。

复习思考题

1. 货币主义的主要理论观点是什么？什么是"单一规则"的货币政策？

2. 供给学派经济理论的两大特征是什么？他们是怎么论述税率和税收总额之间的关系？

3. 弗莱堡学派提出的"社会市场经济理论"的主要内容是什么？其中，自由竞争和国家干预的关系是什么？

4. 略述哈耶克的经济自由主义思想。

5. 新古典宏观经济学的主要政策含义有哪些？为什么它比货币主义更坚决地反对国家干预经济？

6. 简要评述新古典宏观经济学与新凯恩斯主义的根本分歧。

参 考 文 献

阿兰·艾伯斯坦. 2003. 哈耶克传. 秋风译. 北京：中国社会科学出版社

艾哈德. 1983. 来自竞争的繁荣. 祝世康等译. 北京：商务印书馆

布赖恩·斯诺登、霍华德·文和彼得·温纳奇克. 1998. 现代宏观经济学指南. 北京：商务印书馆

丁冰. 1993. 当代西方经济学流派. 北京：北京经济学院出版社

厉以宁. 1997. 宏观经济学的产生和发展. 长沙：湖南人民出版社

罗志如等. 1989. 当代西方经济学说. 北京：北京大学出版社

米尔顿·弗里德曼. 2001. 资本主义与自由. 张瑞玉译. 北京：商务印书馆

吴易风. 2005. 当代西方经济学流派与思潮. 北京：首都经济贸易大学出版社

杨玉生. 1996. 理性预期学派. 武汉：武汉出版社

尹伯成、石士钧. 1985. 简明资产阶级政治经济学史. 天津：天津人民出版社

第六章

新古典传统的徘徊、修正与发展

20 世纪 30 年代以来，凯恩斯经济学产生、发展，再到各种新自由主义经济学流派出现，实际是西方宏观经济学理论体系确立并经历了一个很快演变和发展的过程。相反，新古典微观经济学则曾出现徘徊局面，从 60 年代后期起才逐步有长足发展。众所周知，微观经济学研究市场经济中单个消费者和生产者的行为规律，说明商品价格决定与变动为何导致资源的优化配置，目的是论证"看不见的手"原理，其假定前提主要有：经济行为个体是分散决策的理性人，制度既定以及完全竞争和完全信息。本章把经济学家对微观经济思想变动与完善主要局限于上述传统微观经济学目标与假定范围内的贡献视为徘徊，而把突破上述局限的贡献视为修正与发展。

第一节 新古典微观经济学的徘徊

自从亚当·斯密在其《国民财富性质与原因的研究》一书中论述了"看不见的手"的原理之后，主流经济学家们崇尚演绎推论的形式主义表达方式。"为经济学而经济学"的形式主义对一些问题的纠缠使新古典的微观经济学思想出现徘徊。另外，主要市场经济发达国家在二战以后相当一段时间内，慑于 20 世纪 30 年代世界经济大萧条的余威和记忆，纷纷强调国家对经济的干预，一味强调市场调节的传统微观经济学思想难以唤起人们的兴趣与重视，也使一些经济学家只是致力于将理性人最优化行为的理论加以扩充或将理性人的最优化行为原理扩散到其它分析领域。下列几方面就表现出新古典微观经济学的这种徘徊。

一、对一般均衡理论进行证明

自从瓦尔拉斯第一个试图以数学形式表述一般均衡理论，他的学生帕累托引入了一个检验这种均衡是否最优的标准以来，直到 20 世纪 30 年代，帕累托最优的可能性乃至于一般均衡的可能性，都没有得到形式逻辑上的论证。1939 年，希克斯出版《价值与资本》一书，围绕"看不见的手"的思想，在利用无差异曲线方法对消费者和生产者的最大化行为重新表述的基础上，把瓦尔拉斯体系定义为使一切超额需求等于零的相对价格集合，并探讨了一般均衡是否稳定的问题。1947 年，萨缪尔森又以此为主题，以更严密的数学形式讨论了均衡的稳定条件。1935～1936 年间，亚伯拉罕·瓦尔德（Abraham Wald，1902 年～1950 年）试图在数学上证明一般均衡的存在性，但其证明过程被后人指出有重大缺陷。20 世纪 50 年代，阿罗、德布鲁（Gerard Debreu 1921 年～　年）等人旧话重提，试图复兴瓦尔德的"事业"。在被誉为"阿罗-德布鲁一般均衡模型"的框架中，这两位学者用集合论公理方法重新阐述最大化假设，并利用当时数学领域发展出的新的工具证明均衡的"存在性"、"唯一性"、"稳定性"以及这种均衡与帕累托最优的一致性等问题。1959 年德布鲁出版的《价值理论》全面总结了这一成果。至此，阿罗-德布鲁一般均衡模型总算为"看不见的手"思想提供了"让人放心"的严格的数学证明。

二、关于社会福利与社会选择

与一般均衡问题有关，社会福利与社会选择问题也成为经济学家们反复回应的一个题目。庇古的《福利经济学》（1920 年）以基数效用假设和边际效用递减规律为基础，力图通过阐述一种理性的经济政策来最大化社会福利。受到罗宾斯批判。随后，希克斯以序数效用为基础，引入帕累托最优配置再次论述福利命题。但是，经济现实中很难找到符合帕累托改进的政策，帕累托原则在指导经济政策方面有很大局限性。为了摆脱困境，经济学家以两种不同方式进行了努力。一种是由卡尔多、希克斯、西托夫斯基、利特尔等人引入"补偿准则"，通过引入受益者和受损者之间的假设补偿来拓展帕累托原则的适用范围；另一种是由伯格森引入，后经萨缪尔森发展的社会福利函数，试图说明分配问题应该如何解决，从而给经济政策提供一种量化的目标函数。但这一社会福利函数后来又受到阿罗批评。这方面内容，上面第三章第四节中已有所涉及。

三、消费者选择理论

从经验消费者行为是否符合效用最大化原则开始，相继出现了显示偏好理论、时间偏好理论与跨时期选择理论。显示性偏好理论解决了效用或偏好无法直接观察的难题，使需求理论建立在可观察的消费者行为基础上，为检验消费者行为与最大化公理一致提供了可能。萨缪尔森等人在这方面无疑做了最重要的贡献。在现实生活中，消费者面临的并非都是确定条件下的静态选择，更主要的倒是不确定环境下的跨时期选择。人们在当前消费要比未来消费强些的时间偏好观念支配下，有着消费和储蓄之间作选择的问题。拉姆齐（Frank P. Ramsey，1903 年～1930 年）的论文《储蓄的数学理论》第一次从动态最优化角度探讨了"时际福利"最大化问题。循此路线，其他一些人又提出与拉姆齐的"无限期界模型"有别的"交叠世代模型"，完成了动态的"跨时期选择"理论框架的构建。

四、经济学帝国主义的倾向

20 世纪 50 年代，加里·贝克尔（Gary Stanley Becker，1930 年～　年）提出，经济学本质上是一种思维方式，其核心是由"最优化行为、市场均衡和偏好稳定的假设组合而成的"，并认为这种经济学方法适用于人类行为更广阔的领域。正是这种认识使经济学越过自己的领域，向社会学、政治学、人类学、社会生物学等学科扩展，从而在另一种意义上显示了微观经济学在思维上的徘徊。

人力资本理论是这种扩张的最重要产物之一。在这领域里，雅各布·明瑟（Jacob Mincer，1922 年～2006 年）建立了一个把个人收入分配与个人的教育投资联系起来的模型，指出人力资本投资是提高个人获得收入的能力的形式；西奥多·舒尔茨（Theodore W. Schultz，1902 年～1998 年）分析了人力资本投资包括教育、培训和保健在现代经济中的关键性作用；加里·贝克尔则提高了这一领域的概念系统。按照这种分析框架，家庭是一个像企业一样进行生产的基本单位，一方面生产用于增加未来收益的"产品"，如劳动潜能、生育子女、子女教育、保健等；另一方面则为其成员生产"消费"，如衣、食、住、娱乐等。为此目的，家庭要利用两种基本资源，即家庭成员的货币收入和时间，并且根据对有关相对价格、成本、收益、生产率等因素的比较来作出资源配置决策。按照这种分析模式，在长期中，所有这些人力资本的形成都会达到这样一点，在这一点上，这些活动的边际收益等于边际成本。就是说，在均衡点上，所有的投资活动（包括人力的和非人力的）的收益率都相等。从这一点出发，明瑟、舒尔茨、贝克尔以及他们的追随者推演出一系列命题，用以解释一些经济活动，包括收入分配模型、年龄与收入关系曲线、失业持续时间、男女教育不平等的存在，等等。

公共选择理论是这种扩张的又一表现。20 世纪 50 年代后期，有些经济学家开始致力于探讨这样的问题：有什么东西能保证国家或政府作出的决策最符合集体偏好结构？假设这些决策最符合公共利益，又有什么东西能保证政府行为的结果确实符合社会利益？他们力图构建一种与市场经济相适应的政治秩序。当安东尼·唐斯[①]（Anthony Downs，1930 年～　年）指出人们求官的目的在于收入、地位和权力，并且都会遵循以最少的稀缺资源来实现其目的的原则进行活动时，理性经济人假设便开始在政治学领域登堂入室。紧接着，詹姆斯·布坎南（James M. Buchanan，1919 年～　年）和塔洛克（Gordon Tullock，1922 年～　年）等人成立公共选择学会，一时风起云涌。他们以严格的"自利"措词来塑造所有的公共选择者——选民、政治家、官僚等，并以此来分析市场过程和政治制度。公共选择理论探讨的主要问题包括：政治制度与帕累托最优之间的关系；官僚主义对社会财富结构和社会财富使用效益的影响；代议制政治制度的运行逻辑等等。通过对这些问题的分析，他们解释说，政府并非神造。其结论是，政府干预永远都是次优选择。

新古典经济学的修正与发展，主要体现在突破了传统经济理论的一系列不符合实际的假定条件，从而派生出一系列新的经济学科，包括新制度经济学、信息经济学、行为经济学以及演化经济学等。

第二节　新制度经济学

一、新制度经济学的兴起

新制度经济学产生和兴起的原因和背景，可以从理论和实践两方面分析。

从理论上看，新制度经济学的兴起是对新古典经济学的反思。新古典经济学将所有经济问题均看作是一个经典的最优化问题。在所有人具有完全理性、完全信息的假定下，消费者追求效用最大化，生产者追求利润最大化，生产要素均在公平市场上交易，所有经济活动在价格机制下均可达到最优均衡状态。尽管这样的分析十分优美和简捷，但存在着重大缺陷。最主要是新古典经济学过于抽象化，脱离了实际。第一，新古典经济学只关注价格，认为经济系统中所有因素的作用均可反映到价格当中，价格信号既是市场信息灵敏显示器，也是其他有关制度安排效率的检验器。但现实世界中，恰恰是很多制度安排统治着市场上的交换

---

① Downs，A.，*An Economic Theory of Democracy* [M]. New York：Happer & Row Publishers. 1957.

和生产；第二，新古典经济学认为，人人信息完备，对外界事物和可选择集的变化十分敏感，也就是说，经济体系运作以及人们相互之间的交易不存在成本，但实际上不同的政治、文化、法律制度恰恰孕育着完全不同的交易效率和运行结果；第三，新古典经济学认为，人具有完全理性，但事实上经济人不可能有完全理性，而只能是有限理性。他们在交易中不可能对未来可能发生的情况全部掌握。为此，人们需要创设种种制度来减少未来不确定性以及合同不完全性给交易当事人可能带来的损失，同时也可约束和规范人们的行为，抑制他们的说谎、欺骗和毁约等为自己利益而损害别人利益的机会主义行为。所有这些都说明，需要研究制度问题，把新古典经济学所研究的经济人从纯粹的抽象概念回到现实世界中来。

因为新古典经济学脱离了实际，因此缺乏对现实世界的说服力和指导能力。例如，新古典的生产函数理论认为，经济发展要依靠资本和劳动投入。按照这种指导思想，20世纪五六十年代以来，许多发展中国家都积极利用外资来发展经济，但是结果很不理想。事实证明，世界上许多国家和地区在资源、区位等条件差不多的条件下，有的经济发展很快，有的很慢；即使同一国家或者地区，有时经济发展迅猛，有时则停滞落后。尽管这有多方面原因，但其中关键是包括产权在内的一系列制度因素在起作用，是国家的政策在起作用。事实告诉我们，经济发展需要资本，但更需要制度。有了好的制度，没有资本可以创造资本；没有一个好的制度，有了资本也发展不了经济。因此，与其说是经济发展依赖资本，不如说是经济发展创造了资本。经济发展上的差异，从新古典经济理论中不可能找到满意答案。

正是在这样背景下，以科斯为代表的一批经济学家就另辟蹊径，从制度视角探讨影响人们经济活动效率和经济增长的因素。这样，制度经济学就应运而生。

二、制度经济学形成及代表人物

这里讲的新制度经济学是新古典传统的，而不是凡勃伦传统的、以加尔布雷斯为主要代表的新制度学派的经济学。之所以说它是新古典传统的，是因为该学派分析和研究制度的本质、构成和运行时所用的理论和方法仍是新古典经济学的，表现在新制度经济学保留了新古典经济学的稀缺性假定，从而把经济体系看作是竞争体系，将经济学看作是一定约束条件下的选择理论，把价格理论当作制度分析的核心，但另一方面又修正和拓展了新古典的理性人假设，认为在不完全信息条件下，人的理性是有限理性，加之交易成本的存在导致不完全竞争市场产生，制度的形成就是为了减少交易中的不确定性。就这样，他们把制度作为一个关键因素变量加进约束条件中，因而修正和拓展了新古典模型。

新制度经济学的创始人和主要代表是科斯（Ronald H. Coase，1910 年～　年）。1937 年他发表了《企业的性质》一文，提出了企业是市场的替代的著名论断。1960 年，他又发表了《社会成本问题》一文，提出了交易费用对资源配置影响的著名论断，也就是后来被斯蒂格勒称为"科斯定理"的重要观点。这两篇文献构成了新制度经济学的重要理论基础。

新制度经济学人物除科斯外，还有阿尔钦（Armen A. Alchian，1914 年～　年）、张五常（Steven N. S. Cheung，1935 年～　年）、威廉姆森（Olive E. Williamson，1932 年～　年）、德姆塞茨（Harold Demsetz，1930 年～　年）、诺思（Douglass C. North，1920 年～　年）、戴维斯（Lance E. Davis，1928 年～　年）、舒尔茨、巴泽尔（Yoram Barzel）等。在他们的努力下，科斯两篇著述的一般意义逐渐被挖掘出来并广为传播，使科斯在 1991 年获得贝尔经济学奖，使福格尔（Robert Fogel，1926 年～　年）和诺思分享了 1993 年的诺贝尔经济学奖。此后，科斯理论不仅在经济学、法学领域产生持续影响，而且更重要的是围绕交易成本、产权和科斯定理等核心范畴和概念，形成了一个新制度经济学的框架，内容包括交易成本经济学、产权经济学、现代企业制度理论以及新经济史学等。

三、企业与交易成本理论

科斯在《企业的性质》一文中指出，市场不能有效发挥作用时，企业就会取而代之，这是因为，价格机制的运作也是有成本的，不仅发现价格、举行谈判、草拟合同会涉及交易成本，而且进行监督、解决争端等也必定有成本，如果将这些市场交易"内部化"成一个企业，那么，就只需某一生产要素与其他合作性要素签约，市场交易中一系列合约将被一个合约替代。这样，在企业内部，行政性命令就能替代在市场中要素组合时的讨价还价过程，这有助于节约交易费用。当然，企业的运作也有成本，随着企业规模扩大，企业家从事监督、管理的费用也将随之上升。于是，当企业内部组织一笔额外交易的成本等于它在公开市场上完成交易所需的成本时，企业便会达到它的最佳规模。

《企业的性质》阐述了这样两个方面思想：第一，一种组织或者制度，不管它是企业还是市场，均具有运行成本或交易费用，这无疑突破了新古典经济学所谓的零交易费用假定。在新古典经济学中，企业仅等同于生产函数本身，其组织涵义被完全舍弃。而按科斯观点，如果交易费用为零，或者可以忽略不计，那么，企业作为一种特殊的经济组织将毋需存在。但是，在现实交易过程中，交易费用不仅不能忽略，而且还在很大程度上影响均衡结果。第二，科斯对企业性质的阐释表明，企业不仅能作为一种生产的制度安排，而且同市场一样，是一种可供选择的经济组织。这样，经济组织的具体形式不再是既定的，或者外部强加的，而是人们可以选择的某种制度安排。人们将如何在这些替代性的经济组织之间进行取舍呢，显然，交易费用将成为关键性的解释变量。

合观二者，可以发现，《企业的性质》最为重要之处就在于它提出了一个新古典经济学所忽视的重要问题—交易费用。然而，在科斯提出交易成本之后，有关交易成本的涵义却屡次受到经济学家们质疑，原因是科斯本人对交易成本说法存在诸多含糊。比如，霍奇逊（Geoffrey M. Hodgson，1946 年～　年）认为，科斯的交易成本隐含三层意思：一是获取相关信息的成本，二是讨价还价的成本，三是做出决策、控制与执行合同的成本。这些成本其实都不是什么交易成本。

经济学家达尔曼（Carl J. Dahlman）则指出，交易成本的不同概念层次其实均与信息有关。讨价还价成本的实质就是人们之间有关商品和供求情况的信息存在不完全性，而监督和执行成本只不过是人们缺乏对契约对方了解的结果。如果这些情况交易双方均了解的话，所谓的交易成本就会大大变小，与运输成本并没有什么显著差别。斯蒂格勒也曾阐述过类似观点，认为交易成本是人们从无知到无所不知的运输成本。换句话说，在信息不完全情况下，经济活动当事人之间权利交换的许多活动都将存在交易成本。具体而言，这些活动主要有：①收集有关价格、产品质量与劳动投入信息，寻找潜在买卖者，了解他们的诚信与买卖行为；②价格变动时的讨价还价；③签订契约；④监督与执行契约；⑤保护产权以防第三者侵犯。

威廉姆森则从机会主义动机来定义交易成本，认为交易成本的核心是人们的机会主义倾向，也就是人们总是千方百计地谋求自身利益。个别人这种机会主义本性便增加了人们了解和保护自己的成本，这在客观上降低了市场效率。

总之，新制度经济学家眼中的交易成本，从狭义来看，是指一项交易所需的所有时间和精力耗费；从广义来看，它是一系列包括谈判、执行和实施契约、界定和控制产权等的制度成本。

交易成本问题之所以如此重要，是因为交易成本会影响交易效率。交易成本越大，交易效率就越低。在一般情形下，交易成本是阻碍或者抑制交易活动的重要因素。交易成本的存在客观上阻碍交易效率提高，而很多制度安排正是因它有节约交易成本的功能才出现的。新制度经济学家就这样说明交易成本和制度的关系。

四、产权经济学

科斯在《社会成本问题》一文中说，假定不存在交易成本，初始产权界定明晰，那么，不论造成负外部效应的一方是否有权这样做，当事人双方讨价还价的结果，都将产生有效的资源配置结果。这里一个隐含推论是，若交易成本为正，则产权初始界定便会对经济绩效和资源配置产生重要影响，这正构成了产权经济学的逻辑起点。此后，德姆塞茨、阿尔钦、戈登等人的重要工作则进一步深化了对产权的认识。

德姆塞茨认为，产权规定了人们获益或受损的权利，界定了人们如何受益或者受损的方式。他运用加拿大东部印第安人有关海狸贸易与畜养例子说明了外部性与产权的关系。18世纪以前，当地人捕猎海狸主要是为了自身需要，那时海狸很多而捕海狸的人还不很多，因此，不需要也没有必要建立排他性产权。后来随着海狸皮毛商业性贸易的发展，皮毛价值提高，狩猎规模扩大，为了解决争夺海狸的问题，当地人自愿建立了私有狩猎区并蓄养海狸。显然，正是皮毛贸易发展提高了蓄养经济性，并进而促使了排他性海狸产权的出现。可见，新产权的出现，是对环境变化和物品相对价格变化的一种理性反应。

阿尔钦对产权的说法更具代表性。他认为，产权是一个社会所强制实施的选择一种经济品的使用的权利。[1] 产权的出现是与专业化生产发展相联系的。诺思和托马斯也论及产权，认为产权的产生与资源稀缺分不开，而人口过快增长则会使资源更加稀缺，从而产生人们之间相互对抗，此时产权的出现便不可避免。

E. G. 菲吕博腾（Eirik G. Furubotn，1923年～   年）和 S. 配杰威齐（Svetozar Pejovich）提出，产权不是物与人之间的关系，而是指由于物的存在和使用而引起的人们之间的一些被认可的行为关系，每个人在与他人的相互交往中都必须遵守这些规定。[2]

由此看来，产权的涵义可表现为以下层面：第一，它是人与物之间的归属关系，但其实质是依附于物上面的人与人之间的关系；第二，在资源无限供给或者零交易成本下，产权是不起作用的；第三，产权表现为一个权利束，它包括占有权、使用权、收益权等方面。

更进一步，新制度经济学家眼中的产权的基本性质可被概括如下：

第一，完整性，即产权拥有者具有排他性使用权、收益权和自由转让权。

第二，可分性，可分性是指一个完整产权可以分解为使用、收益、转让等权利。

第三，有限性，指同一产权结构中并存的各项权利只能在规定的范围内行使，而不能超出这一范围，否则就要受到其他权利的约束，或者将会对其他权利造成损害。

第四，产权与不同的契约安排之间不存在单向联系，即不同产权可以采取相同的契约安排，相同的产权制度也可以对应于不相同的契约安排。

---

① R·科斯、A·阿尔钦、D·诺斯：《财产权利与制度变迁：产权学派与新制度学派译文集》，刘守英等译，上海三联书店、上海人民出版社，1994年版，第166页。

② 同上，第204页。

　　新制度经济学家认为，产权制度是一个经济体运行的基础。有什么样的产权制度就必然有什么样的经济组织、技术和经济效率。产权界定越明确，它对资源的配置效率就越高，人们将外部性内在化的激励就越强，人们对自己资产的未来预期就越稳定，从而每个人均从自身效用最大化角度的努力便会形成整个社会发展的涓涓细流，涛涛不息。

　　产权的明确界定固然重要，但要想保证经济发展，还要维护市场竞争以及产权在市场上的合理分解、转让、重组和优化。就是说，产权的明确界定很重要，因为它增加私人将外部性内在化的激励，而市场竞争也很重要，因为它降低了产权界定契约执行的成本，没有这两者，市场经济和经济发展也许只是一句空话。

五、制度理论与新经济史学

　　新经济史学是从制度变迁视角探讨经济发展历史过程的科学。

　　制度（Institution）是什么？诺思说，制度是一种社会博弈规则，是人们所创造的、用以限制人们相互交往的行为框架。在舒尔茨看来，制度是为经济提供服务的，制度可以划分为：①用于降低交易费用的制度，如货币和期货市场等；②用于影响生产要素所有者之间配置风险的制度，如合约、公司、保险、分成制等；③用于提供职能组织与个人收入流之间联系的制度，如财产、包括遗产法、资历和劳动者的其他权利等；④用于确立公共品和服务生产与分配框架的制度，如高速公路、飞机场、学校和农业试验站等。舒尔茨对制度的分类被很多新制度经济学家所接受。具体而言，可以对制度涵义进行这样归纳：制度是通过一系列规则界定人们的选择空间，约束人们之间的相互关系，从而减少环境中不确定性，降低交易成本，保护产权，促进生产性活动的正式或者非正式的安排，是社会成员行为中某种带有规律性的被大家公认的一种规范。

　　一项制度通常由三部分组成：一是非正式规则，主要是人们在长期交往中无意识形成的，具有持久生命力并能代代相传的文化的一部分。非正式规则主要包括价值信念、伦理规范、道德观念、风俗习性、意识形态等。其中，意识形态起决定作用，意识形态可以节约信息费用，减少强制执行以及实施其他制度的费用；二是正式规则，主要是人们有意识创造的一系列政策规则，包括政治规则、经济规则、契约以及由这些规则构成的等级结构等。正式规则可以界定人们在分工中责任，规范人们行为，什么可以干，什么不能干，以及如果违反这些规则将面对的惩罚等；三是实施机制，这是一项制度必不可少的组成部分。有规则但缺乏实施机制就等于没有规则。

　　制度为什么能形成？怎样形成？诺思和塔科尔（Albert W. L. Tucker, 1905年~1995年）等认为，对策论是解释制度本质最简洁的概述。"囚徒困境"的对策告诉人们，每个囚徒从自身理性出发所达到的均衡对集体来说恰恰是一个对双方均较坏的结果。但是，如果该对策连续重复进行的话，该对策的性质就会发生急剧转变。因为双方均会在对策过程中学会以合作方式行事从而实现双方共同利益最大化。这说明：在重复性交易或者交换过程中，制度自然产生并得到人们行为习惯和理性的支持。同样，随着经济发展，要促使生产和交易以较低成本进行，还必须借助一些正式规则来解决问题。

新制度经济学家眼中的制度具有以下几个方面的核心功能：

第一是信息传递。一方面，制度的形成本身就是建立在一定行为规范和惯例基础之上，这些规则大多为人们熟悉或者知晓，因而它本身就是一个信息节约机制；另一方面，制度在形成以后，对新加入者或者尚不熟悉它的人来说，就具备了发送信息的功能。比如，交通路口的"红灯停，绿灯行"就是这样一项制度，它形成于交通实践当中，并不断地向那些行人和车辆传递可否通行的信息。

第二，降低交易成本。制度之所以会形成，原因之一是能降低交易成本。例如，企业形成的原因在于，能将本身需要很多谈判才能确定的业务单位巧妙地组织在一起，因而相对于市场而言具有节约交易成本的优势。

第三，激励功能。如果一项制度比较合理，就能有效地刺激并规范人们的利己心，从而在人们追求自身利益的同时不会对他人造成很大负外部性，这样，人人自利的行为就与对社会有效的结局比较接近。诺思很看重制度的激励功能，甚至将整个西方世界兴起的原因归因于制度的有效激励功能。

制度变迁是一种具有更高效益的制度对另一种制度的替代过程。制度变迁来源于相对价格和偏好变化。相对价格变化能够改变人们之间的激励结构。比如，在 12 世纪的西欧，由于人口增加、劳动价值下降、土地价值上升，结果便逐步产生了土地的排他性所有权和可转让性权利。偏好变化也能孕育出制度变迁。又如，20 世纪家庭结构小型化往往是人们工作、闲暇和避孕观念变化的结果，而这些观念的变化又与相对价格变化关系密切。闲暇成本增加、工作重要性的上升，在客观上促使某些制度变迁的发生。

更进一步，制度变迁源泉还会引出制度变迁的需求因素和供给因素。诺思等人认为，从需求方面看，导致相对价格变化和制度变迁的因素有：市场规模变化、技术变化以及人们对收入预期的改变。比如，随着市场规模扩大，制度创新收益会大大增加，而成本并不会有太多变化的话，一项新制度变迁便很可能发生；反之，一个小的市场规模便很难孕育出制度变迁，这就是为什么历史上那么多的制度创新发生在城市而不是农村的原因。从供给一面看，组织成本、技术进步和知识积累以及政治支持等都可能影响制度变迁。只有当与政界有关的企业家从制度创新中获得的预期收益超过为此付出的成本时，制度创新才有可能。

总之，一个一般原则是，只有当制度变迁的收益大于为此付出的成本时，一项制度变迁才有可能被创新和实施，否则原有制度仍有可能继续存在。如果人们对既定制度安排和制度结构处于满意状态，就无意也无力来改变这种制度，这时就达到了制度均衡状态。

制度变迁有诱致性变迁和强制性变迁两种方式。诱致性制度变迁和强制性制度变迁是林毅夫 1989 年在美国《卡托》杂志夏季号上提出的两个概念，后来发展成为新经济史学有关制度变迁的两个重要模型。

所谓诱致性制度变迁是指现行制度安排的变更和替代，或者是新制度安排创造，由个人或者一群人在相应获利机会时自发倡导、组织和实行。只有当制度变迁的预期收益大于预期成本时，有关群体才会推动制度变迁。诱致性制度变迁是自发的，即是有关群体对制度不均衡和新制度可能的盈利机会的自发反应；也是渐进的，也即这种制度变迁是一种自下而上、从局部到整体的逐步变迁过程。

强制性制度变迁是由政府命令和法律引入并实现，主体是国家。国家为什么要进行强制性制度变迁？按诺思在《经济史上的结构与变迁》（1998 年）中的说法，国家是一种在暴力方面拥有比较优势的组织，也就是说，国家可以利用它的强制性来实施制度变迁。强制性制度变迁由国家实施的原因有：制度供给本身就是国家的一项功能；制度安排往往带有公共产品性质，由政府提供要比私人提供更加有效；弥补诱致性制度变迁的不足，那就是诱致性制度变迁经历的时间长，变迁的速度慢，有时难以满足人们对新制度安排的需求。但强制性制度变迁还要受很多因素影响，比如统治者的偏好和有限理性、意识形态刚性、利益集团的干扰等。强制性制度变迁的优点是可以快速、有效地实施制度变迁，因而其实施成本低，但缺点是可能违背大多数民众的意愿。

诱致性制度变迁和强制性制度变迁各有优缺点，且相互联系、难以分开，共同推动着社会的制度变迁。一些理论家用其本国的经验数据来检验着两种类型的制度变迁模型，发现有的国家适合于诱致性制度变迁，有的国家更适用于强制性制度变迁。究竟何者为好，不存在一般性法则，而应当因地制宜。

制度变迁会存在路径依赖问题：第一，正式规则对经济发展的作用是连续的和累积的，并且在很长时间内难以改变。比如，法律和法令尽管可能修改，但是其变更的速度总是落后于实践。第二，非正式规则对经济发展的作用更是持久难衰。结果，制度变迁在很大程度上受制于人们过去习惯、信念、意识形态等。

制度变迁的"路径依赖"带来了几个值得思考的问题：第一，制度变迁的路径并不唯一，不同的初始条件可能孕育完全不同的变迁路径；第二，昨天的习俗、习惯、意识形态以及正式规则和制度对今天乃至将来均有重要影响，其影响可能是良性的，也可能是恶性的；第三，不同国家经济发展水平的差异与它们不同的制度背景存在密切关系。

六、国家理论

讨论制度离不开国家问题，因为许多重要的制度都是由国家供给的。所以，诺斯（1981 年）说，理解制度结构的两个主要基石是国家理论和产权理论。

新制度经济学中的国家理论主要论及的是国家起源、功能以及它在制度变迁和经济发展中作用问题。新制度经济学家认为，国家带有"契约"和"掠夺"双重属性。所谓"契约"属性是指国家是公民达成契约的结果，它要为公民服务。所谓"掠夺"属性是指国家是代表某一利益集团或者阶级的代理人，它的作用是向其他阶级或者集团的成员榨取收入。正如诺思有关国家的"暴力潜能论"所指出的那样，若暴力潜能在公民间进行平等分配的话，便产生了契约性国家；反之，若暴力潜能在公民之间分配是不平等的，便产生掠夺性国家。这里所谓"暴力潜能"，按诺思的说法，是指国家可视为一种在暴力方面具有比较优势的组织，这种组织凭借规模经济和垄断优势，可为社会提供保护和公正，换取收入并使其财富或者效用最大化。就是说，暴力也是一种资源。

当然，由于国家总是受到其他国家或者现存潜在政治竞争力量的约束，所以，各国统治者总是会把公共服务的供给配置给各个利益集团，以尽量争取其政治支持，减少潜在威胁。由于国家是由统治者代为管理的，所以，政治家出于追求自身最大福利的考虑，必然在为整个社会制定竞赛规则过程中考虑这样两个目标：一是为统治者垄断租金最大化提供一个产品和要素市场的产权结构；二是在满足第一个目标过程中尽可能促进社会产出最大化，达到为国家增加税收目标。但是常常由于这两个目标之间的冲突，使得统治者以及统治集团租金最大化的结果与促进经济增长的有效产权结构之间存在矛盾。因此，诺思曾指出，国家的存在是经济增长的关键，但国家又可能是人为经济衰退的根源。

在制度变迁和经济发展中，国家的作用巨大。它可以通过法律等强制性手段，以较低的成本来进行正规规则的变化与调整，从而克服制度变迁中大家都愿意"搭便车"而不愿进行制度变迁的难题；还可以对意识形态进行大量投资，以提高现存制度的合法性，减少现存制度的运行成本；还可以纠正某些制度不均衡而强制实施制度变迁。当然，国家还可以利用自己在建立或实施产权中发挥的作用，降低社会交易成本。新制度经济学家对国家的作用的这些看法值得重视。

第三节　博弈论和现代经济学

一、博弈论的产生、发展及其与现代经济学的关系

博弈论（game theory）也称对策论，是研究决策主体的行为发生直接相互

作用时的决策，以及这种决策的均衡问题的一种理论。它本身并不是经济学或者经济学的一个分支，充其量只是研究经济学的一种方法。但 1994 年诺贝尔经济学奖授予三位博弈论专家，其原因要从博弈论产生发展及其与现代经济学的关系说起。

一般认为，西方博弈理论开始于 1944 年冯·诺依曼（John Von Neumann，1903 年～1957 年）和摩根斯坦（Oskar Morgenstern，1902 年～1977 年）合作的《博弈论和经济行为》（The Theory of Games and Economic Behavior）一书的出版。但当时的博弈论都是作为数学的一个分支出现的，与经济学并没有多大的关系。

到 20 世纪 50 年代，博弈论的发展迎来了它发展史上的春天。当时，合作博弈论已达到自己发展的顶峰，同时，非合作博弈论也开始创立。纳什（John F. Nash，1928 年～   年）在 1950 年和 1951 年发表了两篇关于非合作博弈的重要文章，A. W. 塔科尔（Albert William Tucker，1905 年～1995 年）1950 年定义了"囚徒困境"（prisoners' dilemma）的概念。他们两个人的著作基本上奠定了现代非合作博弈论的基石。60 年代后，博弈论的发展史上又出现了另一些重要人物。如泽尔腾（Reinhard Selten，1930 年～   年）（1965 年）将纳什均衡的概念引入了动态分析，提出了所谓的"精炼纳什均衡"概念，从而为动态完全信息条件下博弈的求解提供了思路；而另一位博弈论的领军人物——海萨尼（John Charles Harsanyi，1920 年～2000 年）（1967 年～1968 年）则把不完全信息引入博弈论的研究当中，从而将"不完全信息博弈"转化为"完全但不完美信息博弈"，这样，不完全信息条件下的博弈问题就变得可以分析了。

20 世纪 70 年代以前，博弈论尽管有了很大的发展，但是，博弈论真正成为主流经济学的一部分只不过是最近二三十年的事，主要原因是当时的经济和社会条件发生了剧烈变化。

在 20 世纪 70 年代以前，自由竞争的市场经济仍然是大部分经济学家理想中的美好制度，因此，经济理论模型大多忽视经济个体之间的相互作用，常常在经济个体之间不存在相互作用的假定下进行经济分析。然而，到了 20 世纪 70 年代以后，这种情形发生了急剧的变化。首先，西方各国的生产更趋于集中，生产规模不断扩大，垄断和寡头势力不断增强，经济生活中各种力量的联合和对抗不断强化。其次，各国政府出于一定目的开始加强对经济生活的干预，使得经济生活中的相互作用和制约更进一步强化。所有这些都使得当时的经济和社会条件越来越严重地背离了自由竞争的市场均衡。这样，忽视经济个体之间的相互作用、片面强调完全竞争的传统的新古典经济学已越来越不适应当时的社会和经济实践，而注重经济生活中各个方面相互影响、作用、依赖和制约的博弈论则更符合经济和社会发展的要求。正是这样，博弈论开始广泛地应用于经济学的研究领域并成为主流经济学的一部分。

二、博弈论与现代经济学的关系

为什么博弈论会融入到主流经济学当中，这可以通过博弈论和传统经济学的研究内容和研究范式的比较来说明这一问题。

在新古典经济学那里，经济学主要是研究稀缺资源如何在各种用途之间进行有效配置的一门学问。然而，从现代的观点看，特别是随着经济学对社会问题和人类行为的研究得到主流经济学认可以来，对经济学更为恰当的定义也许应该变为经济学是研究人类行为的一门学问。经济学假定人是理性的，理性人是指人有一个稳定的偏好，在面临给定的资源约束的条件下要最大化自己的偏好，但在传统经济学那里，一个人的决策是在给定价格参数和收入约束的条件下最大化他的效用。个人的效用函数只依赖于他自己的选择，而不依赖于其他人的选择，他的最优选择只是价格和收入的函数而不是其他人选择的函数。在这里，经济作为一个整体，人与人之间的选择是相互作用的，但对个人来说，所有其他人的行为被总结在一个参数——价格——当中。这样，一个人做出决策时面临的似乎是一个非人格化的东西，而不是另外一个决策主体，他既不考虑自己的选择对别人的影响，也不考虑别人的选择对自己的影响。

博弈论本质上也是研究理性的经济人如何实现效用最大化的问题，不过，博弈论研究的问题要比传统经济学更进一步。它认为个人的效用函数不仅依赖于个人的选择，更依赖于他人的选择，于是，个人的最优选择不仅是自己选择的函数，而且也是其他人选择的函数。显然，这不仅大大扩展了经济学的研究方法和研究视野，也使经济研究变得更加的精致和科学。正因为如此，1970年代以后，博弈论在经济学中的应用便出现了大大加速的趋势。这样，博弈论成为主流经济学一个不可分割的部分，并不是一种巧合，而是博弈论和经济学之间的内在统一性使然。

进一步看，博弈论与现代经济学之间的关系还可以通过考察新古典经济学中的两个基本假设而获得更深刻的认识。在新古典经济学中，有两个基本的假设：第一，市场是充分竞争的，第二，局中人之间信息充分，不存在信息不对称现象。但是，在现实中，这两个假设均难以满足：一是，市场局中人的人数常常很有限，市场是不完全竞争的，于是市场上局中人之间往往是直接相互影响的，所以，局中人一方在进行决策时就必须考虑对方的反应，而这一扩张恰恰是博弈论研究的主题。二是，局中人之间的信息往往是不充分的，在信息不对称的条件下，要进行一项有效的制度安排，就必须满足"激励相容"和"自选择"条件，而这一扩展恰恰是信息经济学研究的范畴。可见，传统经济学研究的是不存在外部性条件下的个人决策问题，而博弈论以及由之衍发出来的信息经济学研究的是存在外部性条件下的个人决策问题，从而使融入了博弈论和信息经济学的新古典经济学真正成为所谓的"现代经济学"了。

第四节　信息经济学

一、信息经济学与相关学科的关系

信息经济学也是突破传统新古典经济学假定的情况下产生的。传统经济学在研究资源优化配置时假定，从事经济活动的理性人具有完全的信息，因此信息不在经济学研究的视野内。但是现实生活告诉我们，人们在经济活动中并没有充分的或完全的信息。信息对人们的经济活动，对市场经济的运行具有莫大影响。适应研究信息不完全条件下人们经济活动和市场经济运行的要求，就产生了信息经济学。

信息经济学与博弈论联系最紧密，因为人们如何决策，取决于他们掌握的信息。但是，信息经济学和博弈论研究的着眼点不同，博弈论研究在给定信息结构的条件下，最终的均衡结果是什么，而信息经济学研究在给定的信息结构的条件下，最优的契约安排是什么。由于信息经济学仅仅研究非对称信息条件下的对策和博弈，因此，严格地说，信息经济学也是博弈论的一个分支。

信息经济学和不确定性经济学也有密切关系。美国经济学家让·雅克·拉丰（Jean-Jacques Laffont，1947 年～2004 年）认为，[1] 不确定性与信息经济学都研究不确定性条件下资源配置以及均衡结果。但两者的研究侧重点不同。不确定性经济学是在信息有限的情况下，通过个人的最佳选择来适应这些有限的信息，而信息经济学则通过个人的信息获取、搜寻等行动来克服自己的信息不足，帮助自己获得满意的结果。两者的研究方法也不同。在不确定经济学中，个人主要依赖自己对事件发生的概率分布来主观地进行经济决策，而信息经济学中，个人主要通过设计最佳的制度和契约来促使代理人做出符合委托人利益的选择。

二、信息经济学的形成

1959 年，马尔萨克（Jacob Marschak，1898 年～1977 年）发表的一篇"信息经济学评论"的文章，可看作是信息经济学诞生的标志。1960 年代，可以算作信息经济学的产生阶段，因为这一时期出现了很多对信息经济学做出杰出贡献

---

[1]　Laffont，Jean-Jacques，*The Economics of Uncetainty and Information*，Cambridge，MA：The MIT Press. 1989.

的人物。比如，被称为信息经济学奠基人的斯蒂格勒（George J. Stigler，1911年～1991年）在 1960 年代发表了《信息经济学》、《劳动市场的信息》和《论寡占》三篇文章。他批判了传统经济学中完全信息假设，认为信息和其他商品一样有成本也有收益，市场中的信息并不是完全的，恰恰相反，它存在着严重的不对称，因而它常常会导致资源的错误配置以及政府干预的错位。因此，信息搜寻可以产生预期的收益，信息的价格应该位于零和无穷大之间，当事人的信息集位于信息完全和不确定性二者之间等。斯蒂格勒对信息搜寻的研究为信息经济学的发展作出了贡献。这一时期，其他对信息经济学作出贡献的人物还有西蒙（Herbert Alexander Simon，1916 年～2001 年）、阿罗（Kenneth J. Arrow，1921年～　年）和维克里（William Vickrey，1914 年～1996 年）等。

1970 年代，更多的经济学家开始加入到信息经济学的研究行列，这一时期也产生了很多有意义的研究成果。比如，阿克洛夫（George A. Akerlof，1940年～　年）的次品市场、赫什拉法（Jack Hirshleifer，1925 年～2005 年）的信息市场理论、马尔夏克（Jacob Marschak，1898 年～1977 年）和拉德纳（Roy Radner，1927 年～　年）的团队经济理论、斯本思（Michael Spence，1943年～　年）的信号理论、格罗斯曼（Sanford J. Grossman，1953 年～　年）和斯蒂格利茨的"格罗斯曼-斯蒂格利茨悖论"以及维克里的委托人——代理人理论，均构成了信息经济学的基本内容。值得一提的是，这一时期，阿罗发表了大量经典文献，对信息、信息成本、信息的经济价值、信息对经济行为的影响、不对称信息与市场失灵、不完全信息下风险转移等问题都进行了深入系统的研究。另外，斯蒂格利茨在这一时期的工作，使经济学界加深了不对称信息条件下产品市场、资本市场和保险市场中经济行为以及信息在资源配置中的作用的认识程度。

1980 年代，信息经济学的发展进入了系统化、逻辑化的阶段，这标志着信息经济学逐步走向成熟。一是国外相继出版了信息经济学的代表作，二是信息经济学学科体系基本形成。1982 年，对经济管制和信息经济学均作出了杰出贡献的斯蒂格勒荣获诺贝尔经济学奖；1994 年，与信息经济学密切相关的三位博弈论大师获得诺贝尔经济奖；1996 年，由于米尔利斯（James A. Mirrlees，1936年～　年）和维克里对不对称信息条件下的激励理论的突出贡献，诺贝尔经济学奖评奖委员会授予他们两人诺贝尔经济学奖；2001 年，信息经济学领域再次捧回诺贝尔经济学奖，至此信息经济学的研究已产生了广泛的影响。

三、信息经济学的基本内容与应用

信息经济学把博弈论中拥有私人信息的局中人称为"代理人"（agent），不拥有私人信息的局中人称为"委托人"（principal），据此，信息经济学的所有模型都可以在委托人—代理人的框架下进行分析。委托人—代理人基本模型可以被分为四类：①道德风险模型；②逆向选择模型；③信息传递模型；④信号显示与信息甄别模型。

逆向选择（adverse selection）是这样一种情形，在信息不对称的条件下，当参加交易的一方拥有有关交易的私人信息时，他会利用或者隐藏这种信息优势借以取得对自己有利的交易结果。例如在人寿保险市场上，投保人对自己健康状况的信息可能要比保险公司了解的信息多得多，而保险公司对投保人索要的保费率却是建立投保人健康水平平均值的基础之上。在这种情况下，最想购买保险的人便往往是那些健康状况不佳、对寿险需求最旺盛的人，结果，保险公司面临的风险便大大高于与保费率对应的风险水平，于是，保险市场上只剩下高风险的投保人，而保险公司则受到损失并导致下一轮的保费上升，并保险市场走向瓦解。

1970年美国经济学家乔治·阿克洛夫在"次品市场"一文中对逆向选择进行了系统研究，这一研究成果证明了这样一个重要的事实：逆向选择的存在会影响市场的有效运行，导致价格配置资源这一功能的失灵，从而带来社会福利在整体上的无谓损失。逆向选择并不是保险市场上特有的现象，而是商品市场、资本市场以及很多的非市场领域经常出现的普遍的现象。逆向选择之所以会出现，其根本原因是信息在买卖双方之间的不对称分布，因此，解决逆向选择问题的根本的办法，正如阿克洛夫所说是找到能够传递商品真实价值的既便宜又可靠的办法，这些方法主要有：

（1）通过设计某种机制或者契约，使拥有信息优势的一方愿意公开其私人信息或提供其真实信息，这便是"信号传递理论"所要解决的问题。

（2）由卖方根据自己商品质量的高低对其商品进行所谓的"差别化定价"，因为价格的高低是传递商品质量好坏的一个简便的方法。

（3）有时候运用强制性的购买计划也是解决逆向选择的一种有效办法。比如，国家可以将保健制度作为一揽子的福利提供给每个公民，并以补助或者补贴的方式让所有的人都参加健康保险，这样，逆向选择的问题便可以得到解决。

道德风险不同于逆向选择，道德风险并不是在签约前的信息不对称导致的结果，而是签约以后交易一方的行为不易为另一方觉察而导致的结果，换句话说，是一种签约后的"损人利己"行为。对道德风险的研究作出贡献的经济学家有赫尔普曼（Elhanan Helpman，1946年～　年）、拉丰①和沙维尔②（Steven M.

---

① Helpman, E. and Laffont, J., "On moral hazard in general equilibrium theory", *Journal of Economic Theory*, 1975, 10 (1): 8～23.

② Shavell S., "Risk Sharing and Incentives in the Principal and Agent Relationship", *Bell Journal of Economics*, 1979, 10 (1): 55～73.

Shavell, 1946 年～ 年) 等。

关于道德风险可举这样一个例子。假设存在一个自行车失窃的保险市场。在大家为自己的自行车进行保险以前,都会十分爱护自己的车,以确保自己的自行车的完好与安全;可是,在该居民区要求大家参加自行车保险以后,主人的行为发生了变化:第一,他不用这么认真去关心自己自行车的安全了;第二,原先用来防盗的很多"投资"比如保险锁、防盗警报等现在均可以大大减化。因为自行车被盗以后可以向保险公司进行索赔并重新购置新的自行车。像这种由于保险而致使被保险方缺乏防范激励的行为被称之为"道德风险"(moral hazard)。

信息不对称问题如何解决呢?一种可供选择的思路是由信息较多的一方向信息较少的一方提供有关交易的信息,这便是"信号传递"(information signalling);另一种思路则是由信息较少的一方去主动搜寻信息,减少信息不对称,这便是所谓的信息搜寻(information searching)。

信号传递的方式有多种:第一种方式是以品牌和信誉或者产品质量保证书等向消费者传递有关信息优势一方有关生产工序、产品质量、售后服务、技术服务等方面的信息;二是广告的方式;三是"二次信号"发送,其方式主要有这样三种:一种是在产品上粘贴防伪标志;另一种是名牌产品与名牌商家的结合;第三种是产品与保险公司相结合等。

信号传递的原理也可以通过教育市场上的信号传递模型说明。由于就多数人而言,受教育多的或者说学历高的要比受教育少的或者说学历低的人智商好些,能力强些,于是,学历和文凭就成了传递人力资本大小的信号。

信息搜寻理论最早由斯蒂格勒提出,其主要的涵义是:在消费者面临同质商品的多种价格时,应该如何寻找最低的价格水平。后来,经过美国经济学家麦考尔(John J. McCall 1933 年～ 年)将之运用到劳动市场上而得以发扬广大。

四、有效激励机制的设计

激励机制问题也许正是研究信息经济学的目的所在,因为委托——代理框架的核心不是如何最大化委托人的效用函数,而是如何在满足代理人效用函数的同时促使委托人效用的最大化。

有效的激励机制设计的本质是,代理人的最优选择就是委托人的最优选择,或者说,代理人最大化效用的目标与委托人最大化效用的目标不存在冲突。因此,一个有效的激励机制应该考虑以下因素:

第一,代理人参与委托人的事业所得的净收益不低于他不工作时获得的收益,这是所谓的"参与约束"。

第二,代理人最大化净收益的结果也是委托人最满意的结果,这是所谓的

"激励相容约束"。

第三，为鼓励代理人努力工作，代理人所获得的报酬必须与他的努力程度相关；为避免代理人出现道德风险，代理人所获得的报酬必须与他最终的工作结果相关。这是以上两个约束条件的细化，也是以上两个约束在委托代理关系契约中或者企业的经营实践中一个可行的应用法则。

第四，对代理人进行监督具有重要意义。监督可以获得更多的有关代理人行动选择的信息，从而减少代理人的风险；监督是委托人的正当职责，是资本要求正常利润回报的客观要求。当然，如果监督的成本过高，监督便没有意义，即使它可以提供更多的信息。

第五节 行为经济学

一、行为经济学对新古典经济学的修正

行为经济学是在心理学基础上研究经济行为和经济现象的经济学分支学科，又称心理学的经济学。其主要观点是，对经济行为的研究必须建立在现实的心理特点基础上，而不能建立在抽象的最大化行为的假定基础上，而从心理特点看，行为人只具有有限理性，在决策时的偏好不是外生给定不变的，而是内生于当事人的决策过程中，不仅可能出现偏好逆转，而且会出现时间不一致。

从这些主要观点看，行为经济学是对新古典经济学的背离。在新古典经济学传统中，偏好是稳定的，不随时间变化而发生根本性变化，并且富人和穷人之间的偏好也没有多大差异。所有理性的经济人的行动都只是按既定的偏好追求利益最大化的决策行为。行为经济学通过对新古典经济学的反思和批判，试图在心理学关于人的行为研究的基础上，讨论经济行为人的各种心理活动特征对其决策模式的影响，不同的心理活动影响到相应的决策模式，从而表现出相应的行为特征。例如证券价格的波动很大程度上取决于投资者的心理变化。过度乐观或者悲观都会引起证券价格剧烈波动。为此，经济学家力图将经济学建立在更为现实的心理学基础上。但是，行为经济学对新古典经济学的这种背离，并不是对传统经济学的革命或否定，而只是对新古典传统的改进和修正，因为行为经济学仍然继承了新古典经济学赖以生存的两大基石一个体主义方法论和主观价值论，只是由于不满意新古典经济学的偏好稳定和最大化行为假定的不现实性，主张通过心理学为经济学打造一个更现实的行为基础。

行为经济学要如何以经济当事人的现实心理基础来重构和修正新古典经济学？他们的思路是：经济现象来自经济当事人的决策行为；他们的理性决策在有

限理性约束下，不仅体现在目的（实现最大化）上，而且还体现在过程上；而在决策过程中，决策程序、决策情景都会和当事人的心理发生互动，从而影响决策结果；经济活动个体的决策结果的变化会导致总量结果变化。可见，决策者的心理特征、行为方式和决策结果这三者是关联和互动的，新古典经济学关于偏好稳定的假定是不现实的。

二、行为经济学的形成

行为经济学是近年来一门新兴的边缘学科，但有关行为经济学的思想却早在几百年之前就已存在。古希腊哲学家和经济学家柏拉图、古典经济学家亚当·斯密、经济学家边沁、边际效用学派的门格尔、杰文斯、英国经济学家约·穆勒、马歇尔以及马歇尔之后的凡勃伦、贝克尔、霍奇逊等均研究过心理因素对经济决策的重要影响；凯恩斯在论述"有效需求不足"的原因时也将之归结为"边际消费倾向"、"对资本资产未来收益的预期"、"资本的流动性偏好"三大心理规律的作用。

但行为经济学作为一门经济学分支学科产生还是 20 世纪 70 年代以来的事。1979 年，卡内曼（Daniel Kahneman，1934 年～　年）和特武斯基（Amos Tversky，1937 年～1996 年）的"预期理论：一种风险决策分析方法"一文在《计量经济学杂志》上发表。1981 年，塞勒（Richard H. Thaler，1945 年～　年）的"动态一致性的实验证据"一文发表。此后，先后有一系列的行为经济学文献面世，这些文献标志着"行为经济学"作为一门独立的学科真正诞生。

1986 年，美国芝加哥大学召开了一次规模空前的学术论坛，在会上很多优秀的行为经济学论文发表，这是行为经济学理论发展史上一个重要的里程碑。1997 年，一本以收录行为经济学论文为主的杂志——《经济学季刊》诞生。

行为经济学的诞生，与 20 世纪 60 年代以来认知心理学得到了突飞猛进的发展分不开。认知心理学就是信息加工心理学。这种心理学把人看作是一个主动的信息加工者，研究人的内部心理，即人对外界信息的内部加工，包括注意、记忆、语言、思维、问题解决、决策过程等高级认知过程。认知心理学导入经济学，使经济学有了与传统经济学理论不同的假设和特色，形成了对传统经济学理论的新认识甚至挑战。

三、行为经济学对偏好理论的新认识

行为经济学对经济学的新认识，首先表现在对偏好理论的新认识上。

1. 参考依赖、损失规避、敏感性递减与偏好水平

所谓参考依赖，是指人们在进行经济决策的过程中，其个人偏好水平在很大程度上依赖于决策者个人心理上的那个参照系，而并不一定依赖于决策者的收入、福利和境况的总水平。卡内曼和特武斯基于 1979 年在研究消费和收入关系问题时发现了这一原理。参考依赖反映了现实中人们对偏好的认识可能与经济学家们眼中的偏好并不一样，这意味着经济学在进行效用分析的时候，应该将人们的习惯性消费水平 r_t 作为一个重要的决策变量纳入效用函数，即效用函数就应修改为 $U_t(c_t, r_t)$，其中，c_t 为 t 时刻的消费量，r_t 代表该消费者的习惯性消费水平。

另一个与参考依赖相关的发现是损失规避（loss aversion）。损失规避意味着人们在面临同等数量的损失和收入的时候，对损失的反应要比对收入的反应来得更加敏感。损失规避产生的一个重要原因是禀赋效应（endowment effect）。其一个原因是：一旦人们拥有一种商品以后，就会比没有该商品以前更加珍视它。

除参考依赖和损失规避以外，还有一个重要的有关偏好的心理学发现——敏感性递减（diminishing sensitivity），其涵义是，在参考点附近，人们感觉到福利的边际变化要比距离参考点远的变化更加强烈。比如，人们很可能对收入从 100 元升到 200 元的变化比较敏感，但却对收入从 1 100 元升到 1 200 元时的感觉并没有那么明显，原因是前者要比后者距离参考点——零元（常常是人们感觉到福利和损失的分界点）——更近。

2. 偏好的时间不一致性与双曲线形贴现函数

传统经济学的核心命题之一是代理人如何对不同时期的成本和收益进行跨期选择。拉姆齐指出，[1] 不同时期的储蓄可依据一个固定比率在各期之间进行贴现。这就是所谓的指数式贴现理论，它意味着人们的偏好在时间上是一致的。然而，近年来心理学发现却表明，人们的偏好在时间上往往是所谓的双曲线形的。其表现是：人们对现时效用和福利的关注要强于对未来效用和福利的关注。比如，人们常常过度饮酒、过量饮食，而置未来健康全然不顾；人们宁可观看滑稽电视、享受现时的快乐，而将让人痛苦的事情向后推移等。

时间不一致偏好对经济学意义重大。例如，可以帮助人们解释现时和未来消费和储蓄的决策以及二者之间的巨大反差，为金融学、投资学中难以解释的或者解释力不强的现象提供了新的观察角度。又如，可以清楚地解释人们对上瘾物品的需求，比如，人们吸食毒品的主要原因是它可以给人们带来现时的精神愉悦，

---

① Ramsey，F. P.，"A Mathematical Theory of Saving"，*Economic Journal*，1928，38（152）：543~594.

这种巨大的现时精神愉悦可以在很大程度上使人们忘记毒品对人们未来的巨大危害，这比传统经济学对此的解释力更强。

3. 心理学对社会偏好和利他主义的新认识

在传统经济学领地内，社会偏好处于次要地位，而以自私自利为主要特征的个人偏好几乎是经济学家分析所有人类行为的一条公理。但近年来越来越多的心理学家和经济学家普遍认识到这一局限。

认知心理学将社会偏好分为这样几类：简单利他主义（simple altruism）、交互式利他主义（reciprocal altruism）、"行为分配性公正"（behavioral distributive justice）特征的社会偏好。

简单利他主义，即经济行为人将会把别人的偏好或效用纳入了自己的效用函数，亦即这种利他行为的付出能达到经济行为人利己目标，这时，利他行为是手段，利己才是目的，因此，这种利他主义与利己主义并不矛盾。

交互式利他主义意味着行为人的社会偏好函数不仅取决于自己消费水平及其变化，还取决于他所感知到的他人所采取的行为及其行为背后的动机和意图等因素。这时，行为人的社会偏好函数很可能就不稳定，而成为多种因素共同影响和作用的产物。比如，某人路遇街头乞丐，当他发现该人衣着体面、皮肤白皙时，他猜测该人肯定动机不良，其行乞目的也许只是骗取钱财，于是便分文不给；可是，当他发现另一个乞丐衣衫褴褛、老态龙钟时，会猜测该乞丐可能真是为生活所迫，于是便慷慨地拿出 10 元钱给他。在这种情况下，该路人是否选择利他行为，在很大程度上取决于他对该乞丐的行为以及背后动机和意图是良还是不良的主观判断。

"行为分配性公正"（behavioral distributive justice）又称公平配置（fair allocation），意味着人们主观上存在着对资源分配公正性和公平性的关注。比如，心理学家和行为经济学家们常举到的一个例子是两个人共同发现地上有 20 元钱，他们将如何分配这 20 元钱呢？第一种假设是两人都是简单利他主义，那么，他们肯定会讨论谁是其中较为贫困的一个人，把这钱给他，因为这 20 元钱对比较贫困的那人来说，其效用能得到最大发挥。第二种假设是两人都是利己主义者，那么，两人都想独吞这笔钱，因为这样能使自己福利得到很大改善。但心理学家和行为经济学家却发现，这时，人们往往并不按照这两种原则行事，而常常按照五五分成或公平分配行事，其原因是行为人具有偏好公平和公正而不是整个社会福利的最大化的心理。

四、不确定条件下的判断偏差与"理性"决策的背离

面临不确定性情况时，传统经济学家常常假定人们总是能根据概率判断原则进行正确的主观判断，但心理学家和行为经济学家的很多研究却发现这一认识存在着很多系统的偏差。

1. 代表性启发（representative-ness heuristic）和小数字法则（the law of small number）

代表性启发是指人们在形成判断的过程中常常会受到事物典型特征的影响，比如，当看到某个人蓬头垢面、衣衫褴褛时，人们往往会认为对方是乞丐，而当看到某个人衣衫华丽、举止优雅时，会判断他是有修养、学识之人。行为经济学家的研究表明：在形成判断的过程中，人们往往会过度使用该法则。其原因是，在特征信息不明显情况下，人们往往会低估事实真相，但当人们得知该人的代表性特征时却往往高估它，比如，当人们无法知道一个人是工程师还是律师的情况下，人们对该人是律师和工程师的概率判断也许分别为50％，而当人们知道该人的代表特征时却往往会不顾该人所处的群体中到底是工程师居多还是律师居多这样的事实，而纯粹依赖代表性特征判断，结果便产生了判断偏差。

小数字法则意味着人们对某一概率分布的局部或部分特征的判断与总体和全部特征的判断一致。比如，投掷1 000次硬币，正面和反面出现的概率大致趋于相等，这是数学中二项分布告诉我们的基本知识。于是，人们也倾向于认为在投掷6次、10次中也将出现同样结果，这也被称为"赌博者谬论"（gambler's fallacy）。事实上，这种看法是错误的。其结果便产生了所谓的"判断偏差"，可能使人们普遍低估事实真相；也可能使人们对某一概率事件的发生赋予太高的期望，其结果使人们失去了对问题真相的把握。

2. 信念忠诚和确认偏差（belief perseverance and confirmatory bias）

信念忠诚是指人们一旦形成某一信念和判断以后，人们就会表现出对它的忠诚和信任，从而不再关注其他相关信息。比如，一旦一个公司拥有某个投资项目比其他项目利润丰厚这个信念之后，该信念就会在一定时间内左右着该公司的决策和判断，从而暂时屏蔽了其他有关该投资项目利润发展变化方面的信息。这种现象的实质并不是人们对各种信息的误读，而是由于新信息的传递受到信念忠诚的阻碍和隔绝。

另一个相关问题是确认偏差，其涵义是在信息模糊和不完全情况下，人们头脑中原先保留的偏见会得到强化，从而使这种偏见愈演愈烈。比如，某人早先就被告知说A君有点神经质，于是该人与某君的接触中他会发现更多的与此有关的信息，结果，这些新信息在客观上强化了某人对A君是神经质的偏见。确认偏差的实质是信息传递中信号暗示在发挥作用，在客观上为信息收集者特别关注这方面的信息提供了线索。确认偏差的产生主要有几方面原因：一是信息和证据不足，在这种情况下人们头脑中原有想法就会发挥作用；二是人们常常比较关注事件之间的因果关系，即使在没有足够信息情况下，人们也倾向于用因果关系推断事件之间的关系。

3. 可获得性偏差（availability bias）和事后聪明偏差（hindsight bias）

可获得性偏差是指人们在形成判断的过程中往往会根据可记忆的、明显的和常见的例子和证据进行判断，即使是在他们拥有有关信息的情况下也是如此。比如，人们对一个城市、一个国家安全程度的判断往往依赖于他们个人感知的信息或者最熟悉的有关安全方面的资料。可获得性偏差在人们生活中扮演着巨大作用，比如，很多商品广告就是在强化人们对某种商品的熟悉和认知程度，从而达到刺激人们购买的目的；还有，学生在学习时对单词的不断重复记忆，往往导致学生倾向于使用那些自己最熟悉的单词等等。尽管可获得性有时可对人们生活产生一定积极作用，但它也往往使人们的判断与基本概率法则产生系统偏离。

菲克霍甫（Baruch Fischhoff，1946 年～　年）发现，[1] 第一，提前告知人们一件事情往往会使该事件的发生概率提高；第二，在一件事情发生以后，人们往往会夸大自己的信念，从而表明出事后聪明偏差。比如，某政治家当选以后，很多人会说这早就在他预料之中。事后聪明偏差的产生主要是由于人们对有关某事件发生与否的信息不充分。事后偏差是人们在判断和决策中常犯的一个错误，它在客观上背离了"理性"假设。

▉ 第六节　演化经济学

一、演化经济学的形成

演化经济学是一门借鉴生物进化论思想方法和自然科学研究成果来研究经济现象和行为演变规律的经济学科，但演化经济学的历史渊源却可追溯到凡勃伦、马克思、马歇尔和熊彼特等人。

最早提出"演化经济学"术语的人当数凡勃伦。他把演化隐喻作是理解资本主义经济技术和制度变化的基本方法，认为经济学应该抓住演化和变化这个核心主题，而不是新古典经济学从物理学中所借入的静态和均衡思想。马克思的经济理论中也有很多演化思想。他关于技术进步类似于生态系统中物种共同演化及其

---

[1]　Fischhoff, B., "Hindsight≠foresight: the Effect of Outcome Knowledge on Judgment under Uncertainty", *Journal of Experimental psychology: Human perception and performance*，1975，1：288～299.

相互转换的论断也可以说是某种程度上的进化论。但马克思强调社会制度以革命形式表现的突变，这与达尔文的思想有异。新古典经济学代表马歇尔也可看作是演化经济学先驱之一。他研究的真正兴趣在于经济动态学和经济演进。他强调了时间、报酬递增和不可逆在经济过程中的重要性，然而却试图在均衡框架中加以处理。马歇尔的预言虽然指明了经济学家的研究方向，但他又认为提出一门基于生物学的经济理论非常困难，所以，他不得不回到均衡框架中对之加以处理。

　　演化经济学作为一门独立的理论分支而出现要归功于熊彼特对创新过程的开创性研究。其经济发展理论把创新看作经济发展过程的实质，强调了非均衡和质变的作用，认为资本主义在本质上是一种动态演进的过程，认为"创造性毁灭过程"是资本主义的基本事实，这种观点非常类似于生物学中的进化理论。

　　演化经济学的真正形成主要归功于理查德·R·尼尔森（Richard R. Nelson，1930年～　年）和悉尼·G·温特（Sidney G. Winter，1932年～　年）两人。他们合著的《经济变迁的演化理论》（1982年）是演化经济学形成的一个重要标志。他们认为，经济中企业之间也存在自然选择，盈利的企业会不断增长，而衰败的企业会不断萎缩，最终会出现"优胜劣汰，适者生存"。经济主体的目标是追求利润，但并不一定是利润最大化，人并不一定完全理性，而可能是有限理性；经济均衡只是暂时的而不可能长期的。还有，他们根据"惯例"、"搜寻"、"创新"和"选择环境"等概念，对整个经济理论研究基础进行了重构，最终提出经济演化理论，为演化经济学发展奠定了坚实的基础。

　　演化经济学形成有其特定背景。首先，20世纪70年代以来，自然科学领域发生了许多革命性的进展。一些发达国家先后进入后工业化时期，并向信息时代过渡，这不仅改变了人们学习、生活和工作的方式，而且也使得经济学的研究对象、研究内容、研究方法出现多样化、综合化和科学化的趋势；当时的生物学也取得了重大进展。同样，当时的物理学也有重大进展，特别是布鲁塞尔学派的耗散结构理论影响日益增大。这些进展为演化经济学产生和发展提供了直接动力。

　　其次，当时的主流经济学受制于利润最大化和均衡这些经典假设，在客观世界迅速变化的现实面前面临着诸多危机：第一，新古典经济学在严格的"经济人"、"最优化"、"完全理性"等假设条件下与管理理论和实践、心理学和组织理论以及商业史等的距离越来越疏远；第二，传统主流经济学为有效进行所谓的均衡分析，引入了"代表性企业"概念，抹杀了企业之间的差异和多样性以及企业和企业之间的互动和博弈动态等；第三，新古典经济学固守"还原论"禀见，将复杂的经济整体还原为部分之和，致使新古典经济学对宏观经济现象的解释无能为力；这种还原论的另一个后果是，排斥非线性和报酬递增的研究，从而不能对部分与整体之间的交互关系以及与经济发展有关的分工、专业化和经济组织等进行卓有成效的研究，从而使主流经济学的解释力大大降低。在这样的条件下，生物隐喻和其他自然科学向经济学领域的渗透便不可避免。

二、演化经济学的分析框架

演化经济理论是演化在经济领域的应用。一般说来，一个明确的演化分析框架由下列因素或内容组成。

第一，选择单位。大多数现代演化经济学家认为，制度或组织具备选择单位的条件。凡勃伦观察到制度和惯例具有相对稳定和惰性，因此可以历时传递其重要特征，它是社会有机体的基因组织，扮演着生物学中基因进化的作用。尼尔森和温特在他们名著《经济变迁的演化理论》一书中就讨论了类似于基因的企业惯例的作用：它是企业的组织记忆，执行着传递技能和信息的功能。

第二，新奇性。生物变异原则强调种类和多样性的作用，有时等同于系统内新奇事物的创造。经济系统的新奇事物是人类创造性的结果，是新行动可能性的发现。这种变异或新奇事物事先不可预测，事态的演化进程因新奇事物揭示出来的特定含义而异，因而社会经济动态系统不可能存在一个已知的、唯一确定的解。尼尔森和温特认为，在某些情况下如企业利润低得无法忍受时，企业被迫搜寻新技术及新组织形式（新奇性产生），由此导致企业惯例发生变异。

第三，选择过程。生物进化论强调变种和多样性对进化过程的重要性，把微观差异和个体可变性看作是进化赖以发生的基础。对于经济社会系统来说，个体思维和行为差异的基础来自人的偏好或知识的主观性质，它是由经验和认知模式的不同产生的。新奇或变异产生后，它如何在经济社会系统中导致创新和扩散？演化经济学对此这样解释，一个个体对创新者是模仿还是反对取决于群体中有多少成员做了这种选择。不管创新者主观偏好如何，市场过程将对其加以检验并进行选择。

演化经济学的主要议题是解释经济变迁，它把经济看成一个演化的复杂系统，该系统开放，系统演化的结果难以预测。影响系统演化的基本因素包括：系统内部成员之间的差异性和易变性、系统的选择机制，这个选择机制受到内部压力和外部环境的影响。

三、演化经济学和传统经济学的差异

由上述分析可见，演化经济学在对事实评价时所持有的基本信念与传统经济学根本不同。

第一，时间不可逆。多西（Giovanni Dosi，1953 年～　年）和梅特卡夫

（John Stanley Metcalfe，1946 年～　年）认为，[1]个人或组织等行为者目前的行动将对未来决策过程或系统的未来结构及其变化路程产生重大影响。时间不可逆意味着系统如果发生了变化，虽然导致这种变化的力量已经消失，系统也不会完全回到最初状态，这是经济社会系统的重要特征。社会经济系统是一个不可逆的历史演化过程。这与传统经济学关于经济总会自动恢复到均衡的观念有别。

第二，非最优和非目的论。这种信念强调虽然个人行为的目的性，但由于不确定性和新奇事件的存在，社会经济发展并不是以目的论方式展开的过程，演化过程没有必要趋于有效率的和最优的结果。生物学最近的研究对社会经济系统的隐喻是：由于社会经济环境变动不安，原先适应的可能在环境变化后变得很不适应，所以很难依据普遍流行的最大化标准说现在的某种行为是最有效率和最优的，即使某些行为者主观上这样认为。

第三，共同演化。生物学新的研究告诉人们，生物界普遍存在的现象是"共生演化"而非传统观念的"生存竞争"。研究技术变迁的演化经济学家发现，技术发展非常类似于一种共生演化的生态系统，技术与制度共同演化、经济系统与生态系统共同演化等也在演化经济学中得到了更多的讨论。

复习思考题

1. 怎样从理论和实践两方面认识新制度经济学兴起的原因？
2. 新制度经济学家怎样说明制度的经济功能及制度变迁的原因和制度变迁的两种基本模型？
3. 略述博弈论和现代经济学的关系。
4. 略述信息经济学中委托人—代理人的四个基本模型。
5. 试述道德风险和逆向选择的实质和联系。
6. 行为经济学对传统新古典经济学的主要修正是什么？
7. 略述演化经济学和传统新古典传统学的主要差异。

参 考 文 献

阿罗. 1989. 信息经济学. 北京：北京经济学院出版社

丹尼斯·缪勒. 1992. 公共选择. 北京：商务印书馆

道格拉斯·C·诺思. 1988. 西方世界的兴起. 张炳九译. 北京：学苑出版社

道格拉斯·C·诺思. 1991. 经济史上的结构与变迁. 历以平译. 上海：上海三联书店、上海人民出版社

---

[1]　Dosi，G.，Metcalfe，J. S.，"On some notions of irreversibility in economics"，in Saviotti，P.，Metcalfe，J. S.（Eds），*Evolutionary Theories of Economic and Technological Change*，Switzerland：Harwood Academic Publishers，1991，pp. 133～159.

哈奇逊. 1993. 现代制度主义经济学宣言. 北京：北京大学出版社

加里·S·贝克尔. 1995. 人类行为的经济分析. 王业宁，陈琪译. 上海：上海三联书店、上海人民出版社

纳尔逊、温特. 1997. 经济变迁的演化理论. 北京：商务印书馆

盛昭瀚、蒋德鹏. 2002. 演化经济学. 上海：上海三联书店

石奇、尹伯成. 2002. "西方微观经济学的徘徊与发展". 经济学动态，第 5 期

张维迎. 1996. 博弈论和信息经济学. 上海：上海三联书店、上海人民出版社

赵红军、尹伯成. 2003. 西方经济学发展新方向：心理学对经济学的影响. 南开经济研究，第 6 期

R·科斯、A·阿尔钦、D·诺斯. 1994. 财产权利与制度变迁. 上海：上海三联书店

Y·巴泽尔. 1997. 产权的经济分析. 费方域，段毅才译. 上海：上海三联书店、上海人民出版社

第七章

经济波动、经济增长和经济发展的理论

经济波动、经济增长和经济发展的理论是西方经济学的重要组成部分。经济波动是经济在短期中的起伏，经济增长和经济发展是经济在长期中的走势。经济增长研究发达国家经济走势，而经济发展研究发展中国家经济走势。

■ 第一节　经济波动理论

一、经济发展的周期性波动

资本主义制度确立以来，社会经济发展的道路从来就不是平坦的，而呈现周期性波动的态势。经济活动的繁荣与萧条交替出现的周期性波动就是经济周期。这种波动通过国民生产总值、工业生产指数、就业人数、物价水平等综合性经济指标表现出来。美国经济学家米契尔（Wesley Clair Mitchell，1874 年～1948年）和伯恩斯（Arthur F. Burns，1904 年～1987 年）给经济周期下了这样一个定义，经济周期是以商业为主的国家总体经济活动的一种波动：一个周期包括一定时间内许多经济活动中发生的扩张，继之以同样普遍的衰退、收缩，以及引起转入下一周期扩张阶段的复苏；这种变化的顺序重复出现但没有周期性；经济周期的时间从 1 年多到 10 年或 12 年不等；这些周期不能再分为与它们本身的特点相似的、更短的周期。根据这一定义，一般把经济周期分为 4 个阶段：经济活动高涨的扩张或繁荣阶段（这一阶段的最高点称为"顶峰"），经济活动低落的收缩或萧条阶段（这一阶段的最低点称为"谷底"），由繁荣过渡到萧条的衰退阶段，由萧条过渡到繁荣的复苏阶段。其中前两个阶段是经济周期的主要阶段。由于所根据的资料和划分经济周期的依据不同，一般又把经济周期分为3～4年的短周期，10年左右的中周期和50年左右的长周期3种类型。

短周期又称基钦周期，最早由英国统计学家基钦（Joseph Kitchin，1861年～1932年）提出。基钦研究了1890年～1922年间英国与美国的物价、银行结算、利率等指标，认为在经济中存在着大周期与小周期。小周期则是他所说的这种短周期。他重点研究了短周期，但并没有对这种周期作出理论上的解释。他认为，这是一种由心理原因引起的有节奏的变动，而影响人们心理的则是农业产量与物价的波动。美国经济学家W·A·刘易斯（William Arthur Lewis，1915年～1991年）根据统计资料指出，基钦周期只反应在工业生产统计上，对整个经济生活影响很小，并不能成为一种周期性经济波动。

中周期又称朱拉尔周期。最早由法国经济学家朱拉尔（Clement Juglar，1819年～1905年）提出。在朱拉尔之前，经济学家们主要研究经济中的危机现象。朱拉尔认为，危机并不是一个孤立的现象，而是周期性经济波动中的一个阶段。他对较长时期的工业经济周期进行了研究，根据物价、生产和就业人数等指标，确定了经济中每9～10年有一次周期。他又把每个周期分为繁荣、危机、清偿三个阶段。他还研究了周期的原因，强调了银行信贷的变化是引起经济周期性波动的主要原因。

长周期又称康德拉季耶夫周期，最早由原苏联经济学家康德拉季耶夫（Nikolai D. Kondratiev，1892年～1938年）在1925年提出。康德拉季耶夫研究了法国、英国、美国、德国和世界其他一些国家的长期时间数列资料，根据各国的价格、利率、工资、对外贸易量以及生产与消费资料，指出在资本主义社会存在着平均长度为54年左右一次长周期。他把18世纪末以来的资本主义经济分为3个长周期，还认为这种周期是资本主义发展本身固有的，其主要原因是资本积累的变动。生产技术中的各种变革、战争与和平、新市场的开辟等，都不是影响这种周期的偶然事件，而是这种长周期中有规律的组成部分。例如，在长周期的下降阶段会产生重大技术发明，而这种发明要在下个周期的上升阶段开始时才会得到大规模应用。长周期上升阶段一些国家经济实力的扩大引起局势紧张，这是战争与革命的主要原因。

美籍奥地利经济学家熊彼特（Joseph A. Schumpeter，1883年～1950年）把这3种类型统一了起来，认为一个长周期包括6个中周期，1个中周期包括3个短周期。

此外，还有一种所谓库兹涅茨周期，其周期长度为15～20年，由美国经济学家库兹涅茨（Simon Smith Kuznets，1901年～1985年）在1930年初提出。

库兹涅茨从分析研究许多国家、尤其是美国的经济资料中发现，房屋建筑和其他许多经济部门存在着平均长度大致在 15～20 年之间周期性经济扩张和紧缩。这种周期主要是与美国建筑业的波动相关，故又称"建筑周期"。许多经济学家还证明了，在其他部门和其他国家都存在着类似的这种周期性波动。

二、经济周期性波动的一些早期理论

许多经济学家对经济周期的原因进行了探讨，形成了不同的周期理论。其中主要有：西斯蒙第、霍布森等人的消费不足理论；英国经济学家霍特里（Ralph G. Hawtrey，1879 年～1971 年）用货币因素来解释经济周期的纯货币理论；瑞典经济学家卡塞尔（Gustav Cassel，1866 年～1946 年）、威克塞尔和奥地利经济学家哈耶克用投资来解释经济周期的投资过度理论；美籍奥地利经济学家熊彼特用创新来解释经济周期的创新理论；英国经济学家庇古和凯恩斯用心理变动来解释经济周期的心理理论；以及美国经济学家汉森、萨缪尔森用乘数与加速数的相互作用来解释经济周期的乘数——加速数模型等。所有这些都称为内生经济周期，而外生经济周期指不是由经济体系本身的因素引起的，而是由某些外在因素，例如，太阳黑子和气候的变化、战争、科学技术的重大的创造发明，人口的变动等所引起的经济周期。经济学说史上有名的太阳黑子理论就是一种典型的外生经济周期理论。这种理论亦称"农业收获周期变动理论"。主要倡导人有 19 世纪后期英国经济学家 W·S·杰文斯和 20 世纪初期英国经济学家 H·S·杰文斯（Herbert Stanley Jevons，1875 年～1955 年），以及美国经济学家穆尔（Henry Ludwell Moore，1869 年～1958 年）等。其基本观点是：太阳黑子的出现引起农业减产，农业的减产影响到工业、商业、投资等活动的减少，从而引起萧条；相反，太阳黑子消失会使农业增产，从而影响到工业、商业、投资等活动的扩大，引起经济繁荣。太阳黑子的活动是有周期性的，这种周期性引起了农业与整个经济的周期性波动。对这类外生经济周期理论，多数经济学家不予认同，而更多支持的是内生经济周期理论。下面就主要介绍一些内生经济周期理论。

消费不足理论是一种用消费需求不足来解释生产过剩危机的经济周期理论。这是一种历史悠久的理论，早期的代表人物是英国经济学家马尔萨斯和法国经济学家西斯蒙第。近代的代表人物是英国经济学家霍布森（John A. Hobson，1858 年～1940 年）。它并不是解释整个经济周期的过程，而只是解释经济周期中危机或萧条阶段的形成。该理论认为，萧条的产生在于社会对消费品的需求赶不上消费品生产的增长，或者是社会的储蓄大于投资的需求。对消费不足的原因各有不同的解释。西斯蒙第认为，消费不足是由于群众的收入增加落后于生产的增长。马尔萨斯把富人的储蓄过度作为消费不足的根源。霍布森则认为，消费不足的根

源在于国民收入分配不平等，以致于引起富人储蓄过度，而穷人消费不足，所以消除危机的方法在于实现收入分配均等化。

投资过度理论是一种用投资过多所引起的资本品生产过多来解释经济周期的理论。该理论认为，经济周期的根源在于资本品的生产过剩，而不在于消费不足引起的消费品过剩。投资的增加引起了繁荣。这种繁荣首先表现在对投资品的需求的增加，以及投资品价格的上升。这就更加刺激了对资本品的投资。资本品的生产过度发展引起了消费品生产的减少，从而形成经济结构的失衡。资本品生产过多必将引起资本品过剩，于是出现生产过剩的危机，经济进入萧条阶段。投资过度理论又可分为货币投资过度理论和非货币投资过度理论。它们之间的分歧在于：前者用非货币因素来解释投资过度，而后者用货币因素来解释投资过度。

货币投资过度理论的主要代表人物有奥地利经济学家米塞斯（Ludwig Edler Von Mises，1881 年～1973 年）、哈耶克和英国经济学家罗宾斯（Lionel C. Robbins，1898 年～1984 年）。该理论认为，引起经济周期的原因是货币因素（银行信用的扩大）所造成的投资过度。非货币投资过度理论主要代表人物有德国经济学家斯皮托夫（Arthur Spiethoff，1873 年～1957 年、瑞典经济学家卡塞尔（K. G. Cassel，1866 年～1945 年）、威克赛尔等人。该理论认为，引起经济周期的原因是投资过度，但强调造成投资过度的原因是非货币因素，而不是货币因素。这也是说，推动经济进入高涨阶段的主要动因不是银行信用的膨胀，而是新技术、新产品的发明或发现，新市场的开拓，以及萧条阶段利率的低落等因素刺激了投资的增加，资本品需求与价格的上升，使资本品的生产增加，引起资本品生产过度发展，消费品减少．一旦刺激投资增加的各种因素消失，储蓄所提供的投资资金不足以购买已生产出来的资本品，经济中就会爆发生产过剩的危机，进入萧条阶段。

创新经济周期理论是一种用创新来解释经济周期的理论，由美籍奥地利经济学家熊彼特（Joseph Alois Schumpeter，1883 年～1950 年）提出。这种理论认为，经济周期是创新所引起的旧均衡的破坏和向新均衡的过渡。社会正是在这种旧均衡破坏和新均衡的形成中发展前进的。因此，经济周期是正常的。熊彼特首先提出了经济周期的"纯模式"，用来解释经济周期的两个主要阶段—繁荣和衰退—的交替。这一"纯模式"是：创新为创新者带来了盈利，引起其他企业仿效，形成创新浪潮。创新浪潮的形成引起对银行信用和生产资料的需求的增加，引起经济高涨，形成繁荣。随着创新的普及，盈利机会消失，对银行信用和生产资料的需求减少，引起经济收缩，这就形成衰退，直至另一次创新出现，经济再次繁荣。但是，经济周期实际上包括了繁荣、衰退、萧条、复苏 4 个阶段。熊彼特用创新所引起的"第二次浪潮"来解释这一点。这就是，在第一次浪潮中，创新引起了对生产资料需求的扩大和银行信用的扩张，这就带动了生产资本品的部门扩张，进而又带动了生产消费品的部门扩张。这种扩张引起物价普遍上升，投资机会增加，出现了投机。这就是第二次浪潮。它是对第一次浪潮的反应。然而这两次浪潮有重大的区别。第一次浪潮是创新的直接后果，而第二次浪潮中许多投资机会与本部门的创新无关。这样，第二次浪潮中不仅包含了纯模式中所不存在的失误和过度投资行为，而且它不具有自行调整走向新均衡的能力。因此，在纯模式中，创新引起经济自动地从衰退走向繁荣。而在第二次浪潮中，经济中紧接着衰退出现的是另一个病态的失衡阶段——萧条。萧条之后，第二次浪潮的反应逐渐消除，经济转向复苏。复苏是作为从萧条中恢复过来的必要阶段而存在的。要从复苏进入繁荣，则必须再次出现创新。熊彼特还用创新大小的不同来解释经济周期的长短，认为小创新引起短周期，中创新引起中周期，大创新引起长周期。

心理的经济周期理论是一种用人们的心理预期来解释经济周期的理论，主要由英国经济学家庇古和凯恩斯提出。该理论认为，当任何一种原因刺激了投资活动，引起经济高涨后，资本家对未来的乐观预期一般总会超过合理的考虑下应有的程度。这种过度乐观引起投资过度，形成经济的极度繁荣。当这种过度乐观情绪所造成的投资过度被觉察之后，又会变成不合理的过度悲观预期，由此又引起过度地紧缩投资，导致萧条。凯恩斯曾强调，萧条的产生是由于资本边际效率的突然崩溃，而造成这种崩溃的主要原因正是资本家对未来的悲观预期。在持续的萧条中，资本家的信心逐渐恢复，这又引起投资增加、经济复苏，再进入下一次扩张。因此，这种理论是把心理上的预期引起的投资波动作为经济周期的根源。

乘数-加速数模型是一种用乘数和加速原理的相互作用来解释经济周期性波动的理论，由美国经济学家汉森和萨缪尔森提出，故又被称为"汉森-萨缪尔森模型"。这一模型说明投资或其他需求项目（如政府支出）的变动会通过乘数作用影响国民收入，而国民收入的变动又会通过加速原理来影响投资。正是这种乘数与加速数的相互作用使经济中形成了周期性波动。萨缪尔森用下列模型来表述这一理论。设 Y_t、C_t、I_t、G_t 分别为现期收入、现期消费、现期投资与现期政府支出。根据凯恩斯主义国民收入决定理论，现期收入等于现期消费、现期投资和现期政府支出之和

$$Y_t = C_t + I_t + G_t \tag{1}$$

消费取决于边际消费倾向（α）和前期收入（Y_{t-1}），

$$C_t = \alpha Y_{t-1} \tag{2}$$

投资取决于加速系数（β）和消费的变动（$C_t - C_{t-1}$），

$$I_t = \beta(C_t - C_{t-1}) = \alpha\beta(Y_{t-1} - Y_{t-2}) \tag{3}$$

把（2）式和（3）式代入（1）式，得出

$$Y_t = \alpha Y_{t-1} + \alpha\beta(Y_{t-1} - Y_{t-2}) + G_t$$

由于乘数和加速数的相互作用，即投资、消费和国民收入的相互影响，使经济形成了周期性波动。这可以从以上表中假定的数字表列中看出。表中每期政府支出 G_t 等于 1.00，边际消费倾向 $\alpha=0.5$，加速系数 $\beta=1$，则每期收入波动将如表 7-1 所示。

表 7-1　乘数与加速数相结合

t	G_t	C_t	I_t	Y_t
1	1.00	0.00	0.00	1.00
2	1.00	0.50	0.50	2.00
3	1.00	1.00	0.50	2.50
4	1.00	1.25	0.25	2.50
5	1.00	1.25	0.00	2.25
6	1.00	1.125	-0.125	2.00
7	1.00	1.00	-0.125	1.875
8	1.00	0.937 5	$-0.062 5$	1.875
9	1.00	0.937 5	0.00	1.937 5
10	1.00	0.968 75	0.031 25	2.00
11	1.00	1.00	0.031 25	2.031 25
12	1.00	1.015 625	0.015 625	2.031 25
13	1.00	1.015 625	0.00	2.015 625
14	1.00	1.007 812 5	$-0.007 812 5$	2.00

从上表可见，如果让经济本身的力量自发调节，经济中收入的周期性的波动就是必然的、正常的。

此外，还有一些其他的经济周期理论，如政治经济周期理论、存货投资周期理论等，这里就不再叙述了。

三、新古典宏观经济学派的经济周期理论

20 世纪 70、80 年代以来形成的新古典宏观经济学的经济周期理论，包括货币经济周期理论和实际经济周期理论。

货币经济周期理论的基本思想是，对货币供应和一般价格水平的不完全信息导致了货币的非中性，也就是货币供应的变化导致了对一般价格和相对价格变化的短期混淆，从而带来了产出和就业的波动。卢卡斯（Robert E. Lucas, Jr.，1937 年～　年）在 1977 年《对经济周期的理解》和 1978 年《失业政策》等文章中，比较系统地阐述了他的这种货币经济周期模型，认为货币对产量和其他经济变量有重要影响，货币因素是波动的初始根源，货币供给的冲击引起经济波动。波动的传导机制是信息障碍。由于经济当事人不能获得完全信息，所以不能准确判断价格变化的实际情况，从而导致了产量的波动。具体说是，自己产品价格的波动可以分为两种类型：一种是一般物价水平的变动，也就是由通货膨胀（或通货紧缩）引

起的价格总水平的变化；另一种是相对价格的变化，也就是自己产品价格相比别的产品价格而言是涨了或者跌了，即不同出品价格之间比例关系的变化。一般物价水平的变化是由货币总量的变化引起的，而相对价格的变化则是由生产技术条件或者消费者偏好的变动引起的。在卢卡斯看来，在价格变化时，厂商必须弄清价格的变化中有多少是由通货膨胀引起的，又有多少是由相对价格变化引起的。对于厂商而言，在决定增加或减少雇佣劳动和产量时，只有相对价格的变动才是至关重要的，但是由于信息的不完全性，经济主体在市场活动中往往容易混淆一般价格水平的变动和相对价格的变动。假设一个经济中出现了没有预见到的货币增加，引起了一般价格水平的上升，也就是所有商品价格都上升，如果厂商缺乏信息，把这种价格的上升当成他们产品的相对价格的上升，于是就会提高产量。再假设劳动者也缺乏信息，错误地把察觉到的货币工资的上升（相对于它们的预期值）当作实际工资的上升，就会增加劳动供给。由于厂商和劳动者都有预期误差，对失察的普遍的价格上升做出正向反应，分别提高产品和劳动的供给，结果，总产量和就业都将暂时高于它们的自然水平，使经济进入繁荣时期。但是过了一定时期，一旦经济当事人掌握了更充分的信息，意识到自己预期的错误时，就会加以纠正，产出和就业就会回到其长期（完全信息）均衡（自然）水平。就这样，产量和就业会围绕着它们的自然水平而随机波动。尽管卢卡斯等人对经济周期的意外货币冲击的解释有着巨大影响，但这种货币意外模型被广泛地认为在目前的工业化国家是不适用的。

自 20 世纪 80 年代早期以来，新古典宏观经济学派对经济总量不稳定性的解释已集中于实际冲击而非货币冲击，并被称为实际经济周期理论。实际周期理论认为，现实经济中经常受到一些实际冲击，如战争、人口数量的变化、技术创新等，其中技术冲击具有持续的影响，从而是经济波动之源。

关于波动的传导机制，实际经济周期理论认为，技术冲击通常发生在某一个部门内，但个别部门的技术变化能够传导到整个经济中去。例如，假定机械行业出现了机器人，而后，其他能从这项新技术中获益的行业诸如仪器制造企业、汽车生产企业等，将向生产机器人的企业订货，从而对机器人的需求增长，生产和使用机器人的企业的就业量和实际工资都增加。生产和使用机器人的企业工人的实际工资增加，工人收入中的一部分用于消费，带动了其他部门需求的增加，生产扩张，从而部门的冲击引起了整个经济的波动。

▪ 第二节　经济增长理论

一、古典经济增长理论

20 世纪尤其是 19 世纪以前，经济增长理论和经济发展理论并没有分家，那时候，所有国家的经济发展也就是经济增长。只有世界上形成了发达和不发达这样两类明显不同的国家，并且本来属于发达国家殖民地、半殖民地或附属国的一些地区和国家纷纷独立，走上要自主发展道路之后，才形成一种专门研究这类后进国家（或者说不发达国家）如何发展经济以赶上发达国家的一种所谓发展经济学。从此以后，经济增长理论和经济发展理论才开始分家，前者专门研究已经是发达国家的经济如何进一步增长，后者专门研究广大原来经济不发达的国家如何在经济上迅速得到发展，以赶上和超过发达国家。可见，古典的经济增长理论其实也就是那个时代的经济发展理论。

古典增长理论，这里重点指斯密、李嘉图、马尔萨斯等人的增长或发展理论。凯恩斯曾把他自己以前的理论都说成是古典理论，而马克思把古典派划到李嘉图和西斯蒙第为止，本书仍按多数西方学者看法，把19世纪边际革命前的学者说成古典派。就经济增长论看，其中斯密、李嘉图等人影响最大。亚当·斯密的《国富论》通篇研究的就是增长问题，李嘉图、马尔萨斯、萨伊、约·穆勒等人则是沿着斯密开辟的道路，从不同角度探讨了经济增长问题，形成了所谓古典增长理论。

通常认为，经济增长理论的内容主要涉及三个方面，那就是研究影响经济增长的主要因素，这些因素间相互关系以及增长的趋势和前景。

亚当·斯密在《国富论》中提出，财富是生产劳动创造的，因此，经济增长取决于生产劳动的数量和生产劳动的效率，劳动生产率决定于分工的程度，劳动的数量则由资本积累量决定，因为生产劳动要靠资本来维持。他进一步认为，分工程度为交换水平和市场规模所左右，资本积累靠的是人们要不断改善自身状况的愿望，这一切都要靠自由的经济制度。经济增长也要求有自由贸易。这样，斯密事实上就把劳动、资本、制度当作了经济增长的几个基本要素，而现代增长理论中的技术因素，则是通过分工来归纳的，因为在斯密时代，机器尚处于萌芽阶段，劳动生产效率主要不是靠机器，而是靠分工上表现的手工劳动技术。斯密的增长理论是卓越的，事实上为以后正确分析增长问题指明了方向，甚至可说已为现代增长理论搭了一个基本框架。他分析增长问题时提出的一些论点，已成为后人建立最新增长理论提供了理论武器。关于分工分析中的报酬递增的论述，就是一个明证。

大卫·李嘉图的经济理论似乎研究的是财富的分配，其实，他关注的仍是经济增长。他认为，财富增长最主要靠资本积累，因为工人的雇佣、机器的采用，全靠资本，而资本积累全靠利润，利润率才是推动增长的强大动力。可是，随着经济的发展，人口的增长，农产品价格和地租必然不断上涨，利润率则不断下降。除了农业上土地改良，采用新技术外，允许外国农产品自由进口，发展自由贸易是一大出路，为此，他提出比较利益理论。他对经济增长前景比较悲观的看法是和他的土地报酬递减律理论分不开。显然，在李嘉图那里，资本、土地、劳动、贸易是影响经济增长的几个关键性因素。

马尔萨斯也关心经济增长。他从自己的人口理论出发，也得出了经济增长的悲观结论，而且这种结论及整个人口理论也是建立在土地报酬递减律理论基础上的。还要指出，马尔萨斯分析增长问题时提出的有效需求论曾对后人产生过很大影响，尽管他当时提出这一理论是要为地主贵族的利益辩护，但是，他关于经济增长必须靠足够有效需求支撑的观点，却给后人研究增长问题增加了一把不可缺少的钥匙。

归纳起来，古典增长理论着眼于物质资本积累，强调土地、劳动、资本、技术进步甚至人口对经济增长的影响，建立了关于国民财富增长因素、增长趋势的理论，并提出了加快经济增长的政策主张，为现代经济增长理论奠定了重要的思想基础。但古典增长理论较为粗糙，难以进行逻辑化处理，影响了其后的发展。

二、现代经济增长理论

虽然早在古典经济学时代就有人开始研究经济增长问题。但是，其后相当长一段时间内尤其是边际革命以后的新古典经济学时代，经济学家关注的主要是资源配置问题，而不是如何把蛋糕做大的经济增长问题。经济增长问题作为一个独立、专门的领域进行研究则始于 20 世纪 30 年代，这有其历史必然性。首先，1929 年～1933 年，资本主义各国爆发了世界性经济危机，这使得 19 世纪下半叶一直到 20 世纪 30 年代西方奉行的完全竞争情况下资源配置的理论遭受重大冲击。按萨伊定理"供给能创造自己需求"说法，资本主义经济永远不会出现普遍的生产过剩。但后来的高失业率、低甚至为负的经济增长、全面的经济衰退，使这一教条遭受重创。现实迫使人们去探索能解释经济危机的新理论。于是，现代宏观经济学应运而生；其次，凯恩斯 1936 年的《就业、利息和货币通论》一书中虽然充满了如何减少失业、增加就业、刺激有效需求和进行政府干预的宏大理论，但它采取的是静态短期分析方法，假定人口、资本和技术不变，忽视时间因素在经济增长中的作用。恰恰是这一缺陷促成了哈罗德 1939 年《论动态理论》一文和 1948 年《动态经济学导论》 书的发表以及同期多马《资本扩张、增长率和就业》、《扩张与就业》两篇文章的问世。这些文献从动态角度系统论述了经济增长的理论模型，标志着现代经济增长理论的诞生。此后，为了修正和弥补哈罗德-多马模型缺陷，又先后出现了索洛（Robert M. Solow，1924 年～　年）-斯旺-米德的"新古典增长模型"、J. 罗宾逊和卡尔多的"新剑桥增长模型"等。1950 年～1960 年代，索洛、丹尼森（Edward F. Dennison，1915 年～1992 年）和肯德里克（John W. Kendrick）、库茨涅茨等人从统计和计量角度深入分析了经济增长的影响因素及其作用大小，从而产生了"经济增长因素分析理论"。由此，现代经济增长理论日益丰富，影响日益扩大。

哈罗德（Roy F. Harrod，1900 年～1978 年）是英国经济学家，凯恩斯经济学追随者。多马（Evsey D. Domar，1914 年～1997 年）是美国经济学家。二人分别有论述动态均衡的论著，提出了基本上一样的观点，因此，他们的增长理论被称作哈罗德-多马模型。这一模型的中心论点是，收入（产量）的增长率等于储蓄率除以资本-产量比率（哈罗德）或乘以产量—资本比率（多马）。

哈罗德模型用公式表示是

$$G = s/v$$

式中：s 表示储蓄率，也就是储蓄倾向，v 表示资本—产量比率，G 表示增长率。

多马模型用公式表示是

$$G = \sigma s$$

式中：σ 表示产量—资本比率，也就是资本的生产率。

在哈罗德模型中，如果 $s = 15\%$，表示收入如果是 100 亿元，储蓄是 15 亿元，如果资本-产量比率是 3，那么若要增加 5 亿元产量，就需要增加资本即投资 15 亿元。因为，如果产量增长率是 5%，收入是 100 亿元，增加 5% 的话，即增加 5 亿元，需要的投资就是 15 亿元，于是投资就等于储蓄。所以这 5% 的增长率就是均衡增长率，即合意的或有保证的增长率，实现了这样的增长，储蓄全部得到了利用，经济将逐年稳定增长。但是经济究竟能增长多少即实际增长率是多少，是由有效需求决定的，是社会上无数独立生产者分散地活动的结果。如果实际增长率大于均衡增长率，投资就会超过储蓄，引起通货膨胀；反之，投资就会小于储蓄，引起失业。

以上的分析，还未包括人口和技术的变化。如果把这些因素考虑进来，就是自然增长率。当自然增长率大于均衡增长率时，生产发展就不会受到劳动力和技术的限制，经济会出现长期繁荣趋势，而如果小于均衡增长率时，生产就会受到劳动力和技术不足的限制，经济就会出现长期停滞。只有实际增长率、合意的均衡增长率和自然增长率三者相一致时，经济才能有合乎理想的长期增长局面。

多马模型和哈罗德模型含义是一样的，因为一个公式中的资本-产量比率和另一公式中的产量-资本比率是互为倒数的。

哈罗德-多马模型是凯恩斯有效需求理论的补充和发展。这一模型和凯恩斯理论一致之处在于，前者是从后者关于储蓄和投资相均衡的原理出发的，认为投资需求不足是衰退的原因，二者不一致处在于，凯恩斯理论只考察了需求方面，而哈罗德—多马模型说明，投资不仅会增加需求，也会增加供给，因此，一定要有不断的经济增长，使新的生产能力在下期得到充分利用，经济才会长期均衡增长。

对于市场经济体制而言，该模型具有一定积极意义，因为它给出了一国经济增长率、储蓄率与资本产量比之间的大致关系，可以供宏观经济决策部门参考之用。但该模型的假设条件：资本产量比不变，也就是说其生产函数中资本-劳动比率不变，资本和劳动之间不存在替代关系，以及规模报酬不变等，这些与实际情况不符。还有，该模型不考虑技术进步，全部储蓄转化为投资，不存在失业和通货膨胀等，实际情况也不是如此。所以该模型所给出的经济增长率是在很狭窄的范围内才能实现长期稳定的增长，故有人将该模型中经济增长称之为"锋刃式增长"。

哈罗德-多马模型问世后，经济学家们一方面称赞他们工作的创造性，另一方面又要为他们模型的不足（尤其是资本-产量比率不变）寻找解决的办法。新古典经济增长模型正是在这样背景下产生的。这一模型是 1956 年由美国的经济学家索洛和澳洲的斯旺分别发表的论文《经济增长的一个理论》（美《经济学季刊》，1956 年 2 月）和《经济增长与资本积累》（《经济记录》，1956 年 11 月）开始建立的。此外，英国的米德和美国的萨缪尔森也为模型建立做出了贡献。

新古典增长模型也有一系列假设，最重要的假定是资本和劳动能互相替代，因此，资本-产量比率或其倒数资本的生产率是可变的。这和哈罗德-多马模型正好相反。另外，还假定经济增长时能保持充分就业和自由竞争状态，因此，资本和劳动可通过市场竞争实现替代，这与凯恩斯主义观点不同，而与传统的新古典经济学假定相同，因此，这一模型才称为新古典增长模型。

索洛的新古典增长模型的基本方程式是

$$\Delta k = sy - (n+\delta)k \tag{1}$$

式中：s 表示储蓄率，y 表示人均收入，k 表示人均资本，n 表示人口增加率，或者劳动力增加率。这一方程表示，人均资本的增加（Δk），等于人均储蓄（sy）减去 $(n+\delta)k$ 项。这 $(n+\delta)k$ 的含义是，当劳动力的增长率为 n，折旧率为 δ 时，nk 是装备新增劳力所需要的资本数量，δk 是折旧所需要的资本数量，这两项合计即 $(n+\delta)k$ 可称为资本的广化。人均储蓄超过这资本广化部分，就是人均资本的增加 Δk，即导致人均资本的上升部分，这可称为资本的深化。如果 $\Delta k = 0$，则 $sy = (n+\delta)k$，这时，如果 s、n 和 δ 都不变，则人均产量 y 也不变，这一状态称为长期均衡状态。如图 7-1 所示。

在右图中，$f(k) = y$，代表人均产出曲线。公式 $y = f(k)$ 是从假定的总量生产函数 $Y = f(K, N)$ 导来。总量生产函数表示总产量是投入的资本 K 和劳力 N 的函数。让每一项除以 N，得人均产量

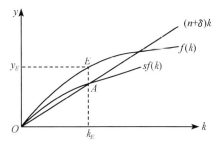

图 7-1　新古典增长模型

（$y=Y/N$）是人均资本量（$k=K/N$）的函数，即 $y=f(k)$。由于新古典增长模型假设资本边际生产率递减，故 $f(k)$ 呈图中状。$sf(k)$ 是人均储蓄曲线，s 不变时，$sf(k)$ 就呈向右上且有递减斜率形态，（$n+\delta$）表示资本广化，由于假定 n 和 δ 都不变，故（$n+\delta$）k 为直线，它和 $sf(k)$ 线相交于 A，表示处于均衡状态，这时产量为 y_E，人均资本量为 k_E。在 A 点以左，$sf(k)>(n+\delta)k$，表示有资本深化，$\Delta k>0$，即人均资本 k 上升；反之，则 k 下降。当经济处于资本深化阶段时，表示 y 和 k 都上升，说明产量和资本增长都比人口增长快。从图上看，k 越小，即资本越贫乏的国家，越有可能资本深化，从而经济增长中穷国会快于富国，各国在经济增长过程中有着向均衡值靠拢的趋势。

从图形上还可以看到，在其他条件不变时，通过调整储蓄率 s，可以使 $sf(k)$ 曲线围绕原点 O 向左上方旋转，从而使稳态的人均资本（k_E）和人均产量（y_E）提高；另一方面，通过降低人口增长率 n，可使（$n+\delta$）k 曲线向右下方旋转，同样，会使稳定状态的人均资本和人均产量提高，这两种情况实际是要说明，提高储蓄率，增加资本积累，以及降低人口增长率，都会使人均产量和人均资本增加。

新古典增长模型由于假定资本-劳动比率可变，就能突破哈罗德-多马模型难以实现的实际增长率，有保证的增长率和自然增长率三者的正好一致的困难。前面说过，经济学家把哈罗德-多马模型中的 $G=G_w=G_n$ 这一长期充分就业均衡增长的条件称为"具有像锋刃那样薄的可能性条件"。但二战后各国经济发展的现实，呈现出来的并不是如哈罗德-多马模型的描绘的经常处于累积性的萧条和高涨的大起大落状态，而是相当平衡的增长局面。如何解释这种现象，新古典增长模型用资本-劳动比率可变的假说提供了一把钥匙。新古典增长理论认为，充分的市场竞争会使资本-劳动比率自然地调整到实现充分就业的均衡。不管什么原因造成实际的增长率背离自然增长率时，通过市场作用，总会趋向自然增长率，就是说，存在着实现充分就业的均衡增长的必然趋势。

新剑桥经济增长模式由英国剑桥大学的琼·罗宾逊、卡尔多和意大利的帕森奈蒂（Luigi Pasinetti，1930 年～　年）等人创立。其代表性著作有罗宾逊 1956 年的《资本积累》和卡尔多的《收入分配的可相互替代的理论》。

新剑桥经济增长模型的特点是强调收入分配对经济增长的影响，认为在资本生产率、资本家的储蓄率和工人储蓄率既定前提下，经济增长取决于资本家的利润和工人的工资在国民收入中的份额。通过收入在不同阶级之间分配可以刺激经济增长，这为经济增长理论研究开创了另一个研究视角。在市场经济条件下，这也有积极意义，因为不同收入分配比例在很大程度上会影响社会再生产，而再生产又决定下一步的经济增长。从收入分配这一角度探讨增长，新剑桥增长模式确也为后人研究经济增长提供一种可贵新视角。

　　经济增长因素分析要说明的是劳动、资本存量与技术进步在促进经济增长中的作用问题。它源于索洛、米德等人对新古典经济增长模型的扩展，可以说是新古典经济增长模型在国民经济中的应用。这种分析可以用以下公式表示：

$$\frac{\mathrm{d}Y_t}{Y_t} = \frac{\mathrm{d}A_t}{A_t} + \alpha\,\frac{\mathrm{d}L_t}{L_t} + (1-\alpha)\,\frac{\mathrm{d}K_t}{K_t}$$

其中，$\mathrm{d}A_t/A_t$ 为技术进步率，$\mathrm{d}Y_t/Y_t$ 为收入增长率，$\mathrm{d}L_t/L_t$ 为劳动力增长率，$\mathrm{d}K_t/K_t$ 为资本增长率。α 为劳动的产出弹性，$1-\alpha$ 为资本的产出弹性，实际上它们是劳动和资本两种要素对经济增长的贡献度，常常用它们所得的国民收入份额来衡量。该式意味着一国的总产量增长或经济增长率可由技术进步、劳动力增长和资本增长等因素来解释。

　　例如，若知道劳动对产出的贡献为资本对产出贡献的 3 倍，也就是说 $\alpha=3/4$，$1-\alpha=1/4$，并且劳动供给每年增长 1％，资本每年增长 3％，那么不存在技术进步条件下的经济增长率将等于 1.5％（＝1％・3/4＋3％・1/4）。若存在技术进步情况将会怎样呢？将上述公式变形有

$$\frac{\mathrm{d}A_t}{A_t} = \frac{\mathrm{d}Y_t}{Y_t} - \alpha\,\frac{\mathrm{d}L_t}{L_t} - (1-\alpha)\,\frac{\mathrm{d}K_t}{K_t}$$

　　这意味着在产出增长、劳动增长率、资本增长率和各自的产出弹性已知或者容易测算的情况下，就可以通过上面的扣除计算出技术进步对产出增长的贡献。由于技术进步难以直接测算，所以索洛和米德开创的这种对技术进步的测算法被后人称为"索洛余值"（Solow Residual），并很快被诸多经济学家接受，从而大大推动了经济增长因素分析的研究进程。

　　美国经济学家丹尼森（E. F. Denison，1915 年～　年）认为，能影响经济增长率长期变动的因素可分为七类，它们分别是：①就业人数和年龄-性别构成；②包括非全日制工人在内的工时数；③就业人员的受教育程度；④资本存量的大小；⑤资源配置改善；⑥规模经济的程度；⑦知识进步。其中前四项可归结为生产要素的供给增长，其中的前三项为劳动要素的增长，第四项为资本要素的增长，后三项是生产要素的生产率增长，也就是技术进步的贡献。另一位美国经济学家约翰·肯德里克（J. W. Kendrick）在考察了美国 1889 年～1957 年的产出增长后发现，一些国家的产出增长往往大于劳动和资本投入的增长。也就是说，除了劳动和资本增长以外，还有其他的经济增长源泉，他将之归纳为生产要素的生产效率，主要就是技术进步。

　　但仍有一些经济学家认为，余值法虽然突破了以前难以量化技术进步贡献的难题，但过于笼统，精确性受到怀疑。比如，库兹涅茨自从 1920 年代就开始从事国民收入的理论和统计分析。他发现，一国的经济增长主要取决于知识存量增长、劳动生产率增长和结构变化，主要是第一产业在总产值中比重逐步下降，第

二、第三产业在总产值中比重逐步增加；另外，库兹涅茨还对收入分配与经济增长之间关系的变动趋势进行了研究，提出了一条所谓"库兹涅茨曲线"，也即随着经济发展和人均收入增加，收入分配先要经历更加不平等阶段，随着人均收入提高并达到一定程度后，这种收入分配不平等程度会下降。

尽管这些经济学家的看法各异，但毫无疑问，经济增长因素分析大大提高了经济学家们对一国经济增长和国民核算的认识程度，为一些国家的政策和经济增长预测提供了有用分析工具。

三、新增长理论

新增长理论产生之前，占正统地位的增长理论是索洛等人开创的新古典增长理论。新古典增长理论认为，经济体系的增长源自储蓄率、人口增长、技术进步等外生因素，没有这些因素，经济将无法实现持续增长；发达国家资本富裕，资本边际生产力低，发展中国家资本稀缺，资本边际生产力高，但随着经济发展，各国增长将出现趋同（convergence）；资本将从发达国家流向发展中国家；各国政府政策对经济的长期增长没有影响等。可 20 世纪 80～90 年代很多国家的经济现实使这些寓言屡屡落空。第一，近年来的事实表明，世界各国的经济增长并没有出现趋同趋势，相反仍存在广泛差异；第二，国际间资本流动更多地发生在发达国家之间，流往发展中国家的资本额只占总资本额的较小比重；第三，现实中一些发展中国家在政府积极干预下取得了骄人成绩。由于新古典模型难以解释这些增长事实，众多经济学家开始在新古典模型之外寻找能够更好地解释现实的新理论。还有一个事实是，20 世纪 80～90 年代，美国经济已基本完成工业化进程，正处于从工业社会向后工业社会转变之中。在经济中，知识和信息重要性日益凸现，物质资本重要性大大下降。经济中更多有形投资流向了高技术商品和服务部门，研究与发展、教育与培训等投资扮演着更加重要作用。在这样的现实和理论背景下，新增长理论应运而生。

确切地说，新增长理论是由一些持有相同或类似观点的经济学家的众多增长模型组成的松散集合，而不像新古典增长理论那样共享一个基本理论模型。通常认为，保罗·罗默（Paul Romer，1944 年～　年）1986 年的论文《报酬递增与长期增长》和卢卡斯（R. Lucas，1937 年～　年）1988 年的论文《论经济发展机制》是新增长理论诞生的标志。对新增长理论做出贡献的经济学家主要有：罗默、卢卡斯、G. 格罗斯曼（GGrossman，1921 年～　年）、E. 赫尔普曼（E. Helpman）、R. 巴罗、阿格辛（Philippe Aghion，1956 年～　年）、克鲁格曼（Paul R. Krugman，1953 年～　年）、阿林·扬（Allyn A. Young，1876 年～1929 年）、琼斯（Larry E. Jones）、雷贝洛（Sergio T. Rebelo，1959 年～　年）、贝

克尔（Gary S. Berker，1930 年～　　年）、杨小凯（1948 年～2004 年）和斯托克
（Nancy L. Stokey）等。

新增长理论由很多模型组合而成，但模型的基本思想却是清晰简单的。隐藏
在新增长各种模型背后的共同观点主要有：

（1）经济可以实现持续均衡增长，经济增长是经济系统中内生因素作用的结
果，而不是外部力量推动的结果。

（2）内生技术进步是经济增长的决定因素，技术进步是追求利润最大化的厂
商进行投资的结果。

（3）技术（或知识）、人力资本具有溢出效应，这种溢出效应的存在是经济
实现持续增长所不可缺少的条件。

（4）国际贸易和知识的国际流动对一国经济增长具有重要影响。

（5）不存在政府干预情况下，经济均衡增长通常表现为一种社会次优状态，
经济均衡增长率通常低于社会最优增长率。

（6）经济政策——如税收政策、贸易政策、产业政策很可能影响经济长期增
长率；一般情况下，政府向研究开发、教育培训等提供补贴将有助于促进经济长
期增长。

（7）新增长理论在分析方法上的特点是，普遍采用动态一般均衡分析法构建
他们的增长模型。

根据各种新增长模型在基本假设上的差别，可将新增长模型分为三种类型：
第一类是在收益递增和外部性假设基础上考察经济增长的决定机制。采用这条研
究思路的代表性模型有罗默的知识溢出模型、卢卡斯的人力资本溢出模型等。由
于假定收益递增以外部经济形式出现，这一类模型与完全竞争分析框架相容。这
类新增长模型认为，技术进步取决于知识资本或人力资本积累和溢出，因而技术
进步是内生的。内生的技术进步保证了经济均衡增长路径的存在。

第二类新增长模型仍是在完全竞争假设下考察经济增长，这类模型强调决定
经济增长的关键因素是资本积累（包括物质资本积累和人力资本积累）而不是技
术进步。体现这条研究思路的代表性模型主要有琼斯-真野惠里模型和雷贝洛模
型等。这条研究思路否认知识或人力资本的溢出效应对整个经济的外部性，强调
资本不断积累就足以保证经济实现持续增长。这类模型着重解释资本积累为什么
会持续进行。琼斯和真野惠里认为，尽管资本不断积累会导致资本边际产品递
减，但资本边际产品不会像新古典增长模型假定那样趋近于零，而是趋近于一个
正数，因此资本积累过程不会中止，经济可以实现持续内生增长。雷贝洛则假设
经济中存在一类边际收益不变的核心资本，核心资本的存在将确保经济能够实现
内生增长。

第三类新增长模型发端于 1990 年代。一些经济学家抛弃了完全竞争假设，

开始在垄断竞争框架下考察经济增长决定机制。这类增长模型着重研究技术商品的特征和技术进步类型。根据技术进步表现形式不同，又可将第三类新增长模型细分为两种模型：产品品种增加型内生增长模型和产品质量升级型内生增长模型。产品品种增加型增长模型假定技术进步表现为新型资本品或消费品的不断出现，属于此种增长模型的主要有：罗默的知识驱动模型、格罗斯曼-赫尔普曼模型[①]等；产品质量升级型增长模型假定技术进步表现为产品质量的不断提高，属于此种增长模型的主要有：格罗斯曼-赫尔普曼模型、阿格辛-豪伊特模型等。上述两种增长模型的基本结论是一致的：技术进步对经济增长起决定作用，不存在政府干预时经济均衡增长一般是一种社会次优。两种模型也存在一些明显差别：在产品品种增加型增长模型中，新产品引进并不会导致旧产品淘汰；分散经济的均衡增长率低于社会最优增长率。在产品质量升级型增长模型中，技术创新是一种创造性破坏过程，旧产品不断地被淘汰，新产品不断出现；分散经济均衡增长率可能高于也可能低于社会最优增长率。总体来看，上述两种模型是相互补充而非相互排斥，它们从不同侧面说明了技术进步决定经济增长这一新增长理论的核心思想。第三类新增长模型在切合实际的假设下考察了技术进步各种类型及其对经济增长的影响，标志着新增长理论进入了第二个发展阶段。

四、经济增长阶段论

美国经济学家罗斯托提出的一种对经济增长历史过程的解释。罗斯托（Walt Whitman Rostow，1916 年～2003 年）生于美国纽约市。1936 年和 1939 年分别获得耶鲁大学的学士学位和博士学位，1941 年起在哥伦比亚大学、哈佛大学等任教，曾任肯尼迪、约翰逊两届美国总统国家安全事务副特别助理、国务院计划委员会和主席等职。1969 年起任得克萨斯大学经济史学教授，主要著作有《经济成长的过程》（1953 年）、《经济成长的阶段》（1971 年）、《世界经济：历史与展望》（1978 年）等。

罗斯托的经济思想中影响较大的是经济成长阶段论。他用历史的和经验统计的方法，将所有国家的经济发展过程分为 6 个阶段：①传统社会。包括原始社会、奴隶社会和封建社会在内的前资本主义社会。基本特征是不存在现代科学技术，生产力发展缓慢，农业居于首位，实行等级制，家族和氏族关系在社会生活中起着重要作用。②为"起飞"创造前提的阶段，是从传统社会向"起飞"阶段的过渡时期。基本特征是世界市场的扩大以及对世界市场的争夺成为经济增长的动力，近代科学知识开始在工农业中发挥作用。③"起飞"阶段，指资本主义工业革命时期。这是经济增长中的关键阶段。基本特征是：妨碍经济增长的阻力已被最后克服，经济增长成为正常情况，国民收入的 10% 以上用于投资，新技术在工农业中得到广泛应用，生产力发展迅速。④成熟阶段，是国民经济各部门基本上实现了现代化的时期。基本特征是经济持续增长，国民收入中有 10%～20% 用于投资，新工业部门加速发展，国际贸易大大增长。一个社会从"起飞"到成熟约需 60 年左右的时间。⑤群众高额消费阶段。基本特点是社会生产的主导部门转到耐用消费品方面。⑥追求生活质量阶段。在 1971 年出版的《政治与成长阶段》中，罗斯托又增加了第六个阶段：追求生活质量阶段。基本特征是服务业和环境改造事业成为主导部门。

罗斯托认为，"起飞"，经济成长六阶段中的第三阶段，是关键阶段。它借喻飞机因推力加大、速度加快而突然腾空起飞，表示一国经济发生了决定性的变化。起飞的条件有 3 个：①生产性投资占到国民收入 5%～10% 以上，所需资金可以通过私人或国家积累，也可以引进外资。②主导部门综合体系的建立。主导部门是有创新能力、有联系效应的先导性部门。什么部门可成为主导部门，可根据一国具体情况决定。如英国曾以纺织工业，瑞典以木材工业作为主导部门。③制度上的相应变革，指鼓励创新、允许私人自由经营、扩大国内外产品市场、实行国家调节等等。判断一国经济起飞的标志是投资率是否达到标准、主导部门是否建立、技术创新是否成功。各国起飞的时间约为 20～30 年。为了顺利实现起飞，国家应当采取适当的政策加以调节。如，防止出现消费早熟；重视基础设施的建设；控制人口出生率；发展出口创汇产业，推出新技术以提高生产率和解决隐蔽性失业，防止人才和资本外流，动员国内储蓄并吸收外资等。

罗斯托的这一理论实际上研究的是一国在经济上、技术上发展的阶段问题，而不是社会经济形态发展问题，其理论在某些方面尤其是关于"起飞"的理论、主导部门理论、经济政策理论、创新技术的推广应用理论、经济增长中的社会心理分析和社会制度（体制）的适应性理论，以及历史的、经验分析的方法，都是可以为发展中国家实现经济发展所借鉴。

五、增长的极限与可持续发展

在经济维持高速增长的同时，一系列社会、经济甚至政治、环境等问题日益明显，但世界上大多数国家仍将单纯的经济增长放在了发展的首要地位，视经济增长为发展本身，在一定程度上忽视了人类健康、福利和快乐水平，从而出现了越来越多的社会、心理、犯罪等问题。一项研究发现，20 世纪 60 年代起，一些国家在经济维持高速增长的同时，人们感受到的快乐水平并没有比 20 世纪 50 年代有太多的增长。于是，人们对增长的怀疑等马尔萨斯悲观主义论调便再次提起。

最先掀起这场论争的是 1972 年美国麻省理工学院的唐尼纳·麦多斯

（Donella H. Meadows，1941 年～2001 年）等人。他们向罗马俱乐部提交了一份名为"70 年代的爆炸性杰作"的报告：《增长的极限》。在该份报告中，作者阐述了与 1971 年的福雷斯特（Jay W. Forrester，1918 年～　年）《世界动态学》一书内容相同的思想。他们认为人口、粮食生产、工业化、污染以及资源消耗这五个基本要素的增长呈指数式增长，如果按照当时的增长比率，那么地球上的经济增长将会在 100 年内超过地球承受能力，其结果是人口和工业生产能力这两方面就会发生突然的、无法控制的衰退或者下降。

《增长的极限》面世后引起强烈反响。罗马俱乐部高度评价该报告，认为它提出了一幅关于人类达到稳定平衡状态的政策蓝图，为人类摆脱资源、增长等困境给出了有益启示。美国经济学家博尔丁（Kenneth E. Boulding，1910 年～1993 年）于 1966 年提出了一个"宇宙飞船经济学"的概念，把地球比作宇宙飞船，认为无视资源和环境的发展模式不可取，合理的发展应当是对自然物质做循环利用，使有限的空间和资源得到合理和持久的利用。对可持续发展思想形成有重大影响的思想家还有戴利（Herman E. Daly，1938 年～　年）和米香（Ezra Joshua Mishan，1917 年～　年）等人。

荷兰经济学家丁伯根（Jan Tinbergen，1903～1994 年）1976 年写了《重建国际秩序》的报告，认为《增长的极限》有些夸张，但能源问题确实存在，而且可耕地数量不够多，人口压力会越来越大，只有建立合理的国际经济秩序才能有效利用自然资源，解决发展与资源、人口之间的难题。里昂惕夫在《世界的未来》一书中，运用投入-产出分析法论述了世界经济发展的不同条件，预测了 1980、1990、2000 年的发展趋势，提出了不同的缩小发达国家与发展中国家之间经济差距的发展方案。它认为发展中国家经济增长的障碍主要是政治、社会和制度问题，而不是物质因素。英国学者舒马赫（E. F. Schumacher，1911 年～1977 年）在其《小的是美好的》一书中认为，如果人们滥用不可再生资源，威胁自然环境，人类文明就会受到威胁，出路在于发展一种新生活方式。

另一方面，增长的极限也受到人们的批评。有人认为增长的极限是谎言；报告中主张的零增长实际上只是推迟世界末日的来临，而无法阻止它，出路在于技术进步；零增长只会加剧社会不平等。

公允地说，《增长的极限》强调了人类社会发展进程中必然遇到的难题，为人们审慎地思考经济增长与人类社会发展之间的关系用了一剂猛药，也为人们将政治、经济、社会、环境等联系起来思考经济增长、经济发展提供了新思路。

《增长的极限》的问世标志着人们对传统增长方式在理论上的全面怀疑。20 世纪 60 年代以来发达国家和发展中国家的经济社会现实，在很大程度上印证了这些怀疑。人口爆炸、贫困增长、不可再生资源耗竭、生态环境恶化、南北差距扩大等为可持续发展思想的形成提供了现实背景。

　　1972 年，联合国在瑞典斯德哥尔摩举行的人类环境会议所形成的文件中运用了可持续发展基本思想。此次会议首次将人类环境问题列入国际政治议事日程。尽管与会的发达国家和发展中国家存在一些分歧，但在环境与发展，在不妨碍发展条件下保护环境，认为保护环境和改善环境已成为人类的迫切任务等方面却达成广泛共识。

　　1980 年，"可持续发展"和"持续性"概念首次出现于联合国环境规划署的《世界自然保护战略》文件中。该文件从植物资源保护角度提出了要实行可持续发展的方针，并认为可持续发展强调人类要加强对生物圈的管理，使之既能满足当代人的最大持续利益，又能保持其满足后代人需求和欲望的潜力。此后，关于可持续发展的讨论日渐增多，人们开始在文件中大量使用可持续发展等术语。

　　1987 年，在联合国通过了关系到人类社会未来发展的挑战与策略的纲领性文件《我们共同的未来》之后，可持续发展才有了广为人们接受的定义——"既能满足当代人的需要，又不对后代人满足其需要的能力构成危害的发展"，并且给出了可持续发展的原则、要求、目标和策略，从而奠定了可持续发展思想和战略基础。1992 年 6 月，在巴西里约热内卢召开的联合国环境与发展大会上，围绕环境与发展以及当今国际社会普遍关注的重大问题，展开了激烈争论并达成共识，制定了《21 世纪议程》，签署了一系列公约和协议。从此，可持续发展思想开始深入人心。

　　从可持续发展思想的形成可以看出，可持续发展内涵十分丰富。从目前看，在最一般意义上得到广泛接受和认可的可持续发展概念是 1987 年挪威首相布伦特兰夫人（Gro Harlem Brundtland）在联合国世界环境与发展委员会提出的。她认为，健康的经济发展，应建立在生态可持续能力、社会公正和人民积极参与自身发展决策基础之上；它追求的目标是，既使人类的各种需要得到满足，个人得到充分发展，又要保护资源和生态环境，不对后代人的生存和发展构成威胁；衡量可持续发展主要有经济、环境和社会三方面指标。可见，可持续发展并不否定经济增长，而反对的是单纯以追求最大利润和利益为取向，以贫富悬殊和资源掠夺型开发为代价的经济增长；它鼓励的经济增长是生态、自然、生活质量、技术进步、制度创新等相结合，人类、环境相协调的可持续的适度经济增长；可持续发展同社会进步相适应，同环境相协调，对后代人不造成危害。

　　具体而言，可持续发展具有以下原则：

　　第一，可持续性。这是可持续发展最为核心的原则。它可分解为生态可持续性、经济可持续性和社会可持续性。生态可持续性是指它在受到干扰时仍然能维持其生产率的能力，是人类社会持续发展的基本保证。经济可持续性指在不超越资源和环境承受能力前提下，可以持续地实现经济增长，是可持续发展的主导。社会可持续性是指社会正确发展的伦理，促进知识和技术效率的增进和实现人的全面发展的能力，是可持续发展的宗旨。

第二，公平性。主要指人类需求和欲望的满足能够给予所有人平等的机会，能实现他们过上较好生活的愿望。它又可分解为三种形式的公平：国家范围内同代人之间的公平、代际间的公平以及公平地分配有限的资源。要实现国家范围内同代人之间的公平，就必须把反贫困作为可持续发展进程中优先解决的问题，只有这样才有条件实现同代人的平等。代际间的公平主要指当代人不能以后代人的生活质量降低、资源过度利用等为代价，在满足自身需要和欲望的时候，也要考虑到后代对资源、环境要求的权利。公平地分配资源主要是发达国家和发展中国家在利用自然资源和环境方面应该具有同样权利，不能以发展中国家的不发展为代价来追求发达国家自己的经济增长。

第三，系统性。可持续发展将人类及其赖以生存的地球看作一个以人为中心，以自然环境为基础的系统。在系统内，自然、经济、社会和政治因素是相互联系、相互作用、互相制约。要想获得可持续发展，就必须合理有效地控制人口增长，积极稳妥地计算环境的承受能力，给予环境足够的自净机会，让社会经济、社会需求和管理能力有较大提高，只有这样才能达到可持续发展的根本目标。

第三节　经济发展理论

一、发展经济学的结构主义思路

众多发展中国家是二战以后在殖民体系瓦解过程中诞生的。这些国家的自然、社会、历史和经济条件各不相同，但它们原有社会经济情况又有类似之处，都打有殖民地、半殖民地造成的落后烙印，因此，它们在经济发展中必然面临一些共同问题，也会有一些共同或类似的经验教训。为了从这些问题、经验和教训中找出一些规律性东西，上升为理论，以便给这些国家制订发展战略提供指导，经济学中形成了一个特殊的研究领域。由于它不同于研究发达的市场经济国家经济如何运行和增长的微观经济学、宏观经济学，所以被人称之为"发展经济学"。

通常认为，美国经济学家罗森斯坦-罗丹（Paul N. Rosenstein-Rodan，1902年～　年）的《东欧与东南欧工业化问题》（1943年）、斯坦利（Eugene Staley，1923年～1988年）的《世界经济发展》（1944年）以及曼德尔鲍姆（Kurt Mandelbaum，1904年～1995年）的《落后地区的工业化》（1947年）三本著作的问世，可说是发展经济学诞生的标志。

发展经济学产生至今，大体上经历了三个阶段。20世纪40年代末到60年代末为第一阶段，主要思路是结构主义；60年代末至70年代末为第二阶段，以新古典主义思路为主；80 年代以来为第三阶段，以新古典政治经济学思路为主。

第一阶段结构主义发展经济学的代表人物主要有：罗森斯坦-罗丹、刘易斯（William Arthur Lewis，1915～1991 年）、G·缪尔达尔（K. G. Myrdal，1898～1987 年）、赫希曼（Albert O. Hirschman，1915 年～　年）、罗斯托、辛格（Hans W. Singer，1910 年～　年）、丁伯根（J Tingbgen 1903 年～　年）、克拉克（Colin G. Clark，1905 年～1989 年）、钱纳里（Hollis B. Chenery，1918 年～　年）等。他们主要是 1940、1950 年代为经济发展提出创新见解的经济学家。其著述、概念和原理、模式几乎支配了一个时代的发展思想，为发展经济学的形成奠定了基础。

发展经济学发展第一阶段之所以说是以结构主义思路为主，是因为这一时期许多经济学家研究发展问题，是按从发展中国家特殊的经济、社会结构分析经济发展这种思路进行的，他们一般强调经济部门间结构的非均衡性。这种非均衡经济发展理论的特点是：采用历史、经验、统计分析方法，侧重经验证明，注重根据一个国家、一个部门、一个项目的具体情况来研究问题；强调由于市场机制不完善而使供求缺乏弹性，经济、社会、制度的僵化导致经济中缺乏自我调节的均衡机制，使宏观经济、部门、劳动构成、投资结构等出现非均衡现象；要解决这种结构上的非均衡，应当实行国家有计划的干预。

由于广大发展中国家原来都是经济落后的农业国，经济要走上发展道路，必须实现工业化，而工业化又必须依赖大量资本投入。在生产发展需要的自然条件、劳动力和资本三方面投入中，这些国家最缺乏的就是资本，只有增加物质资本积累，搞国家推动的工业化，才能摆脱贫困。如何走工业化之路，由于这些国家市场不健全，缺乏发达国家中那种良好的经济组织，也缺乏必要的信息，供求都缺乏弹性，因此，不能指望通过市场机制来实现工业化，只能靠国家干预，靠计划和命令。一些经济学家还认为，走上独立道路的民族国家和发达国家进行贸易和交往，只会受损，因此，不支持比较成本理论和自由贸易，而主张关起门来搞建设的内向发展战略。

总之，这一阶段的发展理论，思想上强调发展中国家市场机制的不完善性和社会经济结构的非均衡性，政策上强调国家干预和计划经济，战略上强调自力更生地进行物质资本积累和走工业化道路。

这一阶段经济发展理论的结构主义为主是一种倾向，但结构主义发展理论并没有构成一个完整、统一的系统理论，各种理论观点并不完全一致，甚至相互矛盾，下面略述其中几种理论。

1. 大推进理论

该理论形成于 20 世纪 40 年代，其核心是主张发展中国家为了摆脱贫困，应在各个工业部门进行全面的、大规模的投资，使各部门按统一比率或者不同比率全面增长，以此来实现工业化，推进经济发展。其代表人物主要有罗森斯坦-罗丹、纳克斯（Ragnar Nurkse，1907 年～1959 年）、斯特里顿（Paul P. Streeten，1917 年～　年）等。这种理论又称平衡增长理论。

"大推进"理论强调工业化是经济发展的中心和目标，强调大规模资本形成的重要性，这对于认识发展中国家的经济现实，找出摆脱贫困落后的道路具有一定积极意义。但它过分强调工业化和资本形成，忽略生产要素、农业等作用。

2. 不平衡增长理论

不平衡增长理论是赫希曼 1958 年在《经济发展战略》一书中提出，认为发展中国家现有资源稀缺并且缺乏企业家，进行所谓"大推进"式大规模投资根本不现实，发展中国家的最好选择是进行"不平衡增长战略"，亦即应该集中有限资本和资源，重点发展一部分产业，并以此为基础逐步扩大其他产业投资，带动相关产业发展。

平衡增长和不平衡增长战略各有优缺点，只有结合时代条件和环境以及资源特点才能判断到底哪一种战略适合发展中国家。一般情况也许是，在资源稀缺和经济发展初期阶段，不平衡发展战略更有优势。待经济增长到一定水平时，基础工业和加工工业、农业与工业等结构问题就会凸现，这时就需要平衡增长战略以协调结构冲突，确保国民经济协调、健康、稳定发展。

3. 二元经济结构理论

20 世纪 50、60 年代，以刘易斯、费景汉（John C. H. Fei，1923 年～1996 年）、兰尼斯（Gustav Ranis，1929 年～　年）、乔根森（Dale W. Jorgenson，1933 年～　年）、卡尔多等为代表提出的二元经济理论认为，发展中国家的经济结构与发达国家存在明显区别。发展中国家存在着以现代工业部门为代表的弱小的资本主义部门和以传统农业部门为代表的强大的非资本主义部门。

传统农业部门使用的是土地等非再生资源，当人口增加到一定程度后，农业部门劳动的边际生产力会降到很低或者接近于零水平，因此，农业部门劳动者收入水平很低，只能维持自己和家庭的最低生活水平。现代工业部门大量使用的是厂房、机器设备等可再生资源，其规模可以随生产发展而不断扩大，因而工业部门劳动力的工资水平即使在人口增加压力下也会高于农业部门工资水平。由于发展中国家大多是农业国，农村中存在着大量剩余劳动力，因此只要工业部门扩大生产规模，它就可以用较低工资水平雇佣到任何数量劳动力，即现代工业部门存在着劳动无限供给状况。现代工业部门可以源源不断地从农村吸收到剩余劳动力，直至农村剩余劳动力被吸收完毕为止。这时，农业劳动力边际生产力会提高，收入会增加。现代工业部门要想获取新劳动力，就只有提高工资。于是，整个经济就会逐步摆脱低水平均衡陷阱，走向良性循环经济发展轨道上。

刘易斯认为，发展中国家经济发展的中心问题是二元经济结构如何转变为单一部门的现代经济体系。在此转变过程的第一阶段，工业资本不多，无力吸收全部剩余劳动力，因而工业资本能以较低的、几乎是固定工资吸收到源源不断的劳动力，直至剩余劳动力被吸收完毕为止。进入第二阶段后，劳动力开始变得稀缺，工资水平会出现上升，工业部门的利润开始在两个部门之间以及资本家和工人之间进行分配，最后失业、贫困和落后消失。

兰尼斯和费景汉基本接受刘易斯观点，认为二元经济结构转变过程中农业剩余劳动力起决定作用，并提出两部门平衡发展路径，指出技术创新类型选择对劳动力相对丰富、资本相对稀缺发展中国家的重要意义。卡尔多认为，农业剩余对经济发展的贡献是多元的，既是工业部门的"工资商品"（生活资料）和主要加工原材料来源，也是发展早期阶段的主要创汇资源和工业生产品的重要市场。卡尔多的突出贡献在于从有效需求角度分析农业部门发展对整个经济发展的决定作用。

二元经济结构理论既简单明了，又反映了发展中国家工农、城乡两分、人口流动和城市化等客观规律，缺陷在于忽视技术进步对劳动力的替代，只关注现代工业部门的劳动力供给问题，忽视现代工业部门产品需求，从而在解释印尼、菲律宾等发展中国家的"过度城市化"，城市贫民以及日本等亚洲新兴国家1955～1970年代的高速增长由出口导向的需求为特征等现象时缺乏说服力。

4. 发展极——增长点理论

发展极（development poles）理论最初由法国经济学佩鲁（Francois Perroux，1903年～1987年）等人于1955年提出。这一理论认为，从空间上看，经济增长在每一地区并非以相同速度进行。由于某些主导部门或者有创新力的企业或者行业的集聚，会形成一种资本与技术高度集中、具有规模经济效益、自身增长迅速并对周围地区产生强大辐射作用的地区中心或者大城市中心。这些中心功能多种多样，如生产中心、贸易中心、金融中心、信息交换中心、交通运输中心、服务中心、决策中心等。这些中心就是所谓的"发展极"。这些中心的优先增长可以通过两个途径带动周边地区发展与增长：一是所谓的吸引力，另一个是辐射力。两者互相依存、互相作用，以支持周边发展。

后来许多发展经济学家将该理论扩充成增长点理论（growth point）。增长点理论认为，厂商的相互毗邻（proximity）可以利用这样几个方面的优势：一是可以共享劳动市场，发挥劳动市场蓄水池作用；二是可以方便地获得原材料、维修服务等；三是可以共享某些行业信息，从而有利于进一步发展生产。发展经济学家认为，增长极可以在经济发展中发挥其特殊的作用，以较快的速度、较高的效率带动周边经济发展。

发展极和增长点理论和其他经济发展理论一样，对发展中国家制定经济计划和区域产业政策具有一定指导意义，对落后地区的经济发展也具有一定借鉴意义。

二、发展经济学的新古典主义思路

20 世纪 60 年代初期，特别是 60 年代中期，发展中国家经济出现了和第一阶段经济发展理论设想的结果大不一致的情况。按照那些理论去做的那些发展中国家并未达到预期经济目标。奉行国内工业化和进口替代政策、实行经济计划和政府干预的结果是，经济上遭遇种种困难：不重视农业使农业落后从而阻碍了工业化，拖了工业化后腿；进口替代经过起初阶段短暂的宽松，便出现了国际收支逆差和国内通货膨胀，外汇短缺和国内市场狭小使进口替代的美好目标成了泡影；经济计划化造成效率低下，资源浪费。一句话，经济发展没有取得理想的效果。

相反，一些经济比较开放，注意发挥市场作用，实行出口导向政策的国家和地区，却在经济上取得快速进步。这些国家扩大了初级产品出口，增加了外汇储备，尤其是带头转向出口导向的几个东南亚国家和地区，如马来西亚、泰国等，经济取得了令人瞩目的繁荣，比经济发展比较为内向的缅甸和印尼情况要好得多。

面对这些情况，发展经济学家不得不对 20 世纪 50 年代以来的发展理论和政策重新评价，使这些理论和政策主张受到了很多批评和指责。因此，一股反对政府干预和计划控制、重视市场作用，反对经济封闭而主张贸易和开放，反对轻视农业而主张积极发展农业的新古典主义思潮开始在发展经济学中逐步占据上风。

1. 对前阶段发展经济学的批评

20 世纪 60 年代末开始，发展经济学界对第一阶段上以结构主义思路为主导的发展经济学开始提出猛烈批评和激烈攻击。甚至有人说，发展经济学已经"死亡"。

先听一位英籍印度经济学家拉尔（Deepak K Lal，1940 年～　年）的声音。他在 1980 年代的书《发展经济学的贫困》中对 1940 年～1960 年代的新古典发展经济学进行了猛烈抨击。他不仅点名批评了赫希曼、纳克斯、钱纳里、刘易斯、缪尔达尔、普雷维什、舒尔茨、斯特里顿等著名发展经济学家，而且抨击了此前发展经济学的所有模型和理论。在拉尔看来，第一阶段的发展经济学，过分看重政府在经济中作用，忽视了市场和价格机制的资源配置作用；主张国家干预对外贸易，实行贸易保护；工业化被看作经济发达的标志；为了减轻发展中国家的贫困，需要不同的规范来判断不同政策目标的优劣。拉尔认为，国家对经济生活的干预会造成低效率和不公正。他主张放弃"经济统治教条",实行自由放任;国家对对外贸易的干预将大大降低发展中国家的经济自由度,客观上造成发展中国家的与世隔绝。他不同意外国投资会给发展中国家带来不良影响;反对那种在保护主义高墙背后推行强制性进口替代工业化,认为这会导致资源的利用低效,并使收入分配发生不公平;反对重工业化战略,因为它导致了国内消费大幅度降低,认为应该根据比较优势来进行劳动分工和生产专业化;拉尔反对仅仅用经济指标衡量发展中国家的贫困程度,而应该采用包括诸如自由、寿命、生活质量等其他指标。他反对忽视农村发展,以牺牲农业和农民利益为代价的工业化战略,主张通过"理顺价格"来提高对非熟练劳动力的需求,从而实现有效增长。

再看美籍奥地利经济学家哈伯勒(Gottfried Haberler,1901年~1995年)的看法。他始终站在自由主义立场上批评第一阶段发展经济学。他认为发展经济学不应该将经济学一分为二,即一部分是研究发达国家的经济学,一部分是研究发展中国家的经济学,一个统一的经济学足以处理发展中国家和发达国家情况。他认为国家干预主义和对市场力量的轻视令人烦恼,他还认为,人们以为决策者知道适度的或者潜在的增长率、必需的投资量、根据推测确定的资本-产出率等,在统计系统非常不健全的发展中国家,这只能是一个妄想。还有,国际贸易对发展中国家非常重要,无论是对发展中国家的早期阶段,还是后期阶段均是如此。一些发展中国家推行的贸易保护主义和进口替代不符合其资源配置利益,导致了很大的福利损失。

1995和1997年,克鲁格(Anne O. Krueger,1934年~　年)在其两篇文章《二战以来发展经历的政策教训》和《贸易政策与经济发展:我们学到什么》中,也对以往发展经济学进行了批评。他认为,发展中国家要发展经济,就必须进行自由贸易,放弃过多的产业政策和投资决定论,减少政府干预。1995年,斯瑞尼瓦森(T. N. Srinivasan,1933年~　年)在《发展经济学手册》中也对国家主导的经济发展进行了批评,认为国家主导的工业化、贸易保护等政策均被实践证明是失败的。以世界银行为首的一批经济学家通过在各个不同发展中国家的经验研究也证明,国家主导的经济发展存在诸多难以克服的问题。

2. 新古典主义复兴

所谓新古典主义的复兴是指1960年~1970年代新古典思路在发展经济学中占主导地位。无论是从对计划化的批评、对市场作用的重新估价上、农业重要性的强调上、国际贸易的再认识上,还是对社会项目评估的研究上,第二阶段发展经济学均恢复了新古典主义的观点,扩大了新古典主义在经济发展方面的应用。凯恩克劳斯(Alexander Kirkland Cairncross,1911年~1998年)认为,新古典主义复兴是重新肯定市场力量对促成经济发展的影响。概括起来,所谓新古典主义复兴就是，从片面强调工业化转而重视农业进步；从片面强调物质资本积累转而重视人力资源开发；从片面强调计划管理转而强调市场机制；从片面强调保护性内向政策转而主张开放的外向型发展，特别是在贸易战略上从进口替代转向出口导向。利特尔（Ian Little，1918 年～　年）、西托夫斯基（Tibor Scitovsky，1910 年～2002 年）和斯科特（Maurice Scott）为经合组织所作的关于贸易和工业化的研究，巴拉沙（Bela Balassa，1928 年～1991 年）和他的同事为世界银行所作的保护结构研究，克鲁格和巴格瓦蒂（Jagdish Bhagwati，1934 年～　年）为国民经济研究局所作的发展中国家贸易自由化的研究等均是这方面的代表作品。

但另一方面，新古典主义复兴似乎太看重市场和自由主义力量，反对任何对市场的干预，主张一国经济无论是对内还是对外都应该放开，实行完全自由化；否认资本主义危机存在，而把危机发生淡化为某种政策所犯错误的结果。例如，哈伯勒和拉尔等否认发达国家和发展中国家贸易条件的不平等性，否定发达国家对发展中国家有害的示范效应，否认旧国际秩序的不公平性等。还有，出口导向型的发展战略受到了过分渲染。例如有的国家民间资本已经有大量积累，但这些发展中国家仍然一味坚持吸引外资发展经济的战略，结果使得国内资本难以快速成长，经营环境恶化甚至受到排挤。最后，新古典主义复兴使得不少发展中国家过于看重金融自由化，而忽视金融体系健全和制度保障。1997 年～1998 年的亚洲金融危机表明，在缺乏健全金融体系条件下搞完全的金融自由化很可能会导致经济发展停滞和国民经济坍塌。

三、发展经济学的新古典政治经济学思路

1. 东南亚金融危机与新古典主义面临的挑战

上述发展经济学中新古典主义复兴的中心思想是反对国家干预经济，尤其是反对集中管理的计划体制，主张自由开放的市场经济，这一思潮推动了许多发展中国家的经济发展。然而，1997 年 7 月开始的东亚金融危机，又使新古典复兴的思想及政策主张受到的严峻考验，一度被公认为是"东亚奇迹"的一些国家和地区，包括所谓四小龙（新加坡、马来西亚、台湾、香港）在很短时间内风云突变。泰铢汇价狂泻，股市暴跌。随后，印尼、马来西亚、韩国、菲律宾等国经济也迅速恶化，东亚诸国和地区几乎都大受其灾难，风暴远波及拉美一些国家。事实使人们又不得不回过头来对新古典思潮主导的发展思想进行深刻反思：一方面从政策上反思新古典复兴浪潮中金融自由化理论和政策是否受到过分推崇，而忽视了金融体系的安全，出口导向战略利益是否受到过分渲染而忽视了增强内需的重要性；另一方面又从理论和实际上反思指导发展中国家经济发展的理论思路，

可能既不宜是结构主义那样只强调国家干预和计划控制而忽视市场机制的作用，也不宜是新古典主义那样忽视各国特点而超越时空的纯经济分析和以为自由放任的市场调节就能解决一切问题，而应当寻找这样一条思路：既充分考虑市场的作用，又充分考虑历史、社会、政治、法律、制度等非经济因素对经济的影响。人们经过思考，越来越感到亚当·斯密为代表的古典经济学体系对经济发展问题的研究，比新古典经济学视野更宽广，更贴近现实，因为前者不像后者那样只局限于商品供给与需求，还顾及政治、伦理、人口、法律、历史等诸多领域，尤其是不像新古典主义那样把制度当作发展中给定因素撇开，而是密切注视制度结构、制度变迁等对经济发展的制约和作用。研究经济发展，还要密切注意各国在经济发展中不断产生的新问题、新情况，而不能只按一种不变模式脱离实际地做形式主义的思考。

正是在上述背景下，发展经济学从 20 世纪 80 年代起就开始转入另一条新思路为主的阶段，那就是新古典政治经济学思路。

2. 发展经济学的新古典政治经济学思潮

20 世纪 80 年代中期以来，发展经济学研究中兴起的一股称之为"新古典政治经济学"的新思潮，一方面这股思潮中的经济学家充分吸取和运用新古典经济学的分析方法和工具；另一方面又充分重视对包括政治、法律、文化等非经济因素在内的制度背景的分析。发展经济学这一新阶段在思路上的特点是，结合制度分析观念和新古典经济学方法，探索经济发展源泉，考察经济发展历程，揭示经济发展规律，把制度经济理论与经济发展理论融合一体。从某种意义上可以说，发展经济学的新古典政治经济学思路，实质上就是新制度经济学在发展经济学中的运用，也是发展经济学通过运用新制度经济学理论工具而获得发展的新阶段。

一些经济学家认为，20 世纪 80 年代中后期以来，发展经济学的进展已不是新古典复兴，而更像古典经济学复兴，因为古典经济学比新古典经济学不但更加注重经济自由和价格机制，强调要减少政府对经济生活的干预，而且更加关注制度和交易成本对经济发展和效率的影响。事实上，一部古典政治经济学的核心就是发展经济学，而新古典经济学则不太看重发展本身，更多注意的是既定资源的配置。换句话说，古典经济学重视的是如何把蛋糕做大，而新古典经济学注重是如何合理分配一个既定蛋糕。再说，古典经济学对制度、交易成本、产权等对经济发展意义的关注要比新古典经济学更加强烈，科斯、威廉姆森、诺思、布坎南、贝克尔、克鲁格曼等人试图构建的新的发展经济学模型其实不过是古典政治经济学思想的形式化。

3. 经济发展中的制度分析

发展经济学新古典政治经济学思路的最重要特点是，结合制度分析观念和新古典方法论，探索经济发展源泉。这里所谓制度分析，实际就是新制度经济学理论，而这种理论本身就是建立在新古典方法论基础上的，因此，经济发展研究中的新古典政治经济学思路的实质，就是用制度分析探讨经济发展的动力和趋势。

新制度经济学认为，储蓄率高、教育发达、技术创新活跃等，都是发展中与经济增长相伴随的现象，它们是经济发展理论所要解释的事实，而不是发展的原因。比方说，经济发展要快，必须有高储蓄，才会有资本的高积累，但问题是造成高积累或低积累的原因又是什么？再如技术创新，它确是经济高增长所必需，然而，技术创新的动力又在哪里？这些都要从制度上寻根求源。每一经济活动都离不开激励。每个人必须受到激励才会去从事社会所需要的活动，为此，就要求设计某种机制，使社会从该活动中得到的收益和私人从该活动中得到的收益相符合。从事经济活动有收益，也有代价，或者有说成本。但是私人成本和社会成本、私人收益和社会收益可能不一致，这就是所谓外部性。一项好的制度设计，就是要能诱致私人收益和社会收益以及私人成本和社会成本达到一致，这样，才能推动经济发展。拿技术创新来说，如果一项创新成果的收益不能为创新者所获，尽管它对社会经济增长贡献极大，又有谁肯付出那么多代价来搞这种创新？显然，这不是一个技术创新本身的问题，而是一个制度设计问题。

制度究竟怎么促进或阻碍经济发展的进程？为什么自然条件和地理位置差不多的两个国家或地区，一个发展迅速，一个发展缓慢？为什么同样一个国家，一个历史时期发展很快，另一个历史时期发展很慢？这不是能够用技术、人口、资本、自然环境等本身所能回答的，经济学家只有从制度分析中才能找到答案。制度可以通过确定规则，提高信息透明度，使每个人都能对其他人行为反应作出准确预见；制度可以通过明确界定的产权来塑造发展的动力机制，促使人们的个别努力转化为私人收益与社会收益相等的，为社会经济发展所需要的活动；制度可以通过正规的法令规章和非正规的行为准则、道德规范、社会习俗等来影响市场运作，决定市场配置资源的效率；制度可以通过对财产权利和知识产权提供保护，促进技术创新和风险创业。总之，有效的组织机制和制度安排会造成一种激励，将个人的经济努力变成经济发展的实践，使经济发展的愿望成为现实。这样，在新制度主义影响下，越来越多的经济学家认识到，不管是哪个国家，影响经济发展的首要因素是制度选择。

四、后发优势与后发劣势

1. 后发优势论的演变

后发优势论是关于经济上后来发展的国家在发展中存在一种由后发国地位带

来的特殊利益的理论，应当认为是发展经济学的重要组成部分。

后发优势论的创立者是出身俄国的美国经济史学家格申克龙（Alexander Gerschenkron，1904 年～1978 年。他在 1962 年出版的《从历史的角度看经济落后》一书中，通过对 19 世纪德、意、俄等当时欧洲较落后国家工业化过程的经验分析，提出相对落后国家，其工业化进程和特征在许多方面表现出与先进国家显著不同，工业化前提条件的差异会影响发展进程，相对落后程度越高，后来增长速度会越快，原因在于这些国家具有一种得益于落后的"后发优势"（Advantage of Backwardness）。这是一种来自落后本身的优势，可称"后发性优势"、"落后优势"、"落后的有利性"。后发优势归纳起来有如下几个方面：一是相对落后会造成紧张状态，激起国民要求工业化的强烈愿望，并激发制度创新；二是可以在吸收先进国家成功经验和失败教训基础上，根据自身实际，选择有别于先进国家的不同发展道路；三是可引进先进国家的技术、设备和资金，在一个较高起点上推进工业化。

在格申克龙之后，有不少经济学家对后发优势问题进一步作探讨。例如，1966 年，美国经济学家列维（Marion J. Levy，1918 年～2002 年）从现代化角度将格申克龙的后发优势作了具体化，总结归纳出后发式现代化的一些利弊，即后发优势和后发劣势。美国经济学家阿布拉莫维茨（Moses Abramovitz，1912 年～ 年）于 20 世纪 80 年代提出"追赶假说"，认为一国经济发展的初始水平与其经济增长速度会呈反向关系，即越落后其增长会越快，当然，这是指"潜在"或"可能"，而要把种"潜在"转化为"现实"，还要有一系列"限制"条件。在他之后，美国学者鲍莫尔（W. J. Baumol，1922 年～ 年）又对这一"追赶假说"作了发展和补充。

如果说上述学者的思想标志着后发优势创立的话，那么，20 世纪 80 年代以来，随着日本和东亚新兴工业化国家的高速增长，一些学者通过对拉美、东亚经济发展政策与路径的比较，对东亚经济追赶成功经验的总结和思考，促进了后发优势的进一步深入。这些学者有美国经济史学家罗索夫斯基（Henry Rosovky，1922 年～ 年）、日本学者南亮进和大川一司等。他们认为，拉美国家从初始条件（如自然资源、人口压力、人均收入和资本、人力资源等）看，都比东亚各国强，而东亚各国能取得快速经济增长而拉美则没有，关键在于东亚较好利用了后发优势，通过后来的增长努力和正确的路径选择，超越了初始条件限制。美国学者希尔曼（J. Hellman）和韩国学者金泳镐也对拉美国家和东亚国家的经济发展道路作了深入研究。美国学者伯利兹（Elise S. Brezis and P. Krugman）、克鲁格曼在总结发展中国家成功发展经验基础上还提出了基于后发优势的技术发展"蛙跳"（Leap-forgging）模型，认为在技术发展到一定程度、本国已有一定技术创新能力前提下，后进国可以直接选择和采用某些处于技术生命周期成熟前阶段的技术，以高新技术为起点，在某些领域和产业实施技术超越，直接进入国际市场与先进国竞争，而先发国家基于原有技术的沉淀成本，资产专用性及技术转换的高成本，可能反而被锁定于原技术水平上。

在经济全球化和信息化新形势下，后发优势论进一步得到拓展。对此，格罗斯曼和赫尔普曼（G. M. Grossman and E. Helpman）、巴罗和萨拉-易-马丁（R. Barro and Sala-I-Martin，1963年～ 年）以及艾肯（Rachel van Elkan）等都有所分析论述。总的说来，他们认为，经济全球化趋势会使后发优势表现更加突出，影响更加深远：一是资本会更快从富裕国家流向短缺国家（那里报酬率较高）；二是技术扩散加速，技术溢出效应日益突出；三是信息技术发达，不但使科技扩散更快，要素跨地区流动更活跃，也使后进国对先进国各方面经验教训借鉴吸收更全面、及时。

2. 后发劣势论及其主要代表——依附论

与后发优势论相反，一些学者尤其是不发达国家中的一些学者认为，当今发展中国家面临的国际环境和发达国家当年工业化初期情况大不相同。今天，发展中国家一开始就面对经济强大的发达国家，后者对前者的不利影响无处不在，使当今发展中国家在多方面处于劣势，包括：

资本积累的后发劣势，主要指发展中国家资本匮乏、收入低下。这种低收入状况使储蓄能力低下，引起资本形成不足，而资本形成不足又导致低生产率，低生产率又造成低收入，形成纳克斯所讲的"贫困的恶性循环"。纳尔逊（R. Nelson，1942年～ 年）的"低水平均衡陷阱"论也持类似观点。

技术进步的后发劣势，指发展中国家对引进技术难以有效消化，也无力形成自主研究与开发能力，从而与发达国家技术差距日益扩大。

产业发展的后发劣势，指发展中国家出口的主要是劳动密集型和自然资源密集型产品，而进口资本和技术密集型产品，这种基于比较优势的分工，强化了后发国家的低水平产业结构。

结构转换的后发劣势，指后进国家在经济和社会发展存在明显的二元性，传统化和现代化的二元结构存在于经济、政治等各领域，贯穿和渗透于从传统农业经济到现代工业经济。

制度创新的后发劣势，指后发国家经济发展必需的制度基础很薄弱，有严重缺陷，是经济发展的严重障碍。

除了上述劣势，后发国家还有国际贸易的后发劣势和国际关系的后发劣势。这主要反映在中心-外围论和依附论上。中心-外围论由阿根廷经济学家普雷维什（R. Prebisch，1901年～ 年）提出，认为当代资本主义世界国际经济关系由两部分组成，一部分是西方发达国家，它们是国际经济关系的中心；另一部分是广大第三世界国家，是这种国际经济关系的外围，从而形成中心-外围格局。中心国家利用旧的国际分工，从事工业品生产，外围国家从事初级产品生产。在双方贸易中，由于工业品需求弹性大，初级产品需求弹性小，于是工业品价格不按劳动生产率提高的比例下降，从而外围国家初级产品贸易条件不断恶化。

依附论形成于 20 世纪 60 年代中期，主要代表人物有卡多索（Fernando H. Cardoso，1931 年～　年）、弗兰克（Andre Gunder Frank，1929 年～　年）、伊曼纽尔（Arghiri Emmanuel，1911 年～2001 年）和阿明（Samir Amin，1931 年～　年）等。他们大多是拉美经济学家，故其理论又称"拉美学派"。他们同样是中心-外围论者，并认为外围国家在资本主义世界体系中处于从属地位，对中心国存在依附关系，在贸易、资本、技术等方面依附于发达国家，受发达国家控制，使这些外围国家得不到应有发展。中心与外围间的贸易是不平等交换，外围国家生产的大量剩余被转移到中心国家，使外围与中心的差距越来越大。

可见，上述这些后发劣势论可分两大类，一类后发劣势论着眼于从发展中国家内部寻找不发达的原因，从资本、技术、产业、结构和制度的不利影响中探索后发劣势；另一类就是中心-外围论和依附论，着眼于从发展中国家外部寻找不发达的因素，从发展中国家与发达国家间不平等的政治、经济、文化关系等不利影响中探求后发劣势。

复习思考题

1. 简述解释经济周期的早期理论。
2. 新古典宏观经济学派怎样说明经济周期性波动？
3. 古典经济增长理论的主要思想有哪些？
4. 哈罗德-多马模型的主要思想是什么？
5. 略述新古典增长模型与哈罗德-多马模型之间的异同？
6. 简述新剑桥增长模型的基本思想。
7. 为什么说新增长理论又可称内生增长理论？
8. 可持续发展的主要思想是什么？意义何在？
9. 结构主义发展理论有哪些特征？
10. 什么是发展经济学中的新古典主义复兴？
11. 试述刘易斯的二元经济结构理论的主要内容。
12. 赫希曼的不平衡增长战略与罗森斯坦-罗丹的大推进理论有什么区别？
13. 试述你对后发优势论和后发劣势论的看法。

参 考 文 献

德布吉拉·瑞. 2002. 发展经济学. 陶瑞译. 北京：北京大学出版社

厉以宁. 1997. 宏观经济学的产生和发展. 长沙：湖南人民出版社

舒元等. 1998. 现代经济增长模型. 上海：复旦大学出版社

谭崇台. 1999. 发展经济学的新发展. 武汉：武汉大学出版社

小罗伯特·卢卡斯. 2003. 经济发展讲座. 罗汉，应洪基译. 南京：江苏人民出版社

朱勇. 1999. 新增长理论. 北京：商务印书馆

邹薇. 2000. 经济发展中的新古典政治经济学. 武汉：武汉大学出版社

V. N. 巴拉舒伯拉曼雅姆. 2000. 发展经济学前沿. 梁小民译. 北京：中国税务出版社、北京腾图出版社